LÍRICA

clásicos castalia

COLECCIÓN FUNDADA POR
DON ANTONIO RODRÍGUEZ-MOÑINO

DIRECTOR
DON ALONSO ZAMORA VICENTE

LOPE DE VEGA

LÍRICA

Selección,
introducción y notas
por
JOSÉ MANUEL BLECUA

SEGUNDA EDICIÓN

clásicos castalia

Madrid

Copyright © Editorial Castalia, S.A., 1981, 1999
Zurbano, 39 - 28010 Madrid - Tel.: 91 319 89 40 - Fax: 91 310 24 42
Página web: http://www.castalia.es

Realización de cubierta: Víctor Sanz

Impreso en España - Printed in Spain

I.S.B.N.: 84-7039-318-9
Depósito Legal: M. 38.266-1999

SPANISH

2130366

SUMARIO

INTRODUCCIÓN

BIOGRÁFICA Y CRÍTICA

Ningún poeta español transmutó en tantos poemas
bellísimos su agitada existencia como Lope de Vega,
y los límites entre vida y literatura son muy difíciles de
establecer. El propio poeta tuvo una conciencia muy clara
de esta situación. Así, por ejemplo, dice en cierto soneto
de las *Rimas* [1] a Lupercio Leonardo de Argensola, que
quizá le reprochase su vida y su transformación en poesía:

> Pasé la mar cuando creyó mi engaño
> que en él mi antiguo fuego se templara;
> mudé mi natural, porque mudara
> naturaleza el uso, y curso el daño.
>   En otro cielo, en otro reino extraño,
> mis trabajos se vieron en mi cara,
> hallando, aunque otra tanta edad pasara,
> incierto el bien y cierto el desengaño.
>   El mismo amor me abrasa y atormenta,
> y de razón y libertad me priva.
> ¿Por qué os quejáis del alma que le cuenta?
>   ¿Que no escriba decís o que no viva?
> Haced vos con mi amor que yo no sienta,
> que yo haré con mi pluma que no escriba.

Nótese que el soneto, con ese final tan profundamente
significativo, es una brevísima autobiografía, llena de alu-

---

[1] En la p. 127 de esta antología.

siones íntimas, desde los amores con Elena Osorio, al destierro y a su nueva pasión por Micaela de Luján. El terceto final nos da la clave de esa estrechísima relación entre vida y poesía, que es la nota más definidora de su obra poética, y esta nota no faltará ni en los poemas extensos ni en *La Arcadia* y menos en *La Dorotea*. Por esta causa, para la comprensión más cabal de los poemas escogidos en esta antología, se hace inevitable recordar, aunque brevemente, la agitada vida de nuestro poeta.

Lope de Vega, por poetizarlo todo, nos dirá con mucha gracia la causa de su nacimiento, y pienso que se inventa una pequeña narración, o poco menos. En la "Epístola a Amarilis", escribe, con su desparpajo habitual:

> Tiene su silla en la bordada alfombra
> de Castilla el valor de la Montaña,
> que el valle de Carriedo España nombra.
>   Allí otro tiempo se cifraba España;
> allí tuve principio; mas ¿qué importa
> nacer laurel y ser humilde caña?
>   Falta dinero allí, la tierra es corta;
> vino mi padre del solar de Vega:
> así a los pobres la nobleza exhorta.
>   Siguióle hasta Madrid, de celos ciega,
> su amorosa mujer, porque él quería
> una española Elena, entonces griega.
>   Hicieron amistades, y aquel día
> fue piedra en mi primero fundamento
> la paz de su celosa fantasía.
>   En fin, por celos soy: ¡qué nacimiento!
> Imaginadle vos, que haber nacido
> de tan inquieta causa fue portento. [2]

Lope de Vega nació el 25 de noviembre de 1562 en Madrid, hijo de Félix Vega Carpio, bordador, y de Francisca Fernández Flórez. Su primer biógrafo, apasionado y fiel, Juan Pérez de Moltabán, dice que nuestro poeta "de cinco años leía en romance y en latín; y era tanta su inclinación a los versos, que, mientras no supo escribir, re-

---

[2] *Ibíd.*, pp. 239-240.

partía su almuerzo con los otros mayores porque le escribiesen lo que él dictaba". [3] Pero será el propio Lope en *La Dorotea* quien nos dirá lo siguiente:

> Yo, señoras [...] nací de padres nobles en este lugar, a quien dejaron los suyos poca renta. Mi educación no fue como de príncipe, pero con todo eso quisieron que aprendiese virtudes y letras. Enviáronme a Alcalá de diez años [...] De la edad que digo, ya sabía yo la gramática y no ignoraba la retórica. Descubrí razonable ingenio, prontitud y docilidad para cualquiera ciencia. Pero para lo que mayor le tenía era para los versos; de suerte que los cartapacios de las liciones me servían de borradores para mis pensamientos, y muchas veces los escribía en versos latinos o castellanos. Comencé a juntar libros de todas letras y lenguas, que después de los principios de la griega y ejercicio grande de la latina, supe bien la toscana, y de la francesa tuve noticia. [4]

Bastantes años antes de *La Dorotea,* en el *Arte nuevo de hacer comedias* nos dirá que siendo muy niño comenzó su actividad dramática:

> y yo las escribí de once y doce años,
> de a cuatro actos y de a cuatro pliegos,
> porque cada acto un pliego contenía. [5]

Parece ser que, en efecto, protegido por don Jerónimo Manrique, obispo de Ávila, se hizo bachiller en Alcalá. Por una epístola a Gregorio de Angulo sabemos por qué abandonó los estudios, y la causa no deja de ser muy lopesca, por decirlo así:

> Crióme don Jerónimo Manrique,
> estudié en Alcalá, bachilleréme,
> y aun estuve de ser clérigo a pique.

---

[3] *Fama póstuma a la vida y muerte del doctor frey Lope Félix de Vega Carpio* (Madrid, 1636), f. 1v.

[4] Act. IV, esc. I.

[5] Lope de Vega, *Obras poéticas,* I, edic. de J. M. Blecua (Barcelona, 1969), p. 263.

> Cegóme una mujer, aficionéme;
> perdónesele Dios, ya soy casado:
> quien tiene tanto mal ninguno teme. [6]

Esa mujer a que alude el poeta podría ser la Marfisa que aparece en *La Dorotea* y la Zaida del famoso romance "Sale la estrella de Venus", uno de los más populares, lleno de brío, gracia y encanto. En *La Dorotea* cuenta Fernando, Lope, que vivió en casa de una señora, deuda suya, que "tenía una hija de quince años, cuando yo tenía diez y siete, y una sobrina de pocos menos que los míos. Con cualquiera de las dos pudiera estar casado, pero guardábame mi desdicha para diferente fortuna. Las galas y la ociosidad [...] me divirtieron luego de mis primeros estudios, siendo no pequeña causa poner los ojos en Marfisa; así se llamaba la sobrina de esta señora, y ella Lisarda. Este amor aumentaba el trato, como siempre. Mas en medio desta voluntad, que por mi cortesía y poca malicia no dio fuego, la casaron con un hombre mayor y letrado, aunque no el mayor letrado, pero muy rico". [7] En el romance citado se queja Gazul de este abandono, con palabras conmovedoras:

> ¿Es posible que te abraces
> a las cortezas de un roble,
> y dejes el árbol tuyo
> desnudo de fruta y flores? [...]
>   Dejas un pobre muy rico
> y un rico muy pobre escoges,
> pues las riquezas del cuerpo
> a las del alma antepones. [8]

También en la "Epístola a Amirilis" nos dirá que abandonó los estudios por cierta pasión amorosa:

> Amor, que Amor en cuanto dice miente,
> me dijo que a seguirle me inclinase:
> lo que entonces medré, mi edad lo siente.

---

[6] Véase más adelante, p. 227.
[7] Act. IV, esc. I.
[8] En la p. 74 de esta selección.

Mas como yo beldad ajena amase,
dime a letras humanas, y con ellas
quiso el poeta Amor que me quedase. [9]

¿Sería la misma Marfisa, ya citada, o Elena Osorio? Yo
me inclino a pensar que se refiere a la última. Lo único
cierto es esa declaración de Lope y que el 23 de junio de
1583 embarcaba en la escuadra de don Álvaro de Bazán,
con destino a las Azores. Volvió en septiembre, lleno de
entusiasmo heroico, y en poco tiempo, entre sus romances,
sonetos y comedias, logra ser un poeta estimado. Cervantes
no lo olvidará en el "Canto de Calíope" de *La Galatea*,
de 1585, pero con aprobación de 1584:

Muestra en un ingenio la experiencia,
que en años verdes y en edad temprana
hace su habitación así la ciencia,
como en la edad madura, antigua y cana;
no entraré con alguno en competencia
que contradiga una verdad tan llana,
y más si acaso a sus oídos llega
que lo digo por vos, Lope de Vega. [10]

Por este tiempo es cuando debió de conocer a Elena
Osorio, y su pasión y su recuerdo perdurarán muchos
años, dando origen a multitud de poemas, a alguna obra
dramática y culminando en *La Dorotea,* una de las novelas más bellas del siglo XVII. Era Elena Osorio hija de
Jerónimo Velázquez, "autor" de comedias, y estaba casada
con Cristóbal Calderón, también cómico. Y como nuestro
poeta sostendrá que "amar y hacer versos" todo es uno,
en *La Dorotea* confiesa que sólo "el talle, el brío, la limpieza, la habla, la voz, el ingenio, el danzar, el cantar, el
tañer diversos instrumentos" le habían costado "dos mil
versos", [11] sin tener en cuenta diversos incidentes, desde
los celos al rompimiento por la aparición de un nuevo

[9] *Ibíd.,* p. 241.
[10] Edición de R. Schevill y A. Bonilla, t. II (Madrid, 1914),
p. 221.
[11] Act. IV, esc. I.

amante y los libelos posteriores. Y como Lope era incapaz de guardar la menor discreción, todo el mundo sabía sus preocupaciones amorosas, plasmadas en bellísimos romances y sonetos. Fueron precisamente los romances de Belardo y Filis y, sobre todo, los de Zaide y Zaida los que divulgaron por el canto todos los incidentes amorosos, tanto que alguno, como el que comienza "Mira, Zaide, que te aviso", ha llegado hasta nuestros días en la tradición oral. Los amantes se habían convertido, como dice el propio Lope, en "fábula de la corte", lo que nos puede demostrar el grave Bartolomé Leonardo de Argensola diciéndole al canónigo Ezquerra:

> Hoy estuvimos yo y el Nuncio juntos
> y tratamos de algunas parlerías,
> echando cantollano y contrapuntos;
>   mas no se han de contar como poesías,
> pues no eres Filis tú ni yo Belardo,
> enfado general de nuestros días. [12]

Lope y Góngora mostraron desde muy jóvenes su gran pasión por el romancero y la lírica cantada de tipo tradicional. En ellos culminará el fenómeno de la exaltación de la poesía popular que había iniciado el Renacimiento, lo mismo que llevarán a sus últimas consecuencias la poesía culta de Garcilaso y Herrera. Lope escribe en el prólogo de las *Rimas:*

> Hallarás tres églogas [...] y dos romances que no me puedo persuadir que desdigan de la autoridad de las *Rimas,* aunque se atreve a su facilidad la gente ignorante [...] Algunos quieren que sean la cartilla de los poetas; yo no lo siento así, antes bien, los hallo capaces, no sólo de exprimir y declarar cualquier concepto con fácil dulzura, pero de proseguir toda grave acción de numeroso poema. Y soy tan de veras español, que por ser en nuestro idioma natural este género, no me puedo persuadir que no sea digno de toda estimación. [13]

---

[12] *Rimas de Bartolomé Leonardo de Argensola,* edic. de J. M. Blecua (Zaragoza, 1951), p. 461.

[13] En la p. 17 de mi edición citada en la nota 5.

Lope nunca abandonó su pasión juvenil por el romancero, aunque entre los de Belardo y Zaide, los meditativos y melancólicos de *La Dorotea,* pasando por los religiosos, haya sensibles diferencias de todo tipo. Aunque él no tuvo la curiosidad de dar a la estampa esos romances juveniles, que todo el mundo conocía, sí fueron a parar a los pequeños romanceros de la época, reunidos más tarde en el famoso *Romancero general* de 1600. (Hoy, gracias a los esfuerzos de A. Rodríguez-Moñino esa serie de pequeños romanceros es de fácil consulta.) [14] Y aquí encaja muy bien el recuerdo de que la enemistad de Lope y Góngora nació a causa del romance del Fénix, que comienza "Ensíllenme el potro rucio", de hacia 1583, que obtuvo tanto éxito, que Góngora no resistió la tentación de parodiarlo con otro que principia "Ensíllenme el asno rucio", fechado en 1585 en el manuscrito Chacón. [15] Desde entonces, don Luis no dejará pasar ninguna oportunidad para zaherir a Lope, como ya iremos viendo. (Puede seguirse ahora perfectamente esta enemistad gracias al magnífico estudio de Emilio Orozco, *Lope y Góngora frente a frente.)*

Los romances pastoriles de Belardo y Filis se aproximaban a la boga renacentista de la pastoral; pero tuvieron menos éxito que los moriscos, que parecían acercarse al mundo ya estilizado de los viejos romances fronterizos, aunque con diferencias muy notables. Los estudiosos de este tipo de romances destacan, como Menéndez Pidal, ciertas notas: la rapidez narrativa, el adorno parco, la briosa elocuencia "que daban al romance un encanto muy superior al de los que entonces se escribían, una animación que parecía renovar, aunque en bien diverso estilo, el vigor de los romances viejos". [16] Aunque don Ramón se refiere concretamente al romance que comienza "Sale la

[14] Están incluidos en las *Fuentes del romancero general de 1600,* Madrid, 1957.

[15] En *Obras completas de don Luis de Góngora y Argote,* edic. de J. e I. Millé y Jiménez (Madrid [1932]), p. 42.

[16] *Romancero Hispánico,* II (Madrid, 1968), p. 127.

estrella de Venus", su observación es válida para otros muchos. [17]

Pero a Elena Osorio dedicará también algunos de los más bellos sonetos amorosos de toda la poesía española, como los que comienzan "Vireno, aquel mi manso regalado", "Suelta mi manso, mayoral extraño" y "Querido manso mío, que venistes". [18] Por *La Dorotea* sabemos cómo apareció cierto rival, *Don Bela,* don Francisco Perrenot Granvela, que desplazó a Lope, quien reaccionó con una violencia extraordinaria divulgando por Madrid una serie de sátiras, como algún soneto que empieza:

> Una dama se vende a quien la quiera.
> En almoneda está. ¿Quieren compralla?
> Su padre es quien la vende, que aunque calla,
> su madre la sirvió de pregonera. [19]

Tanta violencia obligó a Jerónimo Velázquez a presentar una denuncia contra Lope, en virtud de la cual éste fue a parar a la cárcel y más tarde al destierro, como es harto sabido. Nuestro poeta negó ser el autor de las sátiras que circulaban por la corte y alegó otras razones: "Yo quise bien a Elena Osorio, y le di las comedias que hice a su padre, y ganó con ellas de comer, y por cierta pesadumbre que tuve, todas las que he hecho después las he dado a Porras, y por esto me sigue." [20] Por el mismo proceso, sabemos que Lope servía de secretario al Marqués de las Navas y "que estudió gramática en esta corte en el colegio de los Teatinos y ansimismo ha oído matemáticas en la Academia real, y el astrolabio y esfera allí mesmo, y esto lo ha oído de dos a tres años a esta parte".

[17] Véase el estudio que dedica a los romances de Lope Antonio Carreño, *El romancero lírico de Lope,* Madrid, 1979.
[18] Véanse en las pp. 91, 145 y 146 de esta antología.
[19] Joaquín de Entrambasaguas, "Los famosos libelos contra unos cómicos de Lope de Vega" en *Estudios sobre Lope de Vega,* III (Madrid, 1958), p. 71.
[20] *Proceso de Lope de Vega por libelos contra unos cómicos,* por A. Tomillo y C. Pérez Pastor (Madrid, 1901), p. 70.

Añade la declaración que "por su entretenimiento" hacía comedias, "como otros muchos caballeros de esta corte, como son don Luis de Vargas y don Miguel Rebellas". [21] Pero se le reconoció culpable y fue condenado a diez años de destierro de la corte y cuatro del reino.

Sin embargo, Lope no olvidará nunca a Elena Osorio, sublimando su pasión hasta culminar en *La Dorotea*. "Aquella musa sigue inspirándole sonetos, romances y canciones, lo mismo en las playas de Valencia que a orillas del Turia, del Tajo o del Tormes", como dice doña María Goyri de Menéndez Pidal. [22] Doña María transcribe los siguientes versos de una canción:

> Lo escrito y mal hablado
> no es mucho, ingrata Filis, que te asombre,
> si, como condenado,
> blasfemo algunas veces de tu nombre,
> llorando el alma mía
> diez años tristes sin alegre día.

Mientras se ventilaba el proceso, nuestro inquieto poeta se ha enamorado de una joven de diecisiete años, llamada Isabel de Urbina, hija del pintor real Diego de Urbina. Y como Lope es incapaz de guardar la menor discreción, como ya sabemos, por el famoso romance de "Hortelano era Belardo / en las huertas de Valencia" nos enteramos de que

> Desde su balcón
> me vio una doncella,
> con el pecho blanco
> y la ceja negra.
> Dejóse burlar,
> caséme con ella,
> que es bien que se paguen
> tan honrosas deudas. [23]

[21] *Ibíd.*, pp. 46-47.
[22] *De Lope de Vega y el Romancero* (Zaragoza, 1953), p. 120.
[23] En la p. 88 de esta antología.

Parece ser que la historia es aún más novelesca, puesto que en cierto *Inventario* de causas criminales de la corte se lee: "Lope de Vega, Ana de Atienza y Juan Chaves, alguacil, sobre rapto de doña Isabel de Alderete". [24] No sabemos nada más, salvo que el 16 de mayo de 1588 se casaba Lope por poderes con doña Isabel y que en el 29 de ese mismo mes se embarcaba como voluntario en la famosa armada contra Inglaterra, dejando a su mujer desgarrada de dolor en Lisboa, si hacemos caso al bellísimo romance que principia: "De pechos sobre una torre", donde Belisa se queja amargamente, con recuerdos de Dido y Eneas, al paso que confirma lo que ya sabíamos por el propio Lope:

> No quedo con solo el hierro
> de tu espada y de mi afrenta,
> que me queda en las entrañas
> retrato del mismo Eneas,
>   y aunque inocente, culpado,
> si los pecados se heredan.
> Mataréme por matarle
> y moriré porque muera. [25]

A su vuelta, marchó a Toledo, donde pudo reunírsele doña Isabel, con la que se trasladó a Valencia, quizá porque el teatro tenía más arraigo que en otras ciudades y allí vivían Guillén de Castro, Tárrega, Aguilar y otros ingenios a los que Lope recordará más de una vez. Allí escribirá abundantes comedias y romances que se hicieron también muy populares, como el citado de "Hortelano era Belardo" u otros llenos de intimismo, como el que principia "Llenos de lágrimas tristes / tiene Belardo los ojos", cuyo estribillo es harto significativo:

---

[24] En el citado *Proceso...*, p. 239. (En la 236 se copia la partida de casamiento de "Lope de Vega e Carpio, vezino de esta villa, y en su nombre, y por su poder bastante, Luys de Rosicler, con doña Isabel de Alderete".)
[25] En la p. 84 de esta selección.

El Cielo me condene a eterno lloro
si no aborrezco a Filis y te adoro. [26]

O la canción que insertará en *La Arcadia*, [27] puesta en
boca de Leonisa:

En una playa amena,
a quien el Turia perlas ofrecía
de su menuda arena
y el mar de España de cristal cubría,
Belisa estaba a solas,
llorando al son del agua y de las olas.

Una vez cumplido el destierro del reino, Lope no podía
aún regresar a la corte, pero sí establecerse en Toledo,
donde pasó al servicio del duque de Alba don Antonio,
quien también fue desterrado un poco más tarde por ciertos líos amorosos, marchando a Alba de Tormes. Lope le
acompañó con su mujer y allí escribió comedias y *La Arcadia*, publicada en 1598, que envuelve "verdadera historia", como dirá su autor, quien en el prólogo afirma:

Y si en esto [en describir ajenas desdichas] como en
sus amores fue desdichado su dueño, ser ajenos y no
propios, de no haber acertado me disculpe, que nadie
puede hablar bien en pensamientos de otros, si alguno
no advirtiese que a vueltas de los ajenos he llorado los
míos. [28]

Aquí, claro está, no nos interesa tanto *La Arcadia* como
novela cuanto por contener una preciosa antología de poemas de Lope, que apenas había publicado hasta entonces,
porque los impresos en los romanceros de esos años no lo
están con su autorización. Evidentemente Lope sigue la tradición novelesca de *La Diana* y *La Galatea* en la inserción
de poemas que acentúan los sentimientos de los protago-

---

[26] *Ibíd.*, p. 89.
[27] *La Arcadia*, edic. de Edwin S. Morby (Madrid, Clásicos Castalia, 1975), p. 107.
[28] *Ibíd.*, p. 56.

nistas, pero también es cierto que se trata de un *corpus* poético, de diversas situaciones y épocas, lleno de profundo encanto. José F. Montesinos, el mejor conocedor de la lírica lopesca, escribirá:

> *La Arcadia* contiene los tipos de poesía cortesana que Lope cultiva durante mucho tiempo; representa, más completamente que ningún otro de sus libros, casi todas las formas de esta manera lírica del autor en el período que se cierra con la publicación de *El peregrino en su patria*. El poeta parece haber hecho en *La Arcadia* un alarde de riquezas poéticas. La expresión es de una maravillosa transparencia y limpidez, sin las sutilezas conceptistas que encontramos más tarde [...] quizá no haya libro suyo mejor seleccionado en su parte lírica. [29]

El lector puede comprobar la exactitud de las afirmaciones de Montesinos por los poemas que figuran en esta antología.

A fines de diciembre de 1594 debió de morir en Alba de Tormes Isabel de Urbina, después de dar a luz a su hija Teodora, ya que entre febrero y marzo de 1595 hizo Lope almoneda de todos sus bienes, desprendiéndose hasta de "un manguito de terciopelo negro", "cinco pañales" y "un rosario de coral con extremos de cruz y oro". [30] Lope pudo, en efecto, llorar la muerte de Belisa y la de Teodora en poesía más bella que arrebatada, pero por qué se desprende de un rosario de su mujer es ya algo incomprensible. ¿Para ir con menos impedimenta a Madrid, ya que Jerónimo Velázquez le perdona el 28 de marzo de ese mismo año "y tiene por bien quel susodicho libremente pueda entrar en esta corte", como se dice en el proceso? [31] En *La Dorotea*, se lee: "Daréis la vuelta a la corte, viuda ya Dorotea, que os solicitará para marido; pero no saldrá con ello". [32]

[29] *Estudios sobre Lope de Vega* (Salamanca, 1967), pp. 175-176.
[30] Véase el documento en la *Rev. de Fil. Esp.*, XXV (1941), pp. 449-503.
[31] *Proceso...*, pp. 4-5.
[32] Act. V, esc. VIII.

No, no se salió Dorotea con su propósito, si no es invención del propio Lope, porque en 1596 es procesado de nuevo por su amancebamiento con doña Antonia Trillo de Armenta, a la que dirigió algún soneto, aunque le arrancó muchos más poemas *Camila Lucinda,* Micaela de Luján, casada con Diego Díaz, que andaba en Indias, con la que vivió muchos años y tuvo abundante descendencia. Esta pasión dará origen a un ciclo poético de interés extraordinario, desde los sonetos de las *Rimas,* a la bellísima epístola publicada en *El peregrino en su patria.* [33] Estos amores no fueron obstáculo para que Lope casase con Juana de Guardo en 1598, hija de un rico abastecedor de carne de Madrid. Como entonces publicase *La Arcadia,* en cuya portada figuraba un escudo con abundantes torres, Góngora le disparó el cruel soneto que comienza "Por tu vida, Lopillo, que me borres / las diecinueve torres del escudo", que termina tan ferozmente:

> No fabrique más torres sobre arena,
> si no es que ya, segunda vez casado,
> nos quiere hacer torres los torreznos. [34]

Este mismo año publicó *La Dragontea,* escrito a la muerte de aquel "dragón", como llamaba Lope a Francisco Draque; poema en diez cantos, que no tuvo, ni ha tenido, demasiado éxito, aunque, como siempre sucede, no falten octavas muy felices y versos aislados de indudable belleza. Muchísimo más interés poético y formal tiene *El Isidro,* aparecido en 1599, uno de los poemas extensos que ofrece más curiosidad, tanto por la forma, quintillas de tipo muy popular, cuanto por el contenido, bien cercano, puesto que en él refiere Lope la vida de San Isidro labrador. "De dos maneras —dicen Castro y Rennert— intentó Lope realzar el interés del asunto [...] o hace intervenir lo fantástico y extraordinario —la envidia sale de los infiernos, los ángeles exponen a Isidro los misterios de

[33] Véase Américo Castro, "Alusiones a Micaela de Luján en las obras de Lope de Vega", *RFE,* V (1918), pp. 256-292.
[34] Edic. cit. de Millé, p. 552.

la religión [...], o nos presenta sencillamente, aparentemente sin artificio, lo vulgar cotidiano", [35] y todo lo apostilla al margen con la más increíble erudición sagrada y profana. Parece como si Lope hubiera querido salvar la poetización de lo cotidiano amparándose en una erudición que pasmase al lector. Pero lo cierto es que en ese poema abundan notas muy felices partiendo de lo casero y más vulgar. Así, por ejemplo, Castro y Rennert destacan versos como los siguientes:

> La tiniebla que le ofusca
> va tentando como ciego;
> llega al frío hogar, y luego
> entre la ceniza busca
> si aún hay reliquias del fuego.
>   En fin, un tizón halló,
> y algunas pajas juntó
> sobre el extremo quemado;
> y el rostro, de viento hinchado,
> soplando resplandeció.
>   Enciende Isidro, y de presto
> huye la sombra y se extiende;
> él con la mano defiende
> la luz que afirma en el puesto,
> donde vestirse pretende.
>   Cúbrese un capote viejo,
> sin cuidado y sin espejo,
> y anda a vueltas la oración:
> que orar en toda ocasión
> es del apóstol consejo.
>   Pasa de un blanco cestillo
> al alforja el pan y el puerro;
> relincha la yegua en cerro,
> rozna el rudo jumentillo,
> canta el gallo y ladra el perro.

Aparte de haber escrito ya numerosísimas comedias, Lope seguía al servicio de algún magnate, y así en abril de 1599 acompaña como secretario al Marqués de Sarria a las bodas del Duque Alberto con Isabel Clara Eugenia y

[35] *Vida de Lope de Vega* (Salamanca, 1969), p. 133.

de Felipe III con la Archiduquesa Margarita, que se celebraron en Valencia. El Duque de Lerma organizó unos festejos en Denia y fue Lope el encargado de redactar la información en su poema *Las fiestas de Denia*. Poco más tarde se bautizaba a Jacinta, hija de Lope y de doña Juana de Guardo. Parece ser que al año siguiente pasó una temporada en Sevilla y otra en Toledo, y hacia 1601 ó 1602 llegó hasta Granada. Por documentos muy rigurosos sabemos que estaba en Madrid en 1602, año en que publica *La hermosura de Angélica, con otras diversas Rimas,* junto con *La Dragontea.* Este volumen en que emparedaba doscientos sonetos entre dos poemas extensos no debió de gustar mucho a sus amigos y lectores, quienes le rogaron que independizase los sonetos, y Lope atendió esta sugerencia, como dice a don Juan de Arguijo: "A persuasión de algunas personas que deseaban estas *Rimas* solas y manuales, salen otra vez a luz." Pero también dice en el prólogo al lector: "Aquí tienes, lector, dos centurias de sonetos, aunque impresos otra vez en mi *Angélica,* pero van acompañados de las Rimas que entonces no salieron a luz, porque excedía el número a lo que permite un libro en octavo folio." Ésta es la que constituye la segunda parte de las *Rimas,* "compuesta de tres églogas, un diálogo, dos epístolas, algunas estancias, sonetos, epitafios fúnebres y dos romances".

Esta edición se publicó por primera vez en Sevilla en 1604, dedicada a don Juan de Arguijo, con notable éxito. En la de 1609, Lope le añade el famoso *Arte nuevo de hacer comedias* y se conocen ediciones de Milán (1611), Barcelona (1612), Madrid (1613) y Huesca (1623). (De esta última procede la de *Obras sueltas,* de Sancha, IV, Madrid, 1776.) No se reimprime hasta que en 1963 Gerardo Diego vuelve a editarla con un precioso prólogo. Yo preferí editar la de 1609, que permitía incluir el *Arte nuevo de hacer comedias.* [36]

Por primera vez, a sus cuarenta años, publica Lope un volumen de poesía lírica, y lo hace, en parte, por el éxito

[36] En la edic. cit. en la nota 5.

de esta obra, que estaba circulando en copias estragadas
y con atribuciones distintas. Por eso me parece muy significativo que esta colección de las *Rimas* se abra con
un soneto singular:

> Versos de amor, conceptos esparcidos,
> engendrados del alma en mis cuidados,
> partos de mis sentidos abrasados,
> con más dolor que libertad nacidos;
>   expósitos al mundo en que, perdidos,
> tan rotos anduvistes y trocados,
> que sólo donde fuistes engendrados
> fuérades por la sangre conocidos.

Los manuscritos de la época (véanse algunas referencias
más adelante en los textos escogidos) confirman el segundo cuarteto, puesto que en algún caso los sonetos copiados
—y también los romances— presentan abundantes variantes. La afirmación de que son "versos de amor" se ve muy
clara, puesto que más de la mitad son sonetos amorosos,
algunos procedentes de sus mismas comedias y sabiamente recreados. De este centenar, en 29 se menciona el nombre de Lucinda, pero Gerardo Diego piensa que se refie-
ren a ella 38 más. [37] No nos debe extrañar esta predilec-
ción, puesto que Lope estaba entonces viviendo con su
amante. Sin embargo, otros bellísimos aluden claramente
a su pasión por Elena Osorio, como los célebres ya citados
"Suelta mi manso, mayoral extraño" y "Querido manso
mío, que vinistes", ambos corregidos con mucha sabiduría.

Algunos de estos sonetos son de los más bellos que conoce nuestra lírica y han figurado siempre en las mejores
antologías. Lo sorprendente de esta serie es, como escribe
Gerardo Diego,

> la riqueza, la diversidad del acento y del sentimiento,
> el arco iris total de la pasión con todos sus colores. Lo
> que en sus predecesores quedaba apenas apuntado y más

[37] Véase su prólogo a las *Rimas* (Madrid, 1963).

o menos misterioso, en Lope se consigna con paladina claridad. Es pura biografía y climatología precisas [...] La sensualidad queda tan limpiamente poetizada, que a veces adquiere calidades angélicas. [38]

Pero también debemos destacar que la técnica de estos sonetos, que parecen tan sencillos y espontáneos, está sabiamente calculada, como ha visto en más de un caso Dámaso Alonso. [39] Tanto Gerardo Diego como Dámaso Alonso y antes el gran lopista J. F. Montesinos, no olvidan cómo se insertan muchos de ellos en la gran tradición petrarquista.

Pero en las *Rimas* hay otros sonetos muy bellos, con temas bíblicos, clásicos, mitológicos o artísticos, que Montesinos no dudó en calificar de parnasianos, [40] como los dedicados al "Triunfo de Judith", Venus y Palas o el de Andrómeda.

Aunque la segunda parte de las *Rimas* no ofrece tanto interés poético, sí se ve una cierta emoción en la égloga *Elisio* y, sobre todo, en las epístolas, entre las que destaca la dirigida al contador Gaspar de Barrionuevo, que insertamos en la antología. Ofrece mucha curiosidad para la biografía de Lope, que nos hace saber cómo sus comedias se han pirateado en Zaragoza o su malestar por los ataques de ciertos sonetistas y hasta una pequeña sátira de algunos poetas. Pero también tiene mucho atractivo el romance "A la creación del mundo", que hace de Lope uno de los primeros barrocos, como han notado los críticos. En el poema "Apolo" anticipa, con finísimo humor, las sátiras contra el gongorismo, aunque éste tardará en aparecer.

Volvemos a encontrarle en Sevilla en 1603, donde firma a fines de año la dedicatoria de *El peregrino en su patria*, novela publicada en 1604. La obra obtuvo bastante éxito, puesto que se conocen seis ediciones entre 1604 y 1618, y es además un precioso documento por las listas de come-

[38] *Ibíd.*, pp. 22-23.
[39] *Poesía española. Ensayo de métodos y límites estilísticos* (Madrid, 1950), pp. 453 y ss.
[40] *Estudios sobre Lope de Vega*, p. 157.

dias que incluye en las ediciones primera y última: en la
primera figuran 219 títulos, lista que aumenta en 144 en
la edición de 1618.

> Con esto quedarán los aficionados advertidos, a quien
> también suplico lo estén de que las comedias, que han
> andado en tantas lenguas, en tantas manos, en tantos pa-
> peles, no impresas de la mía, no deben de ser culpadas
> de sus yerros, que algunas he visto que de ninguna manera
> las conozco. [41]

La novela gira alrededor de las aventuras y desventuras
de Pánfilo de Luján y de Nise. Para muchos críticos *El
peregrino* es una novela de tipo bizantino, pero Avalle-
Arce opina que lo bizantino "es sólo un cañamazo, sobre
el cual se bordan las figuras de la verdadera novela de
aventuras, cristiana y post-tridentina, con detalles tomados
de la novela morisca", mientras que "otros detalles proceden de las historias de cautivos". [42]

En *El peregrino* se insertan al final de los cuatro primeros capítulos cuatro obras dramáticas, y abundantes poemas a lo largo de la obra, como hizo en *La Arcadia*. Uno
de estos poemas es la bellísima epístola que comienza
"Serrana hermosa, que de nieve helada", dirigida a *Camila
Lucinda*, llena de emoción y sentimiento. Montesinos dice
con su habitual sagacidad crítica:

> Nuevamente, adelantándose casi dos siglos a su época,
> preludia en ella tonos románticos. Hay algo de romanti-
> cismo lacrimoso en su comienzo, pero esas lágrimas torren-
> ciales que corren siempre por los versos amorosos de Lope
> no le impiden comunicarnos esta vez de muy eficaz ma-
> nera los dolores de la partida y de la ausencia. Estos ter-
> cetos a Lucinda contienen versos de una plenitud de emo-
> ción sorprendente en un lírico seiscentista. [43]

---

[41] *El peregrino en su patria*, edic. de Juan Bautista Avalle-Arce
(Madrid, Clásicos Castalia), p. 63.
[42] *Ibíd.*, p. 30.
[43] *Estudios sobre Lope de Vega*, pp. 182-183.

En agosto de este mismo año de 1604 se encontraba en Toledo, según carta muy citada dirigida a un personaje desconocido:

> Yo tengo salud, y toda aquella casa. Doña Juana está para parir, pero no hace menores los cuidados. Toledo está caro [...] De poetas no digo: buen siglo es éste. Muchos en ciernes para el año que viene; pero ninguno hay tan malo como Cervantes, ni tan necio que alabe a don Quixote [...] *A sátira me voy mi paso a paso*, cosa para mí más odiosa que mis librillos a Almendárez y mis comedias a Cervantes. [44]

Al año siguiente comienza Lope a frecuentar el trato del joven Duque de Sessa, del que terminará siendo su secretario y no sólo de cartas de negocios, puesto que más de una vez le sirvió en otros menesteres, y hasta le escribirá las misivas amorosas. El Duque de Sessa tuvo la extraordinaria curiosidad de guardar las cartas que le dirigió Lope durante muchos años, y esta documentación, interesantísima por todos los conceptos, es una fuente inagotable de noticias, siendo las autobiográficas las más apasionantes.

Mientras tanto, Lope tenía en realidad dos hogares, quizá en Toledo o muy cercanos, puesto que en Toledo bautiza José de Valdivieso el 8 de mayo de 1605 a Marcela, "hija de padres no conocidos", que más tarde profesará en las Trinitarias, como ya se dirá; y el 28 de marzo del año siguiente es bautizado, también en Toledo, Carlos, "hijo de Lope de Vega Carpio y de su mujer Juana de Guardo", mientras que en enero de 1607 se bautiza a Lope Félix de Vega Carpio, hijo de Lope y Micaela de Luján, el famoso "Lopito", que dio a su padre más de un disgusto, quien le dedicará *La Gatomaquia*.

En 1609 publica *La Jerusalén conquistada* (reimpresa en 1611 y 1619), que es un poema de 22.000 versos en octavas. Tomando como asunto la derrota de Ricardo Co-

---

[44] *Epistolario de Lope de Vega,* edic. de A. González de Amezúa, III (Madrid, 1941), pp. 3-4. (Citaré abreviadamente *Epistolario).*

razón de León al intentar la conquista de Jerusalén, trama
Lope un complicadísimo argumento con objeto de ensalzar
a Alfonso VIII y sus caballeros, aunque no saliese muy
bien parada la verdad histórica. Los contemporáneos la
recibieron con asperidad, como un Góngora, que le lanza
el soneto que principia "Vimo, señora Lopa, su epopeya",
o un Jáuregui, que escribirá la *Carta del licenciado Claros*. [45] Aunque los críticos señalan aciertos aislados, el
poema no se lee con demasiado placer. Karl Vossler dice
muy agudamente:

> La aspiración de su modelo a lo solemne y digno, al
> decoro, como se decía, le hizo olvidar la índole de su
> sensibilidad propia, renunciar al humor, a la rudeza, a la
> puerilidad y a la frescura de su pueblo, al que en todo,
> por todo, pertenecía, haciéndole, precisamente allí donde
> se había propuesto trabajar por la gloria de España, pare-
> cer ajeno a lo español, pseudoespañol y académico. [46]

En septiembre de 1610 pudo comprar la casa de la
calle de Francos, con su pequeño jardinillo, que tenía "dos
árboles, diez flores / dos parras, un naranjo, una mos-
queta", como dice a Francisco de Rioja en una extensa
epístola, [47] al paso que en otra a Matías de Porras pinta
su felicidad cotidiana, aquella felicidad a que tanto aspi-
raba y que iba a durarle tan poco:

> Ya, en efecto, pasaron las fortunas
> de tanto mar de amor, y vi mi estado
> tan libre de sus iras importunas,
>   cuando amorosa amaneció a mi lado
> la honesta cara de mi dulce esposa,
> sin tener de la puerta algún cuidado;
>   cuando Carlillos, de azucena y rosa
> vestido el rostro, el alma me traía
> contando por donaire alguna cosa. [48]

---

[45] Véase en la edic. de *La Jerusalén*, de Joaquín de Entrambasaguas en la Biblioteca Clásica, CCLXXVII, I (Madrid, 1935), pp.
XLIV y ss.

[46] *Lope de Vega y su tiempo* (Madrid, 1933), p. 155.

[47] *La Filomena*, p. 840 de mi edición.

[48] *La Circe*, p. 1237 de mi edición.

La salud de doña Juana seguía preocupando mucho al poeta. En septiembre de 1611 le dice al Duque de Sessa: "D.ª Juana está mejor, y Carlos se pone hoy otros calzones", y en octubre terminó *Los pastores de Belén,* según comunica al mismo Duque y la misiva tiene un interés muy singular:

> Sepa Vex.ª que estos días he escrito un libro que llamo *Pastores de Belén, prosas y versos divinos,* a la traza de *La Arcadia.* Dicen mis amigos (lisonja aparte) que es lo más acertado de mis inorancias, con cuyo ánimo le he presentado al Consejo y le imprimiré con toda brevedad; que ha sido devoción mía, y aunque de materia sagrada, tan copioso de historia humana y divina, que pienso que será recibido igualmente. Hartas veces he pensado cuán mal empleé mis escritos, mis servicios y mis años en el dueño de aquellos pensamientos del *Arcadia,* ni se me puede quitar la lástima de que no hayan sido por Vex.ª y la J., de cuya celosa imaginación estoy cuidadoso, porque sé que Valladolid es lugar húmedo, y que la conversación de la Corte le dejaría mal enseñado y bien advertido, y así, habrán ocupado a Vex.ª cuidados que le den a *Flora* tales, que obliguen a lágrimas. Buenos fueran para aquellos *Soliloquios;* mas no quiero que diga Vex.ª que predico, y que después de ladrón, me recojo a ventero. [49]

Esta obra, dedicada a su hijo Carlos, tuvo bastante éxito, ya que se conocen nueve ediciones entre 1612 y 1619. Castro y Rennert han visto muy bien que la única preocupación de Lope

> es el respeto del dogma católico; salvado éste, las personas sagradas se ofrecen al lector sin ningún nimbo de misterio, tan delimitadas y precisas como la realidad cotidiana [...]
> Los relatos intercalados son, en general, de tema bíblico; pero además hay digresiones y referencias de la más variada índole. Sobre este conjunto, bastante abigarrado, se destacan tres notas literarias de valor esencial: la emoción ingenua y candorosa que Lope, con blandura de niño, sa-

[49] *Epistolario,* III, pp. 50-51.

bía proyectar en forma tan exquisita; la representación
visual de los objetos, llena de encanto pictórico [...]; en
fin, aunque atenuado, aparece aquí también lo sensual, lo
erótico, norte de nuestro poeta. [50]

Añadamos el encanto de algunos villancicos sacros, de
los más bellos de la poesía española, como los que se
incluyen en esta antología.

A pesar de escribir tanto, todavía le quedaba tiempo
para asistir a alguna Academia, como la del Conde de
Saldaña, o escribir las cartas al de Sessa, atormentado por
el comienzo de una crisis religiosa, que dio origen a los
Soliloquios, cuatro poemas llenos de congoja y arrepenti-
miento por su vida pasada. Esta crisis se acentúa en el
verano de 1612 por la enfermedad y muerte de Carlitos,
que arrancó a Lope aquella bellísima elegía que encontrará el lector más adelante. Pero en 1613 murió doña Juana al dar a luz una niña que se llamaría Feliciana, como
recordará el poeta en su epístola a Amarilis:

> Feliciana el dolor me muestra impreso
> de su difunta madre en lengua y ojos;
> de su parto murió; triste suceso. [51]

Todos estos acontecimientos, bien auténticos y poco li-
terarios, afectaron tan hondamente a Lope, que decidió
refugiarse en el sacerdocio y el 15 de marzo se ordenó de
Epístola, lo que le comunica al de Sessa en una carta
llena de humor:

> Llegué, presenté mis dimisorias al de Troya, que así se
> llama el Obispo [...] y sería de ver cuán a propósito ha
> sido el título, pues sólo por Troya podía ordenarse hom-
> bre de tantos incendios; mas tan cruel como si hubiera
> sido el que metió en ella el caballo, porque me riñó por-
> que llevaba bigotes, y con esta justa desesperación, yo
> me los hice quitar. [52]

[50] *Ob. cit.,* pp. 194-5.
[51] En la p. 242 de esta antología.
[52] *Epistolario,* III, p. 138.

La huella literaria de esta situación vital, sus crisis y sus arrepentimientos irán a parar a las *Rimas sacras* (Madrid, 1614), dedicadas a su confesor fray Martín de San Cirilo, el cual no veía con buenos ojos que Lope continuase con la secretaría del Duque de Sessa. Las *Rimas sacras* quedan situadas perfectamente al final de un proceso de ahondamiento espiritual y contienen sin disputa algunos de los más emocionantes y bellos sonetos religiosos de la poesía española. La emoción poética, tan patente, procede de la angustia de sentirse preso en un pasado y vislumbrar al mismo tiempo otros gozos espirituales. Todo lo que fue entrañable y apasionada poesía amorosa, se convierte ahora en poesía a lo divino, por decirlo así. Incluso, como los místicos, sabrá que ciertos sentimientos son inefables y además los poetizará, como en este soneto tan significativo:

> La lengua del amor, a quien no sabe
> lo que es amor, ¡qué bárbara parece!;
> pues como por instantes enmudece,
> tiene pausas de música süave.
>
> Tal vez suspensa, tal aguda y grave,
> rotos conceptos al amante ofrece;
> aguarda los compases que padece,
> porque la causa su destreza alabe.
>
> ¡Oh dulcísimo bien, que al bien me guía!,
> ¿con qué lengua os diré mi sentimiento,
> ya que tengo de hablaros osadía?
>
> Mas si es de los conceptos instrumento,
> ¿qué importa que calléis, oh lengua mía,
> pues que vos penetráis mi pensamiento? [53]

Las *Rimas sacras* contienen esos bellísimos sonetos que figuran en todas las antologías "¿Qué ceguedad me trujo a tantos daños?", "Pastor, que con tus silbos amorosos", "¿Qué tengo yo que mi amistad procuras?" y otros tantos encendidos de amor sacro como los citados. "Los sonetos

----

[53] En la p. 199 de nuestra selección.

sacros de Lope se destacan de la línea clásica como algo
sin precedentes e insuperado", dice J. F. Montesinos. [54]

Sin embargo, el gran Lope abandona muchas veces su
intimismo y se deja arrastrar por aquel conceptismo sacro,
lleno de impulsos y fríos juegos de voces que estragó parte de la poesía religiosa del Barroco. Las Glosas y los
Romances carecen de la gracia y frescura de los anteriores, aunque entre los romances se puedan espigar algunos
hallazgos realistas no exentos de interés. [55] Incluyó también Lope su poema a la muerte de Carlos Félix, tan bello,
aunque el Fénix no tenía precisamente alma elegíaca.

En 1615 pasó una temporada en Toledo, donde estuvo
bastante enfermo, como dirá al de Sessa, y la frase re-
sume además muy bien aquel estado de ánimo que siempre tuvo Lope por los envidiosos: "Yo pensé que había-
mos acabado con la envidia de los poetas y con los cuidados desta vida." [56] Pero, repuesto, volvió a Madrid y sólo
del mes de enero de 1616 se han conservado tres comedias autógrafas, lo que prueba su extraordinaria fecundi-
dad. A mediados de este año fue a Valencia, donde también enfermó de ciertas fiebres y debió de ver a cierta
cómica, llamada La Loca en las cartas al Duque de Sessa,
que fue la primera que se fijó en las atenciones que nuestro poeta prodigaba a Marta de Nevares, Amarilis, casada
con Roque Hernández de Ayala. [57] Por el epistolario al de
Sessa conocemos hasta los más íntimos detalles de esta
pasión de Lope. Así, por ejemplo, le dice cierta vez: "He
hallado, al fin, tan buen médico a mis heridas, que desde
una lengua se me ve el parche." [58] Pero no dejaba de preo-
cuparle esta situación y en agosto de 1617 escribía al mismo: "Esta noche no he dormido, aunque me he confesado.

---

[54] Estudios citados, p. 160.
[55] Véase el reciente estudio de A. Carreño, "El romancero espiritual de Lope de Vega", Boletín de la Biblioteca Menéndez
Pelayo, LV (1979), pp. 19-63.
[56] Epistolario, III, pp. 189-190.
[57] Ibíd., p. 261.
[58] Ibíd., p. 265.

¡Malhaya amor que se quiere oponer al cielo!" [59] Finalmente, como es bien conocido, Marta de Nevares dio a luz a Antonia Clara, y al año siguiente, a la muerte de Roque Hernández, *Amarilis* fue a vivir a casa de Lope, junto con Marcela y Lope Félix, los hijos del poeta y *Camila Lucinda*. Todos darán origen a situaciones que el poeta transformará en versos bellísimos.

Al mismo tiempo que sigue escribiendo muchas comedias, no dejaba de tener sinsabores con los de la "nueva poesía":

> Estos días he pasado mal con los de la nueva poesía. No sé qué ha de ser de mí; pero leeréle a Vexª, cuando le vea, una carta que le escribí, y no se la he dado, ni copiado del original, porque me arrepentí de haberla escrito y estudiado, conociendo que disponía mi quietud a las arrogancias y desvergüenzas de sus defensores. [60]

Como es sabido, Góngora hizo circular por Madrid, a través de Andrés de Mendoza y Almansa, copias de las *Soledades* y del *Polifemo*, mientras Lope atravesaba la crisis que ya conocemos, por lo que no se preocupó demasiado de los poemas. Emilio Orozco, que tan brillantes páginas ha dedicado al problema, escribe que la edad y la experiencia

> habían hecho a Lope no sólo comprender mejor a su rival y descubrirle sus puntos flacos, sino, más aún, proceder más sereno y con más hábil y calculado efecto en sus ataques. Comprendió que la sátira al encumbrado poema gongorino podía hacerse con más efecto acudiendo a la ironía. [61]

Por eso el 15 de septiembre de 1615 envió a Góngora la famosa primera carta, repleta de pinchos irónicos, a la que contestaron don Luis, el 30 de septiembre del mismo año (según demostró Orozco sin la menor duda), y don

59 *Ibíd.*, p. 325.
60 *Ibíd.*, p. 340.
61 *Lope y Góngora frente a frente* (Madrid, 1973), p. 173.

Antonio de las Infantas. El mismo Emilio Orozco ha publicado [62] la respuesta, muy extensa, e inédita, de Lope "a las cartas de don Luis de Góngora y de don Antonio de las Infantas", fechada en enero de 1616. Lope tampoco dejó de insertar en alguna comedia versos satirizando el arte de don Luis, como el gracioso soneto de *El capellán de la Virgen,* por ejemplo:

> Inés, tus bellos ya me matan ojos
> y el alma roban pensamientos mía,
> desde aquel triste que te vieron día,
> no tan crueles por tu causa enojos. [63]

Por último, la carta a la que se refiere Lope en la suya al de Sessa, es la famosa "carta echadiza", donde ya no aparece tan afilado e hiriente como en las otras dos. Lope seguirá insistiendo en el error de don Luis al confiar la difusión y defensa de sus poemas a Andrés de Mendoza, "que si V.m. le enviara a don Juan de Jáuregui, mejor supiera defenderlas que las ofendió con tan largos aunque doctos discursos". [64]

Pese a sus inquietudes literarias y familiares, Lope sigue escribiendo como siempre y publicando la *Séptima, Octava* y *Novena* parte de sus comedias. En una carta de abril de 1617 dice al de Sessa, con su humor habitual: "Otra vez me he visto con el de Góngora [...]. Está más humano conmigo, que le debo de haber parecido más hombre de bien de lo que él me imaginaba." [65] Pero los famosos "envidiosos" no dejaron de importunarle gravemente, puesto que cierto profesor de gramática latina de Alcalá, Pedro de Torres Rámila, lanzó la conocida *Spongia* en latín, donde casi no dejaba en paz ninguna obra de Lope. Joaquín de Entrambasaguas ha dedicado un notable estudio a poner en claro todo este episodio, [66] que sirvió

---

[62] En las pp. 238 y ss.
[63] Edic. de la Academia Española, IV, p. 469.
[64] En la p. 264 del libro citado de E. Orozco.
[65] *Epistolario,* III, p. 298.
[66] *Estudios sobre Lope de Vega,* II (1946), pp. 11-411.

para que los amigos de Lope, capitaneados por Francisco López de Aguilar, publicasen en 1618 una réplica bajo el título de *Expostulatio Spongiae,* y para que Lope se burlase con saña de Torres Rámila en *La Filomena,* como veremos.

Mientras tanto, *Amarilis* le incitaba a escribir novelas cortas, las famosas *Novelas a Marcia Leonarda,* que publicará en *La Filomena* y en *La Circe,* y si hacemos caso de lo que el poeta dice en su égloga *Amarilis,* parece que gozaba de cierta tranquilidad:

> Con esto en paz tan amorosamente
> vivía yo, que de sus dos estrellas
> vida tomaba para estar ausente,
> y luz para poder mirar sin ellas.
> Mirándole una vez atentamente
> las verdes niñas, vi mi rostro en ellas,
> y celoso volví, por ver si estaba
> detrás otro pastor que le formaba. [67]

Otros dos volúmenes de comedias (las Partes XIII y XIV) saldrán en 1620, y a mediados de ese año Lope fue encargado de organizar la famosa *Justa poética* en honor de San Isidro, en la que hizo aparecer a Tomé de Burguillos, natural de Navalagamella, que dedicó poemas burlescos a cada uno de los nueve certámenes. Mientras tanto, su hijo Lopito ingresó en el ejército que mandaba el Marqués de Santa Cruz, al paso que su hija Marcela profesaba en las Trinitarias Descalzas, lo que poetizará su padre en una deliciosa epístola a F. de Herrera Maldonado, dándole cuenta de todo, hasta de cómo ha predicado fray Hortensio Paravicino:

> Sale Marcela, y perdonad os ruego
> si el amor se adelanta; que quien ama
> juzga de las colores como ciego.
> No vi en mi vida tan hermosa dama,
> tal cara, tal cabello y gallardía:
> mayor pareció a todos que su fama.

---

[67] Véase más adelante p. 293.

> Ayuda a la hermosura la alegría,
> al talle el brío, al cuerpo, que estrenaba
> los primeros chapines aquel día. [68]

En 1621 publicó *La Filomena con otras diuersas Rimas, Prosas y Versos,* dedicada a doña Leonor Pimentel. En el prólogo dice a doña Leonor:

> busqué por los papeles de los pasados años algunas flores [...] Hallé *Las fortunas de Diana,* que lo primero hallé fortunas, y con algunas *Epístolas* familiares y otras diversas *Rimas* escribí en su nombre las fábulas de *Filomena* y *Andrómeda,* y formando de varias partes un cuerpo, quise que le sirviese de alma mi buen deseo. [69]

Como puede verse, la obra es una miscelánea muy del gusto de la época, aquellas obras que insertaban poemas extensos, novelas breves, epístolas, etc. Comienza con el poema de *La Filomena,* dividido por su autor en dos partes y con distinta estructura métrica. En la primera, escrita en octavas, Lope narra la conocida fábula de Filomena, Progne y Tereo, según el libro VI de las *Metamorfosis* de Ovidio, amplificando numerosas notas. Aunque Lope había leído muy bien los poemas de Góngora, sólo en unos pocos casos se nota la huella del cordobés, en algunos finales de octavas y alguna metáfora. [70] José María de Cossío destaca la belleza de muchas octavas y cómo Lope "no ve la fábula como un relato poético, sino como un suceso novelable, al que quiere prestar verosimilitud e interés psicológico". [71]

Pero, a su vez, la segunda parte ofrece un extraordinario interés autobiográfico, puesto que Lope, convertido en ruiseñor, contiende con el tordo, Torres Rámila, que firmó la *Spongia.* La primera parte de *La Filomena* casi

---

[68] *La Circe,* p. 1226 de mi edición.
[69] En la p. 573 de mi edición.
[70] Vid. Dámaso Alonso, *op. cit.,* pp. 472 y ss.
[71] *Fábulas mitológicas en España* (Madrid, 1952), p. 326.

parece un pretexto para servir a los fines del propio Lope
y convertirse en ruiseñor para cantar "no en verso foras-
tero, oculto y grave, / con nudos como pino; / no feroz,
no enigmático, mas puro", y atacar a su enemigo, con
mucha gracia e ironía, saltando de una cuestión a otra
sin demasiada preocupación por la urdimbre. Así finge,
o poco menos, una lección de Torres Rámila en Alcalá:

> Las partes son de la oración, senado
> amplísimo, ilustrísimo,
> ocho, según Antonio las describe:
> nombre, pronombre, etcétera; mas, dado
> que fue varón doctísimo,
> en cuyos libros su memoria vive,
> prolijo y nimio escribe;
> mas a personas de tan altos méritos
> no quiero hablar de género y pretéritos;
> pero decir que son de la doctrina
> las letras fundamento
> en la lengua caldea,
> en la sagrada hebrea,
> la griega y la latina... [72]

Al final nos regala una pequeña autobiografía, sin que
falten los episodios más importantes, desde sus amores con
Elena Osorio a su ordenación sacerdotal, pasando por el
destierro.

Ofrecen también mucha curiosidad las epístolas a Francisco de la Cueva, Gregorio de Angulo, la dirigida a Amarilis indiana y otras. En todas, especialmente en la última,
tantas veces citada, aparecerán esas notas íntimas autobiográficas bien conocidas; pero dos se destacan nítidamen-
te: su obsesión por el triunfo de Góngora y sus confesiones de platonismo. La dirigida a Francisco de Rioja, titu-
lada *El jardín de Lope de Vega* tiene otro tipo de interés.
Lope describe no su pequeño jardín madrileño, sino uno
fantástico y suntuoso, donde figuran "algunos ingenios

---

[72] Versos 492-505 de mi edición.

castellanos, / andaluces también y portugueses / con libros y laureles en las manos", lo que le permite escribir un breve *Laurel de Apolo,* con pequeños elogios, sin olvidar a sus enemigos.

El volumen se enriquece con un bellísimo poema ajeno, la *Égloga a la muerte de doña Isabel de Urbina,* de Pedro de Medina Medinilla, que tanto gustó a Gerardo Diego, quien volvió a editarla de nuevo.

Sin embargo, no acaba aquí el interés del volumen, puesto que Lope incluye la novela corta de *Las fortunas de Diana* y sus ensayos sobre la nueva poesía. Parece que la novela fue escrita, según nos dice, a ruegos de Marta de Nevares, aquí Marcia Leonarda:

> Mandarme que escriba una novela ha sido novedad para mí, que aunque es verdad que en *El Arcadia* y *Peregrino* hay alguna parte de este género y estilo, más usado de italianos y franceses que de españoles, con todo eso, es grande la diferencia y más humilde el modo.

Reconoce Lope el feliz ingenio de los autores de *caballerías,* como él dice, y que "no le faltó gracia y estilo a Miguel Cervantes", pero también dice que estas novelas debían ser escritas por "hombres científicos, o por lo menos grandes cortesanos, gente que halla en los desengaños notables sentencias y aforismos". [73]

Lope añade un ensayo extenso y otro breve sobre la nueva poesía, bien conocidos y citados por los estudiosos. El primero es el que realmente ofrece interés, puesto que (aun abrumando con su erudición) dice cosas muy sagaces sobre la nueva escuela poética. Alaba el estilo "puro" de Góngora y sus sales, pero se ensaña con los seguidores por copiar sólo los artificios más elementales, las voces raras, las "transposiciones" ("el apartar tanto los adjuntos de los sustantivos"), "pues hacer toda la composición figuras es tan vicioso e indigno, como si una mujer que se afeita,

---

[73] *Ibíd.,* pp. 659-660.

habiéndose de poner la color en las mejillas, lugar tan propio, se la pusiese en la nariz, en la frente y en las orejas. Pues esto, señor excelentísimo, es una composición llena destos tropos y figuras". Era partidario de que "la poesía había de costar grande trabajo al que la escribiese y poco al que la leyese", según decía el doctor Garay en cierta canción cuyo principio cita. El ensayo termina con un soneto en honor de Góngora, bien conocido por todos:

Canta, cisne andaluz, que el verde coro
del Tajo escucha tu divino acento,
si, ingrato, el Betis no responde atento
al aplauso que debe a tu decoro.
Más de tu *Soledad* el eco adoro
que el alma y voz de lírico portento,
pues tú solo pusiste al instrumento,
sobre trastes de plata, cuerdas de oro.
Huya con pies de nieve Galatea,
gigante del Parnaso, que en tu llama,
sacra ninfa inmortal, arder desea.
Que como si la envidia te desama,
en ondas de cristal la lira orfea,
en círculos de sol irá tu fama. [74]

En 1623 publica nuevas Partes de comedias (las XVIII y XIX), la primera dedicada a don Francisco de Borja, donde Lope insiste en su posición antigongorina; pero la comedia *Amor secreto hasta celos,* incluida en la Parte XIX, está dedicada precisamente a don Luis de Góngora. De este año data la aprobación de *La Circe, con otras rimas y prosas,* que aparecerá en 1624, dirigida al Conde-Duque de Olivares.

La Circe es un libro tan misceláneo como *La Filomena,* donde se dan cita diversos géneros, y diversos anhelos, que van desde competir con Góngora en un poema extenso a presumir de poeta filósofo, como ha visto muy bien Dámaso Alonso, [75] junto a novelas cortas y algún ensayo

[74] En la p. 887 de mi edición.
[75] Obra citada, pp. 487 y ss.

de tipo grave. Anhelos motivados por el éxito de Góngora
y Cervantes, como otras razones más íntimas, su conviven-
cia con Marta de Nevares, le llevarán a presumir de platónico, lo que ya aparecía en *La Filomena.*

El poema de *La Circe,* [76] escrito en octavas y dividido
en tres cantos, refiere la conocida peregrinación de Ulises,
y su encuentro con Circe, en cuya casa relata los sucesos
de su periplo. Las fuentes del poema son muy conocidas:
la *Odisea,* en primer lugar, el libro XIV de las *Metamorfosis* de Ovidio, la *Eneida* y las *Anotaciones sobre los
quince libros de las Transformaciones de Ovidio,* del Licenciado Sánchez de Viana (Córdoba, 1589), quien a su
vez traduce la *Mitología* de Natal Conti (París, 1581). En
el prólogo ya nos habla Lope de "la virtud de Ulises, resistiendo, por la obligación a Penélope, el loco amor de
Circe". La moralización de la fábula es muy clara, y no
era cosa nueva, precisamente. Ulises, como Lope por aquellos años, opondrá el *deseo* al *amor:*

> Aunque esté en el amor Venus ociosa,
> tan grande fuerza la razón adquiere,
> que se puede querer sin su deseo;
> y porque yo lo sé, también lo creo.
>   Gusto tiene vulgar, muy poca parte
> dio su amor a su corto entendimiento
> quien con el apetito injusto parte
> el alma de su dulce pensamiento;
> no es quien ignora deste amor el arte
> filósofo platónico; mas siento
> que no es para cualquiera fantasía
> tan nueva y celestial filosofía. [77]

En *La Circe,* unos fragmentos son admirables y en otros
decae el interés, como sucede siempre en los poemas extensos de Lope, quien, con toda seguridad, pensó en competir con Góngora, al menos en el episodio de Polifemo,

---

[76] La edición más cuidada del poema de *La Circe* es la de
C. V. Aubrun y M. Muñoz Cortés (París, Centre de recherches
de l'Institut d'Études Hispaniques, 1962).
[77] Canto III, vv. 77-89.

como vio Dámaso Alonso. El gran crítico señala muchos contactos que prueban claramente su tesis. [78] Si además se

> toma *La Circe* en su conjunto [...] y se compara con los poemas tempranos de Lope como *La hermosura de Angélica* (¡y no digamos con *La Dragontea*!) en seguida se ve que la, diríamos, tensión estética ha tenido notable aumento. Lope sigue narrando y narrando con fluidez, pero hay en su estilo una mayor preocupación de belleza: ha suprimido aquellas divagaciones familiares y avulgaradas, aquellas interminables retahílas de amontonados objetos; abundan ahora las imágenes valientes proyectadas sobre un campo de belleza intuitiva. [79]

El volumen contiene también otro poema extenso, *La rosa blanca,* en octavas, que es casi un pretexto para contar la vida de Venus, y pese a su falta de unidad, cada episodio encierra bellezas sorprendentes y hallazgos de súbita poesía. He aquí como describe los pies de la ninfa:

> Tan bien hechos marfiles enlazaba
> la sandalia que el pie le descubría,
> que en jazmines portátiles andaba,
> y las mosquetas cándidas vencía. [80]

Tampoco faltan alusiones a lo platónico ni el anhelo de emular a Góngora en versos que son una pura delicia:

> Venus, en proporción, como en belleza
> un campo de cristal con tan sutiles
> líneas de azul, que la naturaleza
> quiso que hubiese mapas de marfiles. [81]

Como hizo en *La Filomena,* también aquí publicará diversas epístolas y en todas hay algo de subido interés

---

78 Obra citada, p. 473.
79 *Ibíd.,* p. 476.
80 Versos 761-764 de mi edición.
81 Versos 473-476.

poético o autobiográfico, especialmente en las dirigidas a
Herrera Maldonado y a Matías de Porras. En la primera,
como ya dijimos, [82] le da cuenta del ingreso de su hija
Marcela en las Trinitarias, mientras en la dirigida a Matías
de Porras, también mencionada, recuerda a Carlillos en
uno de los momentos más felices de la poesía de Lope:

> cuando Carlillos, de azucena y rosa
> vestido el rostro, el alma me traía,
> contando por donaire alguna cosa [...]
>   Cualquiera desatino mal formado
> de aquella media lengua era sentencia,
> y el niño a besos de los dos traslado [...]
>   y teniendo las horas más seguras,
> no de la vida, mas de haber llegado
> a estado de lograr tales venturas,
>   íbame desde allí con el cuidado
> de alguna línea más, donde escribía,
> después de haber los libros consultado.
>   Llamábame a comer; tal vez decía
> que me dejasen, con algún despecho:
> así el estudio vence, así porfía;
>   pero de flores y de perlas hecho,
> entraba Carlos a llamarme, y daba
> luz a mis ojos, brazos a mi pecho.
>   Tal vez que de la mano me llevaba,
> me tiraba del alma, y a la mesa,
> al lado de su madre, me sentaba. [83]

Incluye asimismo una extensa égloga ajena, esta vez
del Príncipe de Esquilache, precedida de una carta, en
forma de ensayo, donde se ve cómo no abandona su obsesión por la nueva poesía:

> Aquí repare vuestra excelencia en quien dice que con
> ciertos poemas nuevos se restauraba la Poesía, que, a su
> parecer, debía de andar perdida en Italia y en España. [84]

---

[82] Véase la p. 33.
[83] En las pp. 1237-1238 de mi edición.
[84] En la p. 1259. Al final, dice Lope: "Lea, pues, vuestra excelencia esa *Égloga* con mucho gusto, y verá poner las manos

La Circe contiene además algunos poemas, como los salmos o una serie de sonetos originales, o traducciones o amplificaciones. En unos expone su platonismo, como en los que principian "Quien dice que es amor cuerpo visible" o "Canta Amarilis y su voz levanta". Estos sonetos, aparte de demostrar su platonismo, tenían otra finalidad: contraponer a la gongorina una poesía dificultosa por la "sentencia", como ya vio tan sagazmente Dámaso Alonso. [85] Y todavía Lope, en un alarde curioso, se atrevió a comentar el soneto que había publicado en *La Filomena* "La calidad elemental resiste", alegando, como dice a Francisco López de Aguilar: "Si estuviera la dificultad en la lengua (como ahora se usa), confieso que se quejaran con causa, pero estando en la sentencia, no sé por qué razón no ha de tener verdad lo que no alcanzan." Añade Lope que no escribe para los doctos, sino

> para el desengaño de los que se apasionan de los términos nuevos del decir, aunque sean bárbaros, y no reparan en el alma de los concetos. [86]

"Sacadas de otras muchas escritas a Marcia Leonarda", intercala en *La Circe* tres novelas cortas: *La desdicha por*

---

en el instrumento de nuestra lengua al Príncipe con la mayor limpieza (excelencia suprema de los músicos) que hombre jamás las puso. ¿Qué dirá de esa claridad castellana? ¿De esa hermosa exornación? ¿De ese estilo tan levantado con la propia verdad de nuestra lengua? Sin andar a buscar para cada verso tantas metáforas de metáforas, gastando en los afeites lo que falta de faciones, y enflaqueciendo el alma con el peso de tan excesivo cuerpo. Cosa que ha destruido gran parte de los ingenios de España con tan lastimoso ejemplo, que poeta insigne que escribiendo en sus fuerzas naturales y lengua propia, nacida en ciudad que por las leyes de la patria es juez árbitro, entre las porfías de la propiedad de las dicciones y vocablos, fue leído con general aplauso, y después que se pasó al culteranismo, lo perdió todo."

[85] *Op. cit.,* pp. 489 y ss.
[86] En la p. 1311.

la honra, La prudente venganza y *Guzmán el Bravo.* En el
prologuillo, dirigido a Marcia, le dice con mucho humor:

> Pienso que me ha de suceder con vuestra merced lo
> que suele a los que prestan: que pidiendo poco y volvién-
> dole luego, piden mayor cantidad para no pagarlo,

pero tampoco olvida su preocupación por la nueva lengua:

> Confieso a vuestra merced ingenuamente que hallo nue-
> va la lengua de tiempos a esta parte, que no me atrevo
> a decir aumentada ni enriquecida; y tan embarazado con
> no saberla, que, por no caer en la vergüenza de decir que
> no la sé, para aprenderla, creo que me ha de suceder lo
> que a un labrador de muchos años, a quien dijo el cura
> de su lugar que no le absolvería una cuaresma, porque
> se le había olvidado el credo.

Aún añadirá algo también muy interesante para su poética:

> Yo he pensado que tienen las novelas los mismos pre-
> ceptos que las comedias, cuyo fin es haber dado su autor
> contento y gusto al pueblo, aunque se ahorque el arte, y
> esto, aunque va dicho al descuido, fue opinión de Aris-
> tóteles. [87]

En septiembre de 1625 aparecerán los *Triunfos divinos
con otras rimas,* dedicados a doña Inés de Zúñiga, Condesa de Olivares. El libro lleva una aprobación de Juan
de Jáuregui, en la que dice que los *Triunfos*

> como más divinos que los de Petrarca, incluyen también
> mayor alarde de historias sacras y morales, y en éstos, y
> en las demás rimas, vemos siempre piadosos asuntos con
> variedad grande de conceptos, elegancia y destreza de ver-
> sos; y si el autor necesitara elogios, cuando tantos le so-
> bran, con mucho gusto me dilatara en sus alabanzas.

[87] En las pp. 1084-85.

Comenzará muy pronto un período muy dramático en la vida de nuestro poeta, aunque no por eso dejará de escribir y publicar. Según las cartas enviadas al de Sessa, entonces desterrado en Baeza, *Amarilis* enfermó de los ojos, como dirá prodigiosamente más tarde en su égloga, y además andaba muy preocupado porque las Trinitarias le pedían parte de la dote de Marcela. Pero no fue obstáculo para publicar la *Corona trágica* (Madrid, 1627), sobre el cruel destino de María Estuardo, poema dedicado al Papa Urbano VIII, quien le concedió la cruz de caballero de San Juan, por lo que Lope pudo anteponer el *frey* a su nombre, hecho que le llenará de gozo. Por lo demás, el poema tiene escaso interés y es de difícil lectura, y por eso no ha llamado la atención de la crítica.

Pese a que cierta curandera inglesa, famosa por curar ojos, vio a *Amarilis,* ésta no mejoró, y además Lope Félix, su hijo, seguía dándole preocupaciones: "Ahora dice que se quiere volver a Italia, y en un hora tiene dos mil años de nuevas resoluciones." [88] A pesar de todo, acaba en 1629 el *Laurel de Apolo, con otras rimas,* que se publicará al año siguiente. El *Laurel* es un extenso poema-catálogo de los escritores de su época, donde no faltan las conocidas alabanzas, aunque también abunda en juicios muy certeros con alguna pulla bien clara, como la dirigida a Pellicer y Ossau, por ejemplo.

Lope se encontraba ya cansado y quería abandonar el teatro, como le dice al de Sessa en una carta de fines de 1630: "Días ha que he deseado dejar de escribir para el teatro, así por la edad, que pide cosas más serenas, como por el cansancio y aflicción de espíritu en que me ponen." [89] Sin embargo, seguirá escribiendo comedias con la misma viveza de siempre, aunque su vida familiar era escasamente placentera. *Amarilis,* que había quedado ciega, perdió la razón, según dice el propio poeta en versos arrebatadores, y murió el 7 de abril de 1632:

---

[88] *Epistolario,* IV, p. 117.
[89] *Epistolario,* IV, p. 143.

Aquella que gallarda se prendía
y de tan ricas galas se preciaba,
que a la aurora de espejo le servía,
y en la luz de sus ojos se tocaba,
curiosa, los vestidos deshacía,
y otras veces, estúpida, imitaba,
el cuerpo en hielo, en éxtasis la mente,
un bello mármol de escultor valiente. [90]

Al morir *Amarilis:*

No quedó sin llorar pájaro en nido,
pez en el agua, ni en el monte fiera,
flor que a su pie debiese haber nacido
cuando fue de sus prados primavera;
lloró cuanto es amor; hasta el olvido
a amar volvió, porque llorar pudiera;
y es la locura de mi amor tan fuerte,
que pienso que lloró también la muerte. [91]

Estaba entonces Lope escribiendo *La Dorotea,* en la que intercalará dos preciosos romances elegíacos a la muerte de *Amarilis.* En uno de ellos dice:

Tan triste vida paso,
que todo me atormenta:
la muerte porque huye,
la vida porque espera. [92]

La Dorotea apareció a fines de 1632, cuando Lope tiene setenta años, y es, sin disputa, la obra no dramática de Lope más bella y original, y una de las más logradas del género de la novela dialogada. A los setenta años demuestra Lope una soberbia capacidad creadora, en medio de profundas inquietudes domésticas y espirituales, recreando el conocido episodio juvenil de Elena Osorio y sus amores con el Fénix y la separación de los amantes por

---

[90] En la p. 300 de esta antología.
[91] *Ibíd.,* p. 304.
[92] Act. III, esc. I.

la intervención de don Bela. Lope se retrata como un poeta juvenil, romancista, de pocos escrúpulos y desbordante de literatura. Los críticos han visto muy bien cómo culmina en esta obra el proceso de literatización de la existencia, típico en Lope.

En el prólogo dice que ha puesto algunos poemas "porque descanse quien leyere en ellos de la continuación de la prosa, y porque no le falte a *La Dorotea* la variedad, con el deseo de que salga hermosa". Lo curioso es que ninguno de los poemas alude a sus amores con Elena Osorio, ya que casi todos están escritos para *Amarilis* o motivados por su muerte. Algunos son romances bellísimos, como las célebres "barquillas", o el que comienza "A mis soledades voy". Estos romances acentúan su perfección formal, y predomina en ellos, frente a los juveniles, la introspección íntima, la melancolía y el desengaño.

No podía faltar, claro está, la nota anticulterana, por lo que intercala el soneto "Pululando de culto, Claudio amigo", con los graciosos comentarios, parodia de los comentaristas gongorinos y de las Academias de la época. Ni tampoco podía estar ausente la nota platonizante, como el bello poemita de don Bela:

> Miré, señora, la ideal belleza,
> guiándome el amor por vagarosas
> sendas de nuevos cielos. [93]

Con la muerte de *Amarilis* no terminaron las inquietudes y desdichas familiares de Lope, porque si a fines de 1633 tuvo el gozo de casar a su hija Feliciana con don Luis de Usátegui, en 1634 moría su hijo Lope Félix, y su hija Antonia Clara se fugaba de casa con Cristóbal Tenorio, caballero de Santiago, lo que lamentará Lope en la égloga *Filis*, publicada en 1635.

En medio de este torbellino de sucesos, publica Lope las *Rimas humanas y divinas del Licenciado Tomé de Burguillos* (Madrid, 1634) (aquel curioso alter ego que ya

---

[93] Véase en la p. 279 de esta selección.

había hecho aparecer en las Justas poéticas de la beatificación y canonización de San Isidro), uno de los libros más encantadores y llenos de humor que conoce la poesía española de todos los tiempos. En el prólogo, Lope asegura con gracia haber conocido a Tomé de Burguillos en Salamanca y que "parecía filósofo antiguo en el desprecio de las cosas que el mundo estima". En cuanto a la dama de sus pensamientos, sospecha

> que debía de ser más alta de lo que aquí parece, porque como otros poetas hacen a sus damas pastoras, él la hizo lavandera, o fuese por encubrirse, o porque quiso con estas burlas olvidarse de mayores cuidados.

Quevedo, en su Aprobación, declara quién es el autor, asegurando que

> el estilo es no sólo decente, sino raro, en que la lengua castellana presume vitorias de la latina, bien parecido al que solamente ha florecido sin espinas en los escritos de frey Lope Félix de Vega Carpio, cuyo nombre ha sido universalmente proverbio de todo lo bueno, prerrogativa que no ha concedido la fama a otro nombre. [94]

Las *Rimas de Tomé de Burguillos* reúnen poemas de muy distintas épocas y circunstancias, de muy diversas intenciones, predominando un conjunto lleno de gracia y humor, muy acorde con la estética del Barroco y con la alegría vital del propio Lope. La mayor parte de los poemas son amorosos, dirigidos a una Juana, lavandera del Manzanares, que constituyen un delicioso *canzonere* burlesco y paradójico. Lope parodia la fecha en que se enamoró, la introspección psicológica, el paisaje y todo lo habido y por haber. Pero abundan también sonetos con otros temas, desde el anticulterano, dirigido a Bartolomé Leonardo, a otros muy barrocos, "A un peine, que no sabía el poeta si era de boj u de marfil", con aciertos lle-

---

[94] En la p. 1331 de mi edición.

nos de sorprendente gracia y finura. Así en el soneto "Oh qué secreto, damas, oh galanes" se lee:

> No es esto filosófica fatiga,
> trasmutación sutil o alquimia vana,
> sino esencia real, que al tacto obliga. [95]

Los hallazgos al final de los sonetos, en los que Lope era expertísimo, son un puro goce poético:

> Saldrá el aurora con su dulce risa
> y Amor verá en sus pies, con breve holanda,
> levantarse azucenas en camisa. [96]

Algún soneto parece referirse claramente al que Góngora le enderezó que comienza "Patos del aguachirle castellana", donde Lope expone con precisión sus ideas poéticas:

> Livio, yo siempre fui vuestro devoto,
> nunca a la fe de la amistad perjuro;
> vos en amor, como en los versos, duro,
> tenéis el lazo a consonantes roto.
>   Si vos, imperceptible, si remoto,
> yo, blando, fácil, elegante y puro;
> tan claro escribo como vos escuro;
> la vega es llana y intrincado el soto.
>   También soy yo del ornamento amigo;
> sólo en los tropos imposibles paro,
> y deste error mis números desligo;
>   en la sentencia sólida reparo,
> porque dejen la pluma y el castigo
> escuro el borrador y el verso claro. [97]

Al final de las *Rimas* figuran otros poemas, humanos y divinos, que tienen cierto interés biográfico, como las quintillas dedicadas a Antonia Clara, con la glosa de

---

[95] En la p. 319 de esta antología.
[96] Página 1411 de mi edición.
[97] *Ibíd.*, 1490.

> Hoy cumple trece, y merece
> Antonia dos mil cumplir;
> ni hubiera más que pedir
> si se quedara en sus trece.

El poema de *La Gatomaquia,* escrito en siete silvas, es sin duda el poema extenso de Lope que ha obtenido más éxito y más continuado. Como es sabido, es una imitación burlesca de aquellos poemas a los que Lope fue tan aficionado y una prueba de su capacidad creadora, de su fantasía y de su humor.

El tema de los amores de Marramaquiz, Zapaquilda y Micifuz se prestaba para que el Fénix hiciese alarde de todas sus posibilidades y como a su vez conocía todos los recursos épicos, los parodiará con gracia inimitable, sin dejar de pasar revista a la sociedad de su tiempo, sirviéndose de la gatuna, como ha visto muy bien I. Macdonal. [98]

En 1635 publicará Lope su égloga *Filis,* doliéndose del abandono de Antonia Clara y encontrándose solo, apesadumbrado y lleno de achaques. Enfermó el 18 de agosto oyendo unas conclusiones de Medicina y Filosofía del doctor Cardoso en el seminario de los Escoceses, "donde le dio repentinamente un desmayo, que obligó a llevarle entre dos de aquellos caballeros a un cuarto del doctor don Sebastián Francisco de Medrano". [99] Murió el 27 del mismo mes, y el entierro tuvo lugar al día siguiente, constituyendo un auténtico acontecimiento. Francisco Ximénez de Urrea, secretario del beato Palafox, le dice en una carta a don Juan Francisco Andrés de Uztarroz:

> Y para que V.M. se entretenga, sabrá cómo Lope de Vega murió el lunes, a la tarde, con todos los sacramentos, de 74 años y medio. Depositáronle en San Sebastián. El entierro, muy solemne. El duque de Sessa hizo el gasto y el luto. Hubo muchas mujeres. Acabaron a las dos de la tarde, y a las cinco de la mañana no se podía entrar en la iglesia. Fue depósito, porque el duque quiere llevar-

[98] Véase en *Atlante,* II (1954), pp. 1-18.
[99] *Fama póstuma,* f. 6.

lo a su tierra y hacerle un solemne sepulcro. No lo quieren
así los de Madrid. [100]

Pérez de Montalbán recogió una hermosa corona poética en honor del Fénix, que publicó en su *Fama póstuma,*
con poemas de casi todos los escritores de su tiempo, en
la que inexplicablemente no figuran Quevedo, Tirso de
Molina y Calderón.

Lope de Vega, que tanto se quejó toda su vida de los
envidiosos, fue sin disputa el hombre más admirado de
su tiempo, y abundan las referencias de esta admiración,
desde el famoso credo "Creo en Lope de Vega, poeta
todopoderoso", a la conocida frase de ser una cosa tan
buena "como de Lope de Vega", que recordará Cervantes
en el *Entremés de las maravillas* y no olvidó Quevedo,
como ya hemos visto. Pellicer de Ossau, el comentarista
de Góngora, escribe en la *Fama póstuma:* "Fuera mons-
truosidad que viera un siglo muchos hombres como Lope." [101] Pero no será ocioso recordar otro rasgo de Lope:
su liberalidad y generosidad. Montalbán dice que "era el
poeta más rico y más pobre de nuestros tiempos". El más
rico, por lo que ganó, y "el más pobre porque fue tan
liberal, que casi se pasaba a pródigo". [102]

* * *

Ya hemos visto cómo Lope vinculaba su poesía a su
vivir, a sus pasiones, crisis, angustias y anhelos y por esto
en las páginas anteriores fundimos vida y obra poética, porque todo le sirvió para escribir poemas bellísimos. Pero también hicimos notar que Lope tuvo conciencia de esta relación tan estrecha entre su vida y su obra poética. Abundan
las referencias de que "amar y hacer versos todo es uno", y
por eso copiamos al principio el soneto que dirige a Lupercio Leonardo de Argensola, cuyo terceto final no puede ser más explícito, ni más bello tampoco:

[100] Publicada por mí en la *RFE,* XXVIII (1944), p. 472.
[101] *Fama póstuma,* f. 104v.
[102] *Ibíd.,* f. 11.

¿Que no escriba decís o que no viva?
Haced vos con mi amor que yo no sienta,
que yo haré con mi pluma que no escriba.

Pero treinta años más tarde escribirá *La Dorotea,* donde el lector encontrará el diálogo siguiente:

FELIPA [*a Fernando*].—Gran llorador debéis de ser.
FERNANDO.—Tengo los ojos niños y portuguesa el alma;
    pero creed que quien no nace tierno de corazón, bien
    puede ser poeta, pero no será dulce.
FELIPA.—¡Qué presto os vais a la profesión!
FERNANDO.—Amor tiene la culpa.
FELIPA.—¿Por qué?
FERNANDO.—Porque amar y hacer versos todo es uno,
    que los mejores poetas que ha tenido el mundo al amor
    se los debe.
FELIPA.—Eso es cierto; y que ningún hombre amó que,
    o bien o mal, no los hiciese. [103]

No se puede decir de manera más explícita esa relación, y por eso Lope es uno de los más grandes poetas de
circunstancias, como escribe Montesinos en un precioso
ensayo. [104] Pero no debemos olvidar que fue capaz de escribir cientos de comedias, poemas extensos muy diversos,
desde *El Isidro* a *La gatomaquia,* novelas cortas y largas,
aparte de sonetos bellísimos que no han nacido de sus
pasiones, aunque siempre queden vibrando como melodías
únicas los poemas amorosos y de circunstancias.
    La generación a la que pertenece Lope, la de los naci-
dos alrededor de 1560, que comienzan a escribir veinte
años más tarde, se encontró con una lengua poética sencillamente perfecta y trabajada, lo mismo en la vertiente
culta que en la tradicional y cancioneril. La poesía culta
pasará de Garcilaso a Herrera por un proceso de enrique-
cimiento formal, y de ahondamiento espiritual si no olvi-
damos a fray Luis de León y a San Juan de la Cruz. Lo

---

[103] Act IV, esc. I.
[104] *Ensayos sobre Lope de Vega,* pp. 293 y ss.

mismo Góngora que Lope conocían muy bien esa poesía, como se sabían de memoria, o poco menos, a Virgilio, Horacio, Ovidio, junto con Petrarca, Tasso y Ariosto. Esta poesía culta llegará a sus límites entre 1610 y 1620, con la obra de Góngora, Lope y Quevedo, aunque éste pertenezca ya a otra generación.

Sin embargo, desde la aparición del *Cancionero de Romances* de Martín Nucio, 1547?, el gusto por este género poético irá aumentando y serán precisamente Góngora y Lope, tan aficionados a cantar romances y cancioncillas de todo tipo, los que darían ocasión de inundar España de romancistas de todas clases. Góngora será el poeta más culto y dificultoso, pero también uno de los más cantados por callejas y plazuelas, lo mismo que Lope. De 1580 a 1600, fecha de la aparición del *Romancero General,* se creó un inmenso romancero nuevo o artístico, tan anónimo, a veces, como el romancero viejo. Añadamos que los músicos están enamorados desde 1500 de la cancioncilla tradicional y comprenderemos mejor el papel de la "letrilla" en Góngora y Quevedo o el de las letras para cantar en las comedias de Lope. [105]

Al lado de estas dos corrientes, que no se excluyen, ni mucho menos, hay que colocar el famoso *Cancionero general* de Hernando del Castillo, que conoció nueve ediciones, de 1511 a 1579 (más que ninguna antología de la poesía española), aparte de la divulgación de poemas en los pliegos sueltos, donde se mezclan romances, villancicos y canciones cultas de Escrivá, J. Manrique o Garci Sánchez de Badajoz, canciones que un Lope conocía muy bien. En la *Introducción* a la Justa poética en honor de San Isidro, dice que "verdaderamente en el *Cancionero* antiguo que llaman *general* hay desigualdades grandes; pero lo mismo sucedería ahora si a bulto se imprimiesen las

---

[105] Sobre las "letras para cantar" de Lope véanse las páginas que escribe J. F. Montesinos en sus *Ensayos,* pp. 144-155, y María Cruz García de Enterría, "Función de las 'letras para cantar' en las comedias de Lope de Vega: comedia engendrada por una canción", en el *Boletín de la Biblioteca Menéndez Pelayo,* XLI (1965), pp. 3-62.

obras de todos los poetas deste siglo". [106] Pero Lope no es
un lector vulgar y distingue muy bien entre unos poemas
y otros, mostrándose encantado con los hallazgos que, en
más de un caso, resonarán por toda su obra, y así escribe: "Díganme los que más lo son, en qué estudiado, y
como ellos dicen, en qué culto soneto o canción tendrá
igual este pensamiento de los antiguos:

> Ven, Muerte, tan escondida,
> que no te sienta venir,
> porque el placer del morir
> no me vuelva a dar la vida.

[...] Pues en razón de algunos epigramas, estoy por
pensar que, amoroso, no le tiene la lengua latina mejor
que éste:

> Si vais a ver el ganado,
> muy lejos estáis de verme,
> porque en haberos mirado,
> no supe sino perderme.
> Si vais a ver el perdido,
> tampoco me ved a mí,
> pues desde que me perdí,
> por ganado me he tenido.
> Y si al perdido y ganado
> vais a ver, bien podéis verme,
> pues en haberos mirado
> supe ganarme y perderme. [107]

Lope de Vega sabía muy bien que Boscán y Garcilaso
enriquecieron la poesía española con un ornato desconocido antes y que ellos no tuvieron la culpa del ornato pos-
terior. "No tuvo Fernando de Herrera la culpa, que su
cultura no fue con metáforas de metáforas ni tantas transposiciones." [108]

---

[106] Cito por la edición de la *BAE*, vol. XXXVIII, p. 145b.
[107] *Ibíd.*, p. 145.
[108] *Ibíd.*, p. 146.

Lo que le interesaba a Lope de la poesía cancioneril, como ya observó Montesinos, [109] era el "concepto", la sentencia o agudeza del pensamiento, que es lo que él quiere contraponer a la poesía de los cultos, sobre todo a partir de la divulgación de las *Soledades* y el *Polifemo,* que le cogió demasiado hecho para entusiasmarse como un joven cualquiera, aparte de que si admiraba a don Luis, también le tenía escasa simpatía, y no le faltaban razones, como ya hemos visto. En la *Respuesta a un papel que le escribió un señor destos reinos,* publicada en *La Filomena,* dice:

> Tenemos singulares obras suyas [de Góngora] en aquel estilo puro, continuadas por la mayor parte de su edad, de que aprendimos todos erudición y dulzura [...]; mas no contento con haber hallado en aquella blandura y suavidad el último grado de la fama, quiso (a lo que siempre he creído con buena y sana intención, y no con arrogancia, como muchos, que no le son afectos, han pensado) enriquecer el arte, y aun la lengua, con tales exornaciones y figuras, cuales nunca fueron imaginadas, ni hasta su tiempo vistas [...] Bien consiguió este caballero lo que intentó, a mi juicio, si aquello era lo que intentaba; la dificultad está en el recibirlo [...] A muchos ha llevado la novedad a este género de poesía, y no se han engañado, pues en el estilo antiguo en su vida llegaran a ser poetas, y en el moderno lo son el mismo día: porque con aquellas trasposiciones, cuatro preceptos y seis voces latinas, o frases enfáticas, se hallan levantados adonde ellos mismos no se conocen, ni aun sé si se entienden [...] Los que imitan a este caballero producen partos monstruosos, que salen de generación [...] Todo el fundamento deste edificio es el trasponer, y lo que hace más duro es el apartar tanto los adjuntos de los substantivos donde es imposible el paréntesis, que lo que en todos causa dificultad la sentencia, aquí la lengua. [110]

Notemos que Lope, siguiendo su técnica habitual, elogia a don Luis y al mismo tiempo lo vitupera, achacando

[109] *Op. cit.,* p. 136.
[110] En pp. 876 y ss. de mi edición.

a los seguidores lo que era propio también del genial cordobés. Frente a este culteranismo, él opondrá, como ya vimos, la claridad, haciendo suyo lo que pedía el doctor Garay: "que la poesía había de costar grande esfuerzo al que la escribiese, y poco al que la leyese".[111] Pero ya vimos también cómo quiso competir con don Luis acudiendo a una poesía dificultosa, no por la lengua, sino por la "sentencia", y hasta presumió de autocomentarista. Karl Vossler ya indicó con suma agudeza que

> no como crítico ni como filósofo, cosa que nunca fue, y mucho menos como lírico o como épico, superó Lope el gongorismo, sino, pura y simplemente, por la fuerza de su sentido dramático.[112]

Pero no sería mal final recordar la deprecación con que Quevedo termina su *Aguja de navegar cultos:* "Y Lope de Vega a los clarísimos nos tenga de su verso."

JOSÉ MANUEL BLECUA

---

[111] *BAE*, XXXVIII, p. 140a.
[112] *Lope de Vega y su tiempo*, p. 125.

BIBLIOGRAFÍA ESCOGIDA

EDICIONES

Colección de obras sueltas así en prosa, como en verso, edic. de Cerdá Rico, Madrid, M. Sancha, 1776-1779.

Lope de Vega, *Obras no dramáticas,* edic. de Cayetano Rosell, BAE Rivadeneyra, vol. XXXVIII, Madrid, 1856.

——, *Obras poéticas,* I, Barcelona, Planeta, 1969. Edición, introducción y notas de José Manuel Blecua. Contiene: *Rimas, Rimas sacras, La Filomena, La Circe* y *Rimas humanas y divinas del licenciado Tomé de Burguillos.*

——, *Poesías líricas,* edición, prólogo y notas de José F. Montesinos, Clásicos Castellanos 68 y 75.

——, *Poesía lírica.* Edic. a cargo de Luis Guarner, Barcelona, Bruguera, 1970.

ESTUDIOS

Alberti, Rafael, *Lope de Vega y la poesía contemporánea,* París, 1964. (Centre de recherches de l'Institut d'Études hispaniques.)

Alonso, Amado, "Vida y creación en la lírica de Lope" y "Caducidad y perennidad en la poesía de Lope de Vega", en *Materia y forma en poesía,* Madrid, Gredos, 1969, pp. 65-106 y 108-133.

Alonso, Dámaso, *Poesía española. Ensayo de métodos y límites estilísticos,* Madrid, Gredos, 1950.

——, «La correlación poética en Lope (de la juventud a la madurez)», RFE, XLIII (1960), pp. 355-398.

Bal, Jesús, *Treinta canciones de Lope de Vega,* Madrid, 1935.

Carreño, Antonio, *El romancero lírico de Lope de Vega,* Madrid, Gredos, 1979.

Cossío, José María de, "Las Rimas del licenciado Tomé de Burguillos", *Boletín de la Biblioteca Menéndez Pelayo,* III (1921), pp. 298-311.

Castro, Américo, y Rennert, Hugo A., *Vida de Lope de Vega.* Con notas adicionales de Fernando Lázaro Carreter, Salamanca, Anaya, 1969.

Delano, L. K., "The Relation of Lope de Vega's separate sonnets to those in his 'Comedias' ", *Hispania,* X (1927), pp. 307-320.

——, "An analysis of the sonnets in Lope de Vega's 'Comedias' ", *Hispania,* XII (1929), pp. 119-140.

——, *A critical index of sonnets in the plays of Lope de Vega,* Toronto, The University Press, 1935.

Diego, Gerardo, *Una estrofa de Lope de Vega.* Discurso de recepción en la Real Academia Española de la Lengua, Santander, 1948.

Entrambasaguas, Joaquín de, *Vida de Lope de Vega,* Barcelona, Labor, 1936.

——, *Vivir y crear de Lope de Vega,* Madrid, CSIC, 1956.

——, *Estudios sobre Lope de Vega,* 3 vols., Madrid, CSIC, 1946-1958.

Gasparetti, Antonio, "La Galleria del Cavalier Marino e quella di Lope", *Boletín de la Sociedad Castellonense de Cultura,* XVI (1935), pp. 243-266.

González de Amezúa, A., *Lope de Vega en sus cartas,* Madrid, 1935-1940. Es la Introducción al *Epistolario de Lope de Vega Carpio.*

Goyri de Menéndez Pidal, María, *De Lope de Vega y el Romancero,* Zaragoza, 1953.

Grismer, *Bibliography of Lope de Vega,* Minneapolis, Minnesota [1965].

Guarner, Luis, "Autenticidad y crítica del *Romancero espiritual* de Lope de Vega", *Revista de Bibliografía nacional,* III (1942), pp. 64-79.

Hatzfeld, H., "Problemas estilísticos en los *Soliloquios amorosos de un alma a Dios* de Lope de Vega", *Thesaurus,* XIII (1958), pp. 11-23.

Jörder, O., *Die Formen des Sonetts bei Lope de Vega,* Halle, Niemeyer, 1936.

La Barrera, Cayetano A. de, *Nueva Biografía*, en *Obras de Lope de Vega*, edición de la Real Academia de la Lengua, I, Madrid, 1890.

Lázaro Carreter, F., y Correa Calderón, E., *Lope de Vega. Introducción a su vida y obra*, Salamanca, Anaya, 1966.

Menéndez Pidal, R., "El lenguaje de Lope de Vega", en *El P. Las Casas y Vitoria*, Madrid, Austral, pp. 99-121.

Marín, Diego, "Culteranismos en *La Filomena*", RFE, XXXIX (1955), pp. 314-323.

Millé y Giménez, J., *Estudios de Literatura española*, La Plata, 1928.

——, "Apuntes para una bibliografía de las obras no dramáticas atribuidas a Lope de Vega", *Revue Hispanique*, LXXIV (1928), pp. 345 y ss.

Montesinos, José F., *Estudios sobre Lope de Vega*, Salamanca, Anaya, 1967.

Morcillo, C., *Lope de Vega sacerdote*, Madrid, 1934.

Pedraza Jiménez, F., "El desengaño barroco en las *Rimas de Tomé de Burguillos*", *Anuario de Filología* (Barcelona), 4 (1978), pp. 391-418.

Orozco, E., *Lope y Góngora frente a frente*, Madrid, Gredos, 1973.

Rozas, J. M., *Sobre Marino y España*, Madrid, Editora nacional, 1978.

Simón Díaz, J. y José Prades, Juana de, *Ensayo de una bibliografía de las obras y artículos sobre la vida y escritos de Lope de Vega Carpio*, Madrid, 1955; completada por *Lope de Vega: nuevos estudios*, Madrid, Cuadernos Bibliográficos, 1961.

Vossler, K., *Lope de Vega y su tiempo*, Madrid, Espasa-Calpe, 1933.

Zamora Vicente, A., *Lope de Vega. Su vida y su obra*, Madrid, Gredos, 1961.

RIMAS

HVMANAS Y DIVINAS,

DEL

LICENCIADO TOME DE BVRGVILLOS,

NO SACADAS DE BLIBIOTECA NINGVNA,
(que en Castellano se llama Libreria) sino de papeles de amigos
y borradores suyos.

AL EXCELENTISSIMO SEÑOR DVQVE DE
Sessa, Gran Almirante de Napoles.

POR FREY LOPE FELIX DE VEGA CARPIO
del Auito de san Iuan.

Con priuilegio. En Madrid en la Imprenta del Reyno, Año 1634.

A costa de Alonso Perez, Librero de su Magestad.

Portada facsímile de *Rimas humanas y divinas*, 1634

RIMAS

HVMANAS Y DIVINAS

DEL

LICENCIADO TOME DE BVRGVILLOS

NO SACADO DE BIBLIOTECA NINGVNA,
(que en Castellano se llama Librería) sino de papeles de amigos
y borradores suyos.

AL EXCELENTISIMO SEÑOR DVQVE DE
S.M. Gran Almirante de Aragón.

POR EL FRET LOPE FELIX DE VEGA CARPIO
del Abito de San Iuan.

Con privilegio. En Madrid en la Imprenta del Reyno. Año 1674.

Acosta de Domingo Gonçalez, Librero se ve en su tienda.

Portada facsímil de Rimas humanas y divinas (1634).

ROMANCES

1

El tronco de ovas vestido
de un álamo verde y blanco
que entre espadañas y juncos
bañaba el agua de Tajo
y las puntas de su altura   5
del ardiente sol los rayos,
y en todo el árbol dos vides
entretejían mil lazos,
    y al son del agua y las ramas
hería el céfiro manso   10
en las plateadas hojas
tronco, punta, vides, árbol.
    Este con llorosos ojos
mirando estaba Belardo
porque fue un tiempo su gloria   15
como agora es su cuidado.
    Vio de dos tórtolas bellas
tejido un nido en lo alto

1 Apareció en la *Flor de varios romances nuevos y canciones*,
   de Pedro de Moncayo, Huesca, 1589, f. 129. (Edición facsímil
   de A. Rodríguez-Moñino en *Las fuentes del Romancero General* de 1600, I, Madrid, 1957.) Pero ofrece menos errores la
   versión del *Romancero General*, f. 31v, de donde la copio.

y que con arrullos roncos
los picos se están besando.   20

   Tomó una piedra el pastor
y esparció en el aire claro
ramas, tórtolas y nido
diciendo alegre y ufano:

   "Dejad la dulce acogida,   25
que la que el amor me dio
envidia me la quitó
y envidia os quita la vida.

   Piérdase vuestra amistad
pues que se perdió la mía: 30
que no ha de haber compañía
donde está mi soledad.

   Tan sólo pena me da,
tórtola, el esposo tuyo,
que tú presto hallarás cúyo,   35
pues Filis le tiene ya."

   Esto diciendo el pastor
desde el tronco está mirando
adónde irán a parar
los amantes desdichados.   40

   Y vio que en un verde pino
otra vez se están besando;
admiróse y prosiguió
olvidado de su llanto:

   "Voluntades que avasallas,   45
Amor, con tu fuerza y arte,
¿quién habrá que las aparte,
que apartallas es juntallas?

   Pues que del nido os eché
y ya tenéis compañía,   50
quiero esperar que algún día
con Filis me juntaré."

19 y con arrullo ronco *Flor,* y con aullido ronco *Romancero.*
33 sola *Romancero.*
35 *cuyo:* "Tomado como substantivo vale el galán o amante
de alguna muger. Usase regularmente en estilo familiar y fes-
tivo." *Dicc. de Auts.*

2

El lastimado Belardo
con los celos de su ausencia
a la hermosísima Filis
humildemente se queja.
   "¡Ay, dice, señora mía,   5
y cuán caro que me cuesta
el imaginar que un hora
he de estar sin que te vea!
   ¿Cómo he de vivir sin ti,
pues vivo en ti por firmeza   10
y ésta, el ausencia la muda
por mucha fe que se tenga?
   Sois tan flacas las mujeres
que a cualquier viento que os llega
liberalmente os volvéis   15
como al aire la veleta.
   Perdóname, hermosa Filis,
que el mucho amor me hace fuerza
a que diga desvaríos,
antes que mis males sienta.   20
   ¡Ay, sin ventura de mí!,
¿qué haré sin tu vista bella?
Daré mil quejas al aire
y ansina diré a las selvas:
   ¡Ay triste mal de ausencia,   25
y quién podrá decir lo que me cuestas!"
   "No digo yo, mi señora,
que estás en aquesta prueba
quejosa de mi partida,
aunque sabes que es tan cierta;   30
   yo me quejo de mi suerte,
porque es tal, y tal mi estrella,
que juntas a mi ventura
harán que tu fe se tuerza.

2 *Romancero general*, f. 366.

¡Maldiga Dios, Filis mía,   35
el primero que la ausencia
dio luz al humano trato,
pues tantas penas aumentan!
    Yo me parto, y mi partir
tanto aqueste pecho aprieta,   40
que como en bascas de muerte
el alma y cuerpo pelean.
    ¡Dios sabe, bella señora,
si quedarme aquí quisiera,
y dejar al mayoral   45
que solo a la aldea se fuera!
    He de obedecerle, al fin,
que me obliga mi nobleza,
y aunque amor me desobliga,
es fuerza que el honor venza.   50
    ¡Ay triste mal de ausencia
y quién podrá decir lo que me cuestas!"

3

De una recia calentura,
de un amoroso accidente,
con el frío de unos celos,
Belardo estaba a la muerte.
    Pensando estaba en la causa,   5
que quiso hallarse presente
para mostrar que ha podido
hallarse a su fin alegre.
    De verle morir la ingrata
ni llora ni se arrepiente,   10
que quien tanto en vida quiso
hoy en la muerte aborrece.

3 *Flores de varios romances nuevos. Primera y segunda parte,*
de Pedro de Moncayo, Barcelona, 1591, f. 42. (En *Fuentes,* II;
en el *Romancero general,* f. 14.)

Empezó el pastor sus mandas
y dice: "Quiero que herede
el cuerpo la dura tierra,   15
que es deuda que se le debe;
    sólo quiero que le saquen
los ojos y los entreguen,
porque los llamó su dueño
la ingrata Filis mil veces.   20
    Y mando que el corazón
en otro fuego se queme
y que las cenizas mismas
dentro de la mar las echen,
    que por ser palabras suyas,   25
en la tierra do cayeren,
podrán estar bien seguras
de que el viento se las lleve.
    Y pues que muero tan pobre
que cuanto dejo me deben,   30
podrán hacer mi mortaja
de cartas y de papeles;
    y de lo demás que queda
quiero que a Filis se entregue   35
un espejo porque tenga
en que se mire y contemple.
    Contemple que su hermosura
es rosa cuando amanece
y que es la vejez la noche   40
a cuya sombra se prende,
    y que sus cabellos de oro
se verán presto de nieve,
y con más contento y gusto   45
goce las horas que duerme.

---

41 *prender:* "Vale también adornar, ataviar y engalanar las
mujeres. Díxose aṣṣí, porque para esto se ponen muchos alfi-
leres." *Dicc. de Auts.*

4

    ¿Apártaste, ingrata Filis,
del amor que me mostrabas
para ponello en aquel
que pensando en ti se enfada?
    ¡Plega a Dios no te arrepientas   5
cuando conozcas tu falta,
mas no te conocerás,
que aun para ti eres ingrata!
    ¡Filis, mal hayan
los ojos que en un tiempo te miraba[n]!   10
    Aguardando estoy a verte
tanto cuanto ya te ensanchas
arrepentida llorando
el bien de que ahora te apartas;
    víspera suele el bien ser   15
del mal que ahora no te halla,
pero aguarda, que él vendrá
cuando estés más descuidada.
    ¡Filis, mal hayan
los ojos que en un tiempo te miraban!   20
    ¡Oh cuántas y cuántas veces
me acuerdo de las palabras,
cruel, con que me engañaste
y con que a todos engañas!
    A ti te engañaste sola,   25
pues te he de ver engañada
deste que tú tanto adoras
y de mí sin esperanza.
    ¡Filis, mal hayan
los ojos que en un tiempo te miraban!   30

---

4   *Quarta y quinta parte de flor de romances,* recopilados por
    Sebastián Vélez de Guevara, Burgos, 1592, f. 31v. (*Fuentes,* IV.)
    12 *ensanchar:* "Algunas vezes ensancharse vale hazerse de
    rogar y ponerse grave." Covarrubias, *Tesoro.*

Miréte con buenos ojos,
pensando que me mirabas
como te miraba yo,
por tu bien y mi desgracia;
   que en esto, bien claro está,   35
eras tú la que ganabas,
mas al fin no mereciste
tanto bien siendo tan mala.
   ¡Filis, mal hayan
los ojos que en un tiempo te miraba[n]!   40

5

Este traidor instrumento
de los concetos que fragua
la triste imaginación
que ha seis años que me mata,
   es causa que muchas veces,   5
hermosa Filis, sin causa
diga mal del bien que adoro
no más de porque me falta.
   Mil cosas dice la lengua,
que no se las manda el alma,   10
por agradar a la ira
que ha engendrado tu venganza;
   recados falsos del gusto,
que la razón no le manda,
como criado traidor,   15
que cobra con firmas falsas.
   Díceme que estás quejosa
de que hoy mi alma te alaba
y que no duermes segura
de lo que diré mañana.   20

5   *Tercera parte de Flor de varios romances. Nuevamente reco-*
pilados por el Bachiller Pedro de Moncayo, natural de Borja,
Madrid, 1593, f. 1. (*Fuentes,* III; *Romancero General,* f. 44.)

Para ser discreta, Filis,
y haber gran tiempo que amas,
mucho me espanto que ignores
liciones tan ordinarias.

Quien alguna cosa pierde,   25
cuando no espera cobralla,
con la boca la desprecia
y quiérela con el alma.

Cuando pienso en tu hermosura,
mi prosa y verso te ensalzan   30
hasta atreverme a los cielos
que te hicieron y se espantan.

Mas confesarme debrías
lo que me estás obligada,
pues diciendo mal de ti   35
te he dado en el mundo fama.

Mira qué buen enemigo
que aprovecha en lo que daña,
pues llorando sus desdichas
y con publicar tus gracias,   40

muchos que nunca te vieron
ni tu hermosura engañara
los enamora[n] y enciende[n]
mis quejas enamoradas.

Si esto es así, bella Filis,   45
con poca razón te agravias,
pues te hacen buenas obras
hasta mis malas palabras.

Desde ahora doy licencia
que juzgues mi propia causa   50
pues ya no tienes pasión,
aunque ajena tienes harta.

Procesos mira y papeles
de mi servicio y tu paga,
si los que tengo de ti   55
a condenarte no basta[n].

Verás mis años perdidos,
no por deudas, por fianza,
de tus promesas discretas,
discretas, sí, pero falsas.   60
　　Pues ¿qué, si al examen llegas
de los testigos, ingrata?
Hallarás unas locuras
que te lastimen el alma.
　　No te pido que me quieras   65
si te condenan mis ansias,
sino que digas que vuelva
a donde adoré tu cara.
　　Templaré mis pesadumbres
viendo tan bella la causa,   70
que padecer y no vella,
la mayor paciencia acaba.
　　Anda la muerte tras mí
estos días tan airada
que pienso que tú la envías   75
a ejecutar tu venganza.
　　Mas triste de mí, ¿qué digo?
Muera yo, pues tú me matas,
que no merece perdón
el rendido que no calla.   80

6

¡Ay amargas soledades
de mi bellísima Filis,
destierro bien empleado
del agravio que la hice!

6　*Séptima parte de Flor de varios romances nuevos recopilados
　de muchos autores. Por Francisco Enríquez,* Madrid, 1595, f.
　72v. (*Fuentes,* IX.) La versión del *Romancero general,* f. 232,
　es preferible por ofrecer menos erratas. Véase la música en
　Treinta canciones de Lope de Vega [...], transcritas por Jesús
　Bal (Madrid, 1935), p. 52.

Envejézcanse mis años   5
en estos montes que vistes,
que quien sufre como piedra
es bien que en piedras habite.
    ¡Ay horas tristes,
    cuán diferente estoy   10
    del que me vistes!
    ¡Con cuánta razón os lloro,
pensamientos juveniles,
que al principio de mis años
cerca del fin me trujistes!   15
    Retrato de mala mano,
mudable tiempo, me hiciste;
sin nombre no me conocen
aunque despacio me miren.
    ¡Ay horas tristes,   20
    cuán diferente estoy
    del que me vistes!
    Letra ha sido sospechosa,
que clara y escura sirve,
que por no borrarla toda,   25
encima se sobre escribe.
    Pienso a veces que soy otro
hasta que el dolor me dice
que quien le sufre tan grande
ser otro fuera imposible.   30
    ¡Ay horas tristes,
    cuán diferente estoy
    del que me vistes!

7

"Ensíllenme el potro rucio
del alcaide de los Vélez;

7   *Flor de varios romances nuevos y canciones,* de Pedro de Mon-
        cayo, f. 7v y *Romancero General,* f. 2. De 1585 es la graciosa
        parodia de Góngora "Ensíllenme el asno rucio" (edic. de J. e
        I. Millé, Madrid [1932], p. 42). Véase J. Millé Giménez, *La
        génesis del Quijote* (Barcelona, Araluce, 1930), Apéndice I,

denme el adarga de Fez
y la jacerina fuerte,
    una lanza con dos hierros,   5
entrambos de agudos temples,
y aquel acerado casco
con el morado bonete,
    que tiene plumas pajizas
entre blancos martinetes   10
y garzotas medio pardas,
antes que me vista, denme.
    Pondréme la toca azul
que me dio para ponerme
Adalifa la de Baza,   15
hija de Zelín Hamete,
    y aquella medalla en cuadro
que dos ramos la guarnecen
con las hojas de esmeraldas,
por ser los ramos laureles,   20
    y un Adonis que va a caza
de los jabalíes monteses,
dejando su diosa amada,
y dice la letra 'Muere'."
    Esto dijo el moro Azarque,   25
antes que a la guerra fuese,

---

donde se comenta, y también Emilio Orozco, *Lope y Góngora
frente a frente* (Madrid, Gredos, 1973), pp. 31 y ss. De esta
parodia gongorina nacería la enemistad personal y literaria de
Lope contra Góngora, como se dijo en la Introducción, página 13.

4 *jacerina:* "Cota hecha de mallas de acero muy fina." *Dicc.
de Auts.*

10 *martinete:* especie de garza de color ceniciento.

11 *garzota:* "Vale también plumage o penacho que se usa
para adorno de los sombreros, morriones o turbantes, y en los
jaeces de los caballos." *Dicc. de Auts.*

21-24 Alude al mito de Adonis, adolescente griego amado por
Venus. Cierto día, habiendo salido a cazar, fue herido de
muerte por un jabalí, y Venus, viéndole morir, lo convirtió
en anémona.

26 Lope parece aludir a su expedición a las Islas Azores,
en 1583.

aquel discreto, animoso,
aquel galán y valiente,
   Almoralife el de Baza,
de Zulema descendiente,   30
caballeros que en Granada
paseaban con los reyes.
   Trajéronle la medalla,
y suspirando mil veces,
del bello Adonis miraba   35
la gentileza y la suerte,
   "Adalifa de mi alma,
no te aflijas ni lo pienses;
viviré para gozarte,
gozosa vendrás a verte;   40
   breve será mi jornada,
tu firmeza no sea breve.
Procura, aunque eres mujer,
ser de todas diferente:
   no te parezcas a Venus,   45
aunque en beldad le pareces,
en olvidar a su amante
y no respetalle ausente.
   Cuando sola te imagines,
mi retrato te consuele,   50
sin admitir compañía
que me ultraje y te desvele;
   que entre tristeza y dolor
suele amor entremeterse,
haciendo de alegres tristes,   55
como de tristes alegres.
   Mira, amiga, mi retrato
que abierto[s] los ojos tiene,
y que es pintura encantada,
que habla, que vive y siente.   60

45-48 Alude a cómo Venus, en ausencia de Vulcano, tuvo
amores con Marte, de los que nació Cupido.
50-60 También en *La Dorotea,* Act. II, esc. III, se alude a
este retrato: "Con una aguja le tengo de picar los ojos", dice
Dorotea.

Acuérdate de mis ojos,
que muchas lágrimas vierten,
y a fe que lágrimas suyas
pocas moras las merecen."
   En esto llegó Gualquemo   65
a decille que se apreste,
que daban priesa en la mar
que se embarcase la gente.
   A vencer se parte el moro,
aunque gustos no le vencen,   70
honra y esfuerzo lo animan
a cumplir lo que promete.

8

Sale la estrella de Venus
al tiempo que el sol se pone
y la enemiga del día
su negro manto descoge,
   y con ella un fuerte moro   5
semejante a Rodamonte
sale de Sidonia airado,
de Xerez la vega corre,

---

8 *Flor de varios romances nueuos y canciones,* de Pedro de Moncayo, f. 21v. En el *Romancero General,* f. 3. Para doña María
Goyri de Menéndez Pidal ("Los romances de Gazul", NRFH,
VII, 1953, p. 414) el romance sería de 1583 y no se relacio-
naría con Elena Osorio, sino con Marfisa, que casó con un
viejo rico, como ya dijimos en el Prólogo. El romance se hizo
muy popular y abundan las referencias; baste sola la de un
Góngora (Millé, p. 568):

> "Aquí del Conde Claros", dijo, y luego
> se agregaron a Lope sus secuaces:
> con *La estrella de Venus* cien rapaces,
> y con mil *Soliloquios* sólo un ciego.

6 *Rodamonte,* o *Rodomonte,* personaje de los poemas caballe-
rescos italianos, sobre todo del *Orlando enamorado* de Boyardo
y Ariosto.

por donde entra Guadalete
al mar de España, y por donde   10
Santa María del Puerto
recibe famoso nombre.

Desesperado camina,
que siendo en linaje noble,
le deja su dama ingrata   15
porque se suena que es pobre,

y aquella noche se casa
con un moro feo y torpe
porque es alcaide en Sevilla
del Alcázar y la Torre.   20

Quejándose tiernamente
de un agravio tan inorme,
y a sus palabras la vega
con dulces ecos responde:

"Zayda, dice, más airada   25
que el mar que las naves sorbe,
más dura e inexorable
que las entrañas de un monte,

¿cómo permites, cruel,
después de tantos favores,   30
que de prendas de mi alma
ajena mano se adorne?

¿Es posible que te abraces
a las cortezas de un roble,
y dejes el árbol tuyo   35
desnudo de fruta y flores?

¿Dejas tu amado Gazul,
dejas tres años de amores
y das la mano a Albenzaide,
que aun apenas le conoces?   40

Dejas un pobre muy rico
y un rico muy pobre escoges,
pues las riquezas del cuerpo
a las del alma antepones.

Alá permita, enemiga,   45
que te aborrezca y le adores
y que por celos suspires
y por ausencia le llores
    y que de noche no duermas
y de día no reposes   50
y en la cama le fastidies
y que en la mesa le enojes
    y en las fiestas, en las zambras,
no se vista tus colores,
ni aun para verlas permita   55
que a la ventana te asomes;
    y menosprecie en las cañas,
para que más te alborotes,
el almaizar que le labres
y la manga que le bordes   60
    y se ponga el de su amiga
con la cifra de su nombre,
a quien le dé los cautivos
cuando de la guerra torne;
    y en batalla de cristianos   65
de velle muerto te asombres
y plegue a Alá que suceda,
cuando la mano le tomes,
    que si le has de aborrecer,
que largos años le goces;   70
que es la mayor maldición
que pueden darte los hombres."
    Con esto llegó a Xerez
a la mitad de la noche;
halló el palacio cubierto   75
de luminarias y voces,
    y los moros fronterizos
que por todas parten corren,
con sus hachas encendidas
y con libreas conformes.   80

---

59 *almaizar:* "Toca de gasa que los moros usaban en la cabeza por gala." *Dicc. de Auts.*

Delante del desposado
en los estribos alzóse;
arrojóle una lanzada,
de parte a parte pasóle;
     alborotóse la plaza,   85
desnudó el moro un estoque
y por mitad de la gente
hacia Sidonia volvióse.

9

"Mira, Zaide, que te aviso
que no pases por mi calle
ni hables con mis mujeres,
ni con mis cautivos trates,
     ni preguntes en qué entiendo   5
ni quién viene a visitarme,
qué fiestas me dan contento
o qué colores me aplacen;
     basta que son por tu causa
las que en el rostro me salen,   10
corrida de haber mirado
moro que tan poco sabe.

9   *Segundo qvaderno de varios romances los más modernos que
hasta hoy se han cantado* [...] *Impresso en Valencia en casa
de los herederos de Ioan Nauarro, junto al molino de la Rouella. Año 1593.* Reproducido en facsímil en *Pliegos poéticos españoles de la Biblioteca Ambrosiana de Milán,* edic. de María
Cruz García de Enterría (Madrid, Joyas Bibliográficas, 1973).
El romance se hizo tan popular que se tradicionalizó y ha llegado en versiones cantadas hasta nuestros días. (Véase Manuel
Alvar, *El Romancero. Tradicionalidad y pervivencia,* Barcelona, Planeta, 1970, pp. 98 y ss.) Se volvió a lo divino con
el comienzo "Mira, hombre, que te aviso" en *Siguense siete romances a lo divino* (Vid. E. M. Wilson, *Samuel Pepys's Spanish
Chap-Books, Part II,* Cambridge, 1956, p. 230). Una parodia,
"Mira, gato, que te aviso" llega hasta el siglo XIX (Joaquín Marco, *Literatura popular en España en los siglos XVIII y XIX,*
Madrid, Taurus, 1977, pp. 226-227).

Confieso que eres valiente,
que hiendes, rajas y partes
y que has muerto más cristianos   15
que tienes gotas de sangre;
   que eres gallardo jinete,
que danzas, cantas y tañes,
gentil hombre, bien criado
cuanto puede imaginarse;   20
   blanco, rubio por extremo,
señalado por linaje,
el gallo de las bravatas,
la nata de los donaires,
   y pierdo mucho en perderte   25
y gano mucho en amarte,
y que si nacieras mudo,
fuera posible adorarte;
   y por este inconviniente
determino de dejarte,   30
que eres pródigo de lengua
y amargan tus libertades,
   y habrá menester ponerte
quien quisiere sustentarte
un alcázar en el pecho   35
y en los labios un alcaide.
   Mucho pueden con las damas
los galanes de tus partes,
porque los quieren briosos,
que rompan y que desgarren;   40
   mas tras esto, Zaide amigo,
si algún convite te hacen
al plato de sus favores
quieren que comas y calles.

32 En *La Dorotea* dice Fernando: "Díjome un día con reso-
lución que se acababa nuestra amistad, porque su madre y
deudos la afrentaban, y que los dos éramos ya fábula de la
corte, teniendo yo no poca culpa, que con mis versos publi-
caba lo que sin ellos no lo fuera tanto." Act. IV, esc. I.
43 tus favores, *en el texto original*.
44 quieren que coman y callen, *en ibíd*.

Costoso fue el que te hice;   45
venturoso fuera[s], Zaide,
si conservarme supieras
como supiste obligarme.
    Apenas fuiste salido
de los jardines de Tarfe   50
cuando heciste de la tuya
y de mi desdicha alarde.
    A un morito mal nacido
me dicen que le enseñaste
la trenza de los cabellos   55
que te puse en el turbante.
    No quiero que me la vuelvas
ni quiero que me la guardes,
mas quiero que entiendas, moro,
que en mi desgracia la traes.   60
    También me certificaron
cómo le desafiaste
por las verdades que dijo,
que nunca fueran verdades.
    De mala gana me río;   65
¡qué donoso disparate!
No guardas tú tu secreto
¿y quieres que otri le guarde?
    No quiero admitir disculpa;
otra vez vuelvo a avisarte   70
que esta será la postrera
que me hables y te hable."
    Dijo la discreta Zaida
a un altivo bencerraje
y al despedirle repite: 75
"Quien tal hace, que tal pague".

---

56 El episodio debió de ser cierto porque en *La Dorotea* lo
recuerda Lope: "*Dorot.:* Antes volviera a dar a mi madre los
cabellos que me quedaban, que ir a llevarte los que me había
quitado." Act. III, esc. VI.
61-65 Se anteponen a 57-60 en el texto original.

10

"Di, Zaida, ¿de qué me avisas?
¿Quieres que muera y que calle?
No te fíes de mujeres
fundadas en disbarates.

Y si pregunté en qué entiendes   5
y quién viene a visitarte,
son fiestas de mis tormentos
ver qué colores te aplacen.

Dices que son por mi causa
las que en el rostro te salen;   10
por la tuya, con mis ojos,
tengo regada la calle.

Dícesme que estás corrida
de Zaide que poco sabe;
no sé poco, pues que supe   15
conocerte y adorarte.

Confiesas que soy valiente,
que tengo otras muchas partes;
pocas tengo pues no puedo
de una mentira vengarme;   20

mas ha querido mi suerte
que ya en quererme te canses;
no busques inconvinientes,
si no que quieres dejarme.

No entendí que eras mujer   25
a quien mentiras le placen,
mas tales son mis desdichas
que en mí lo imposible hacen;

10 *Segvndo qvaderno de la segunda parte de varios Romances* [...]
Impresso en Valencia, junto al molino de la Rouella, Año 1593.
Reproducido en facsímil en *Pliegos poéticos españoles de la
Biblioteca Ambrosiana de Milán*, edic. de María Cruz García
de Enterría (Madrid, Joyas Bibliográficas, 1973).
4 *disbarates,* lo mismo que "disparates".

hanme puesto en tal extremo
que el bien tengo por ultraje: 30
loasme para hacerme
la nata de los galanes;

   yo soy quien pierdo en perderte
y yo quien gano en amarte
y aunque hables en mi ofensa,   35
no dejaré de adorarte.

   Dices que, si fuera mudo,
fuera posible adorarme;
si en tu daño no lo he sido,
enmudesca en disculparme.   40

   Si te ha ofendido mi vida
y si gustas de matarme,
basta decir que hablo mucho
para que el pesar me acabe.

   Es mi pecho un fuerte muro   45
de tormentos inmortales
y mis labios son silencio,
que no han menester alcaide.

   El hacer plato o banquete
es de hombres principales,   50
mas da[r]les de sus favores
sólo pertenece a infantes.

   Zaida cruel, que dijistes
que no supe conservarte:
mejor te supe obligar   55
que tú supiste pagarme.

   Mienten las moras y moros
y miente el traidor de Zarque
que si yo le amenazara,
bastara para matarle.   60

   A ese perro mal nacido
a quien [yo] mostré el turbante
no fié yo del secreto:
en pecho bajo no cabe.

Yo le quitaré la vida   65
y escribiré con su sangre
lo que tú, Zaida, replicas:
"Quien tal hace, que tal pague".

11

Mil años ha que no canto
porque ha mil años que lloro
trabajos de mi destierro,
que fueran de muerte en otros.
Sin cuerdas el instrumento,   5
desacordado de loco,
con cuatro clavijas menos,
cubierto y lleno de polvo;
ratones han hecho nido
en medio del lazo de oro,   10
por donde el aire salía,
blando, agudo, grave y ronco.
Muchos piensan, y se engañan,
que, pues callo, piedras cojo,
y mala landre me dé   15
si no es de pereza todo;
fuera de que ha pocos días
que ciertos poetas mozos
dan en llamarse Belardos,
hurtándome el nombre solo.   20
Substitutos de mis bienes
y libres de mis enojos,
revocan mis testamentos,
de mi desdicha envidiosos.

11 *Flor de varios romances nuevos. Tercera parte.* Textos de P. de
Moncayo y Felipe Mey (Madrid, 1593-Valencia, 1593). En las
Fuentes, III, f. 11, que falta. Por eso copio el texto del *Romancero General* de 1600, f. 47v.
23 Alude a su romance "De una recia calentura", p. 64.

Un codicilo se canta,   25
en que dicen que revoco
todas las mandas pasadas:
Dios sabe lo que me corro.

Los estrelleros de Venus
le dan más priesa que al moro   30
que a Sidonia se partía
a impedir el desposorio.

En fe de mi nombre antiguo
cantan pensamientos de otros,
quizá porque, siendo males,   35
yo triste los pague todos.

Por algún pequeño hurto
echan de la casa a un mozo
y si algo falta después,
aquel se lo llevó todo.   40

¡Oh Filis, cuán engañada
te han tenido maliciosos,
pues ha tres años y más
que aun a solas no te nombro!

Si escribo de ajenos gustos   45
algunos versos quejosos,
gentilhombres de tu boca,
te los pintan como propios;

y con estar por tu causa
que aun apenas me conozco,   50
y con tres años de ausencia,
quieren decir que te adoro;

y plega a Dios que si hoy día
a su brazo poderoso
para ti no pido un rayo,   55
que a mi me mate con otro.

---

29 Alusión al "Sale la estrella de Venus", p. 73.

¿Soy por dicha Durandarte?
¿Soy Leandro? ¿Soy Andronio,
o soy discípulo suyo
o tú del viento furioso?   60
    ¡Mal hayan las tortolillas,
mal haya el tronco y el olmo
de do salieron las varas
que el vulgo ha tirado al toro!
    Lisardo, aquel ahogado,   65
como Narciso, en el pozo,
antes que a la guerra fuese
dijo bien esto del olmo.
    Oh, guarde Dios a Riselo,
guarda mayor de mi soto,   70
que mi vega maldecía
por barbechar sus rastrojos.
    Todo el mundo dice y hace;
yo lo pago y no lo como,
y hecho Atlante de malicias   75
sustento un infierno en hombros.

---

57 Durandarte, la conocida espada de Roldán, que convirtieron los españoles en personaje histórico, figura en los viejos
romances, como el que principia "Durandarte, Durandarte /
buen caballero probado."
58 Parece ser Androcles, que convivió con un león, convertido por Lope en Andronio en su comedia *El esclavo de Roma*
(*Acad.*, VI).
61 Alusión al romance "El tronco de ovas vestido", p. 61.
66 Narciso, de singular belleza, inspiró un gran amor a la
ninfa Eco, una de las orestíadas, inimitable en el canto; pero
no logró ésta vencer la esquividad del joven, por lo que Né-
mesis impuso a Narciso el castigo de que se enamorase de su
propia imagen al beber en una fuente y se dejó morir de amor
y deseo en el mismo lugar.
69 *Riselo* parece ser el poeta Liñán de Riaza, toledano (m. en
1607), uno de los primeros romanceristas de su tiempo, amigo
de Lope.

12

ROMANCE DE LOPE DE VEGA
CUANDO SE IBA A INGLATERRA

De pechos sobre una torre
que la mar combate y cerca
mirando las fuertes naves
que se van a Ingalaterra,
las aguas crece Belisa   5
llorando lágrimas tiernas,
diciendo con voces tristes
al que se parte y la deja:
"Vete, cruel, que bien me queda
en quien vengarme de tu agravio pueda."   10
"No quedo con solo el hierro
de tu espada y de mi afrenta,
que me queda en las entrañas
retrato del mismo Eneas,
y aunque inocente, culpado,   15
si los pecados se heredan;
mataréme por matarle
y moriré porque muera.
Vete, cruel, que bien me queda
en quien vengarme de tu agravio pueda."   20

---

12   *Ramillete de Flores. Quinta y Sexta parte de Flor de Romances*
nueuos, nunca hasta agora impressos, llamado Ramillete de
Flores: de muchos, graues, y diuersos autores. Recopilado con
no poco trabajo por Pedro Flores Librero..., Lisboa, 1593, f.
74. (*Fuentes*, V.) *Romancero General*, f. 161. (Véase la música
en *Treinta canciones de Lope de Vega*, de Jesús Bal, p. 41,
con texto que ofrece muchas variantes.) El romance datará
de abril o mayo de 1588, cuando Lope embarca en armada
contra Inglaterra. Pero *Belisa*, Isabel de Urbina, debió de quedar en Madrid hasta tener noticias de la vuelta de Lope.
14   Es recuerdo de lo que dice Dido a Eneas, *Eneida*, IV,
vv. 327-330.

"Mas quiero mudar de intento
y aguardar que salga fuera
por si en algo te parece,
matar a quien te parezca.
    Mas no le quiero aguardar,   25
que será víbora fiera,
que rompiendo mis entrañas,
saldrá dejándome muerta.
    Vete, cruel, que bien me queda
en quien vengarme de tu agravio pueda."   30
    Así se queja Belisa
cuando la priesa se llega;
hacen señal a las naves
y todas alzan las velas.
    "Aguarda, aguarda, le dice,   35
fugitivo esposo, espera...
Mas ¡ay! que en balde te llamo;
¡plega Dios que nunca vuelvas!
    Vete, cruel, que bien me queda
en quien vengarme de tu agravio pueda."   40

13

Hortelano era Belardo
de las güertas de Valencia,
que los trabajos obligan
a lo que el hombre no piensa.

13 *Ramillete de Flores, cuarta parte de Flor de Romances, reco-*
pilados por Pedro de Flores, Lisboa, 1593, f. 23. (*Fuentes,* V.)
El romance está escrito, sin ninguna duda, en Valencia, adonde
llegó Lope con su esposa a principios de 1589. Las alusiones
son clarísimas y el romance obtuvo un éxito extraordinario.
El mismo Lope lo recuerda en dos comedias, *Las paces de los*
reyes (Academia, vol. VIII, p. 540) y *Al pasar el arroyo*
(Acad., XI, pág. 269). Carmen Riera dedicó un bello estudio
a la significación de las plantas del jardín descrito por Lope
en "Un curioso jardín de Lope: Notas al romance de 'Hortelano era Belardo", en *Papeles de Son Armadans,* CCXXXI,
junio, 1975, pp. 213 y ss., al que remito al lector interesado.

Pasado el hebrero loco,   5
flores para mayo siembra,
que quiere que su esperanza
dé fruto a la primavera.
El trébol para las niñas
pone a un lado de la huerta,   10
porque la fruta de amor
de las tres hojas aprenda.
Albahacas amarillas,
a partes verdes y secas,
trasplanta para casadas   15
que pasan ya de los treinta,
y para las viudas pone
muchos lirios y verbena,
porque lo verde del alma
encubre la saya negra.   20
Toronjil para muchachas
de aquellas que ya comienzan
a deletrear mentiras,
que hay poca verdad en ellas.
El apio a las opiladas   25
y a las preñadas almendras,
para melindrosas cardos
y ortigas para las viejas.

3-4 Comp.: "Las licencias claro está que son permitidas. Y, como dixo un poeta 'que los trabajos obligan a lo que un hombre no piensa', lo mismo también se ha de entender de los consonantes", *La Dorotea*, Act. IV, esc. III. En una carta escrita en 1628 y dirigida al duque de Sessa (*Epistolario*, IV, 108) le dice Lope: "La necesidad, señor, es como los consonantes en los poetas, que obligan a la razón a lo que el hombre no piensa."
5 *hebrero* alternaba con 'febrero'. Comp.:

¿Cuándo dio el hebrero
verde y rosada librea
al almendro placentero?

En *La próspera fortuna de don Bernardo de Cabrera*, del mismo Lope, Obras N, VII, p. 649.
25 *opilado*: "obstruido y cerrado de vías". *Dicc. de Auts.*

Lechugas para briosas
que cuando llueve se queman,　　　　　30
mastuerzo para las frías
y asenjos para las feas.

De los vestidos que un tiempo
trujo en la Corte, de seda,
ha hecho para las aves　　　　　35
un espantajo de higuera.

Las lechuguillazas grandes,
almidonadas y tiesas,
y el sombrero boleado
que adorna cuello y cabeza,　　　　　40

y sobre un jubón de raso
la más guarnecida cuera,
sin olvidarse las calzas
españolas y tudescas.

Andando regando un día,　　　　　45
vióle en medio de la higuera
y riéndose de velle,
le dice desta manera:

"¡Oh ricos despojos
de mi edad primera　　　　　50
y trofeos vivos
de esperanzas muertas!

¡Qué bien parecéis
de dentro y de fuera,
sobre que habéis dado　　　　　55
fin a mi tragedia!

32　*asenjo,* lo mismo que 'ajenjo', planta muy conocida.
37　*lechuguilla,* cuello hecho de holanda o de otra tela, que recogido hacía unas ondas semejantes a las hojas de la lechuga.
39　*sombrero boleado:* "El que tiene la copa redonda a modo de bola", Covarrubias, *Tesoro,* s. v. *bola.*
41　*jubón,* vestidura que cubría desde los hombros a la cintura, ceñida y ajustada al cuerpo.
42　*cuera:* "Especie de vestidura que se usaba en lo antiguo encima del jubón y corresponde a lo que después se llamó ropilla. Y porque regularmente se hacían de cuero, se le dio este nombre." *Dicc. de Auts.*

¡Galas y penachos
de mi soldadesca,
un tiempo colores
y agora tristeza!   60
    Un día de Pascua
os llevé a mi aldea
por galas costosas,
invenciones nuevas.
    Desde su balcón   65
me vio una doncella
con el pecho blanco
y la ceja negra.
    Dejóse burlar,
caséme con ella,   70
que es bien que se paguen
tan honrosas deudas.
    Supo mi delito
aquella morena
que reinaba en Troya   75
cuando fue mi reina.
    Hizo de mis cosas
una grande hoguera,
tomando venganzas
en plumas y letras."   80

14

Llenos de lágrimas tristes
tiene Belardo los ojos
porque le muestra Belisa
graves los suyos hermosos.

75 Alusión a Elena Osorio. Recuérdese que la esposa de
Menelao, raptada por Paris y que ocasionó la famosa guerra
de Troya, se llamaba Helena.
14 *Flor de varios romances nueuos. Primera y segunda parte, del
Bachiller Pedro de Moncayo, natural de Borja,* Barcelona, 1591,
f. 138v. (*Fuentes,* II.) Pero es más correcta la versión del *Romancero General* de 1600, f. 47, de donde la copio.

Celos mortales han sido   5
la causa injusta de todo,
y porque lo aprenda, dice
con lágrimas y sollozos:
   "El cielo me condene a eterno lloro
si no aborrezco a Filis y te adoro."   10
   Mal haya el fingido amigo,
lisonjero y mentiroso,
que juzgó mi voluntad
por la voz del vulgo loco;
   y a mí, necio, que dejé   15
por el viejo lodo el oro
y por lo que es propio mío
lo que siempre fue de todos.
El cielo...
   Mis enemigos me venzan   20
en pleitos más peligrosos
y mi amigo más querido
me levante testimonio,
   jure falso contra mí,
y el jüez más riguroso   25
de mis enemigos sea
del lado parcial devoto.
   El cielo...
   Y jamás del claro Tajo
vuelva a ver la orilla y soto   30
ni a ver enramar sus vides
por los brazos de los olmos;
   enviuden las tortolillas
viendo que gozas a otro;
jamás tenga paz contigo   35
y siempre guerra con todos.
   El cielo...
   Cubra el cielo castellano
los más encumbrados sotos
porque el ganado no pazca   40
y muerto lo coma el lobo.

11   amado *en RG*.

Llévese el viento mi choza,
el agua falte a mis pozos,
el fuego abrase mi parva,
la tierra me trag[u]e solo.   45
El cielo...

SONETO

15

Vireno, aquel mi manso regalado
del collarejo azul; aquel hermoso
que con balido ronco y amoroso
llevaba por los montes mi ganado;

aquel del vellocino ensortijado,   5
de alegres ojos y mirar gracioso,
por quien yo de ninguno fui envidioso
siendo de mil pastores olvidado;

aquel me hurtaron ya, Vireno hermano;
ya retoza otro dueño y le provoca;   10
toda la noche vela y duerme el día.

Ya come blanca sal en otra mano;
ya come ajena mano con la boca
de cuya lengua se abrasó la mía.

---

15 Publicado por J. de Entrambasaguas en *Poesías nuevas de Lope
de Vega, en gran parte autobiográficas* (Madrid, 1934), recogido en *Flor nueva del "Fénix"* (Madrid, 1942), p. 40. Está
en evidente relación con los sonetos de las pp. 145-146.

LA ARCADIA

16

Pensamiento mío,
caminad sin miedo,
y donde os envío
sabed cómo quedo.

Pasiones celosas   5
de glorias deshechas,
verdades dudosas
y ciertas sospechas

me piden que vais
a saber de cierto   10
si por dicha estáis
acogido o muerto.

Mirad, pensamiento,
que la fe más alta
a cualquiera viento   15
en los hombres falta;

16 *La Arcadia*, edic. de Edwin S. Morby (Madrid, Castalia, 1975),
páginas 85, 107, 111, 130, 141, 220 y 295.
9 *vais*, por 'vayais', fue de uso muy frecuente en la Edad
de Oro.

que aunque nuestras dichas
seguras estén,
es muy de desdichas
temerse del bien.   20

Gran seguridad
hubiera de enojos
si la voluntad
naciera sin ojos.

Tiene alguna ingrata   25
tanto viento en ellos
que todo le mata
cuanto ve con ellos.

Y aunque amor se infama
con tales recelos,   30
no diga que ama
quien ama sin celos.

Mirad si el lugar
donde yo vivía
ha dejado entrar   35
a quien yo temía.

Como helar y arder
a razón repuna,
mal pueden caber
dos almas en una.   40

Si hubiere este daño,
aprestad la huida,
porque el desengaño
me ha de dar la vida.

Que aunque este rigor   45
olvidar no sabe,
no hay fuerza de amor
que el tiempo no acabe.

17

En una playa amena,
a quien el Turia perlas ofrecía
de su menuda arena,
y el mar de España de cristal cubría,
Belisa estaba a solas,   5
llorando al son del agua y de las olas.

"¡Fiero, cruel esposo!",
los ojos hechos fuentes, repetía,
y el mar, como envidioso,
a tierra por las lágrimas salía;   10
y alegre de cogerlas,
las guarda en conchas y convierte en perlas.

"Traidor, que estás ahora
en otros brazos y a la muerte dejas
el alma que te adora,   15
y das al viento lágrimas y quejas,
si por aquí volvieres,
verás que soy ejemplo de mujeres.

"Que en esta mar furiosa
hallaré de mi fuego la templanza,   20
ofreciendo animosa
al agua el cuerpo, al viento la esperanza;
que no tendrá sosiego
menos que en tantas aguas tanto fuego.

17 Véase la música de Mateo Romero, "Maestro Capitán", en
Treinta canciones de Lope de Vega, de Jesús Bal, p. 33. Por
las claras referencias de esas liras, el poema fue compuesto en
Valencia durante el destierro del poeta.
   5 *Belisa,* Isabel de Urbina.

"¡Ay tigre!, si estuvieras   25
en este pecho donde estar solías,
muriendo yo, murieras;
mas prendas tengo en las entrañas mías
en que verás que mato,
a falta de tu vida, tu retrato."   30

Ya se arrojaba, cuando
salió un delfín con un bramido fuerte,
y ella, en verle temblando,
volvió la espalda al rostro y a la muerte,
diciendo: "Si es tan fea,   35
yo viva, y muera quien mi mal desea."

18

Quien canta espanta sus males,
y quien llora los aumenta;
no es llorar un hombre afrenta
cuando las causas son tales.
Los más fieros animales   5
lloran de pena y dolor.
Quien no llora por amor
lo que son celos ignora:
que un perro en el campo llora
si ha perdido a su señor.   10

19

¡Oh libertad preciosa,
no comparada al oro
ni al bien mayor de la espaciosa tierra!
Más rica y más gozosa
que el precioso tesoro   5

28-30 Recuerdan otros del romance "De pechos sobre una
torre", p. 84.

que el mar del Sur entre su nácar cierra,
con armas, sangre y guerra,
con las vidas y famas,
conquistado en el mundo;
paz dulce, amor profundo,   10
que el mal apartas y a tu bien nos llamas,
en ti sola se anida
oro, tesoro, paz, bien, gloria y vida.

        Cuando de las humanas
    tinieblas vi del cielo   15
    la luz, principio de mis dulces días,
    aquellas tres hermanas
    que nuestro humano velo
    tejiendo llevan por inciertas vías,
    las duras penas mías   20
    trocaron en la gloria
    que en libertad poseo,
    con siempre igual deseo,
    donde verá por mi dichosa historia
    quien más leyere en ella   25
    que es dulce libertad lo menos della.

        Yo, pues, señor esento,
    de esta montaña y prado
    gozo la gloria y libertad que tengo.
    Soberbio pensamiento   30
    jamás ha derribado
    la vida humilde y pobre que entretengo;
    cuando a las manos vengo
    con el muchacho ciego,

----

6   Alude a las perlas del mar del Sur. Comp.: "BEL.: No digo
yo lo prometido, pero todo el oro que el sol engendra en las
dos Indias me parece poco, y aunque se añadieran los diamantes de la China, las perlas del mar del Sur..." *La Dorotea*,
II, I, p. 131.
17-19 Refiérese a las Parcas.
34 *muchacho ciego:* Cupido.

haciendo rostro embisto,   35
venzo, triunfo y resisto
la flecha, el arco, la ponzoña, el fuego,
y con libre albedrío
lloro el ajeno mal y canto el mío.

   Cuando el aurora baña   40
con helado rocío
de aljófar celestial el monte y prado,
salgo de mi cabaña,
riberas de este río,
a dar el nuevo pasto a mi ganado;   45
y cuando el sol dorado
muestra sus fuerzas graves,
al sueño el pecho inclino
debajo un sauce o pino,
oyendo el son de las parleras aves,   50
o ya gozando el aura
donde el perdido aliento se restaura.

   Cuando la noche fría
con su estrellado manto
el claro día en su tiniebla encierra,   55
y suena en la espesura
el tenebroso canto
de los noturnos hijos de la tierra,
al pie de aquesta sierra
con rústicas palabras   60
mi ganadillo cuento;
y el corazón contento
del gobierno de ovejas y de cabras,
la temerosa cuenta
del cuidadoso rey me representa.   65

   Aquí la verde pera
con la manzana hermosa
de gualda y roja sangre matizada,
y de color de cera
la cermeña olorosa   70

tengo, y la endrina de color morada;
aquí de la enramada
parra que al olmo enlaza,
melosas uvas cojo;
y en cantidad recojo,   75
al tiempo que las ramas desenlaza
el caluroso estío,
membrillos que coronan este río.

No me da discontento
el hábito costoso   80
que de lascivo el pecho noble infama;
es mi dulce sustento
del campo generoso
estas silvestres frutas que derrama;
mi regalada cama,   85
de blandas pieles y hojas,
que algún rey la envidiara;
y de ti, fuente clara,
que bullendo el arena y agua arrojas,
esos cristales puros,   90
sustentos pobres, pero bien seguros.

Estése el cortesano
procurando a su gusto
la blanda cama y el mejor sustento;
bese la ingrata mano   95
del poderoso injusto,
formando torres de esperanza al viento;
viva y muera sediento
por el honroso oficio,
y goce yo del suelo   100
al aire, al sol y al hielo,
ocupado en mi rústico ejercicio:
que más vale pobreza
en paz que en guerra mísera riqueza.

    Ni temo al poderoso   105
ni al rico lisonjeo,
ni soy camaleón del que gobierna;
ni me tiene envidioso
la ambición y deseo
de ajena gloria ni de fama eterna.   110
Carne sabrosa y tierna,
vino aromatizado,
pan blanco de aquel día,
en prado, en fuente fría,
halla un pastor con hambre fatigado: 115
que el grande y el pequeño
somos iguales lo que dura el sueño.

20

    Sola esta vez quisiera,
dulce instrumento mío, me ayudaras,
por ser ya la postrera,
y que después colgado te quedaras
de aqueste sauce verde,   5
donde mi alma llora el bien que pierde.

    Mas pues que de ti siento
que estás con mis desdichas acordado,
suene tu ronco acento
en mis amargas quejas destemplado;   10
celebre mi partida,
cual cisne al despedirse de la vida.

20 Por los vv. 13-16 el poema parece escrito hacia 1588, antes de
marchar a Lisboa.
12 En la poesía de la época hay muchas referencias al canto
del cisne cuando muere. Comp.:

> Aquí entre la verde juncia
> quiero (como el blanco cisne
> que envuelta en dulce armonía,
> la dulce vida despide).
>
> Góngora, edic. de Millé, p. 29.

De estas verdes riberas
que el rico Tajo con sus aguas baña,
parto a ver las postreras   15
que vierten las que bebe el mar de España,
si primero que allego
entre las de mi ojos no me anego.

Ya quedarán vengados
mis fieros envidiosos enemigos,   20
y del todo olvidados
de mis puras entrañas mis amigos;
libre de toda guerra,
sepultará mi cuerpo ajena tierra.

Temo que muerto quede   25
antes que parta, si lo siento tanto;
que, en fin, acabar puede
más que el ajeno mal el propio llanto:
que las armas ajenas
no matan tanto como propias penas.   30

Dulce señora mía,
ya de nuestro llorado apartamiento
llegó el amargo día;
las velas y esperanzas doy al viento;
de vos me aparto y quedo,   35
si con dejar mi alma partir puedo.

¡Ay dulce y cara España,
madrastra de tus hijos verdaderos,
y con piedad extraña
piadosa madre y huésped de extranjeros!   40
Envidia en ti me mata,
que toda patria suele ser ingrata.

Pero porque es mi gloria
vengar mis enemigos con mi ausencia,
tendré por más vitoria   45
igualar con su envidia mi paciencia,

que no sufrir la furia
del que a sí no se ve y al otro injuria.

    Del español robusto
se ríe el alemán, y el rubio franco   50
del etïope adusto;
mas si se miran bien, ¿quién hay tan blanco
que alguna cosa fea,
o pasada o presente, en sí no vea?

    Dichoso el que ha nacido   55
lleno de faltas y desgracias fieras,
ni de la fama ha sido
llevado por naciones extranjeras;
que a quien la envidia deja,
de amigo ni enemigo tiene queja.   60

    Los mismos de quien hice
mayores confïanzas me vendieron,
porque me satisfice
de aquella falsedad con que vinieron
sólo a saber mi intento,   65
para regir por él su pensamiento.

    ¡Con qué pena importuna
trata su tierra al hombre que en la ajena,
buscando su fortuna,
se ofrece a tanto mal, peligro y pena!   70
¿Qué duras sinrazones
le llevan a tratar otras naciones?

    Que como el viento airado
suele arrojar el pájaro del nido,
o del granizo helado   75
suele ser derribado y combatido,
así del patrio suelo
me arrojan iras del contrario cielo.

Y como el lobo fiero
saca de la manada el corderillo   80
que vino a dar primero
a sus crueles dientes que al cuchillo,
así la envidia fiera
me ha querido matar antes que muera.

El enemigo cierto,   85
puesto que ofenda, ofende declarado,
y el daño descubierto
o se sufre mejor o es remediado;
de mano del amigo
es en los hombres el mayor castigo.   90

¡Ay destierros injustos,
que en la mañana hermosa de mis años
anochecéis mis gustos!
Mas puede ser que viva en los extraños:
que lo que desestima   95
la tierra propia, la extranjera estima.

Yo parto a ser ejemplo
de vanas esperanzas y favores;
porque ya me contemplo
fuera de sus envidias y temores,   100
donde acabe mi vida
pobre, envidiada, triste y perseguida.

21

Silvio a una blanca corderilla suya,
de celos de un pastor, tiró el cayado,
con ser la más hermosa del ganado;
oh amor, ¿qué no podrá la fuerza tuya?

21 Es muy clara su relación con los sonetos de las pp. 142-143.

Huyó quejosa, que es razón que huya,   5
habiéndola sin culpa castigado;
lloró el pastor buscando el monte y prado,
que es justo que quien debe restituya.

Hallóla una pastora en esta afrenta,
y al fin la trajo al dueño, aunque tirano,   10
de verle arrepentido enternecida.

Dióle sal el pastor y ella, contenta,
la tomó de la misma injusta mano:
que un firme amor cualquier agravio olvida.

22

CELSO AL PEINE DE CLAVELIA

Por las ondas del mar de unos cabellos
un barco de marfil pasaba un día
que, humillando sus olas, deshacía
los crespos lazos que formaban de ellos;

iba el Amor en él cogiendo en ellos   5
las hebras que del peine deshacía
cuando el oro lustroso dividía,
que éste era el barco de los rizos bellos.

Hizo de ellos Amor escota al barco,
grillos al albedrío, al alma esposas,   10
oro de Tíbar y del sol reflejos;

y puesta de un cabello cuerda al arco,
así tiró las flechas amorosas
que alcanzaban mejor cuanto más lejos.

22 9 *escota:* "Cuerda o maroma con que se templa la vela de
la nave, alargándola o acortándola." *Dicc. de Auts.*
11 *oro de Tíbar:* "Un oro mui acendrado, que se coge en un
río llamado así", *Dicc. de Auts.*

EL PEREGRINO EN SU PATRIA

23

Ínclita pesadumbre, que a las bellas
luces del cielo la cerviz levantas,
porque la luna de tus verdes plantas
las bajase a poner la suya en ellas.

Tú que en las naves con tu punta sellas   5
de tantas penas diferencias tantas,
divino Olimpo, a cuyas cumbres santas
hacen dosel las fúlgidas estrellas;

natural maravilla, arquitectura
de la inmortalidad, sagrada al nombre   10
de aquella Virgen sola sin ejemplo,

ríndase el Apenino a vuestra altura,
pues fuiste para el arca de Dios hombre,
monte al diluvio y a su imagen templo.

23 *El peregrino en su patria,* edic. de Juan Bautista Avalle-Arce
(Madrid, Castalia, 1973), pp. 160, 192, 262.
1 *pesadumbre,* edificios. Comp.:

> Estaba puesta en la sublime cumbre
> del monte, y desde allí por él sembrada,
> aquella ilustre y clara pesadumbre
> de antiguos edificios adornada.

Garcilaso, Egloga III, vv. 209-212.

24

Serrana celestial de esta montaña,
por quien el sol, que sus peñascos dora,
sale más presto a ver la blanca Aurora
que a la noche venció, que el mundo engaña;

a quien aquel Pastor santo acompaña,   5
que en el cayado de su cruz adora
cuanto ganado en estas sierras mora
y con su marca de su sangre baña.

¿Cómo tenéis, si os llama electro y rosa
el Espejo, a quien dais tiernos abrazos,   10
color morena, aunque de gracia llena?

Pero, aunque sois morena, sois hermosa,
y ¿qué mucho si a Dios tenéis en brazos,
que dándoos tanto sol, estéis morena?

25

Vivas memorias, máquinas difuntas,
que cubre el tiempo de ceniza y hielo,
formando cuevas, donde el eco al vuelo
sólo del viento acaba las preguntas.

11-14 Es recuerdo del conocido tema de la morena, que arranca del *Cantar de Cantares* de Salomón, que tantas cancioni-
llas mencionan.
25 Es uno de los muchos sonetos sobre ruinas inspirados por el
famoso *Superbi colli...* atribuido a Castiglione. Véase J. G. Fucilla, "Notes sur le sonnet *Superbi colli*" en el *Boletín de la
Biblioteca Menéndez Pelayo,* XXXI (1955), pp. 51 y ss. En
las *Rimas* [...] *de Tomé de Burguillos* (p. 1367 de mi edición) hay otra imitación, que comienza "Soberbias torres, altos
edificios".

Basas, colunas y arquitrabes juntas,   5
ya divididas oprimiendo el suelo;
soberbias torres, que al primero cielo
osastes escalar con vuestras puntas,

si desde que en tan alto anfiteatro
representastes a Sagunto muerta,   10
de gran tragedia pretendéis la palma,

mirad de sólo un hombre en el teatro
mayor rüina y perdición más cierta,
que en fin sois piedras, y mi historia es alma.

26

Serrana hermosa, que de nieve helada
fueras como en color en el efeto,
si amor no hallara en tu rigor posada;

del sol y de mi vista claro objeto,
centro del alma, que a tu gloria aspira,   5
y de mi verso altísimo sujeto;

alba dichosa, en que mi noche espira,
divino basilisco, lince hermoso,
nube de amor, por quien sus rayos tira;

salteadora gentil, monstro amoroso,   10
salamandra de nieve y no de fuego,
para que viva con mayor reposo.

Hoy, que a estos montes y a la muerte llego,
donde vine sin ti, sin alma y vida,
te escribo, de llorar cansado y ciego.   15

26 Escrita en el verano de 1602, dirigida a Camila Lucinda, que
había quedado en Sevilla.

Pero dirás que es pena merecida
de quien pudo sufrir mirar tus ojos
con lágrimas de amor en la partida.

Advierte que eres alma en los despojos
desta parte mortal, que a ser la mía,   20
faltara en tantas lágrimas y enojos;

que no viviera quien de ti partía,
ni ausente ahora, a no esforzarle tanto
las esperanzas de un alegre día.

Aquella noche en su mayor espanto   25
consideré la pena del perderte,
la dura soledad creciendo el llanto,

y llamando mil veces a la muerte,
otras tantas miré que me quitaba
la dulce gloria de volver a verte.   30

A la ciudad famosa que dejaba,
la cabeza volví, que desde lejos
sus muros con sus fuegos me enseñaba,

y dándome en los ojos los reflejos,
gran tiempo hacia la parte en que vivías   35
los tuvo amor suspensos y perplejos.

Y como imaginaba que tendrías
de lágrimas los bellos ojos llenos,
pensándolas juntar crecí las mías.

Mas como los amigos, desto ajenos,   40
reparasen en ver que me paraba
en el mayor dolor, fue el llanto menos.

Ya pues que el alma y la ciudad dejaba,
y no se oía del famoso río
el claro son con que sus muros lava,   45

"Adiós, dije mil veces, dueño mío,
hasta que a verme en tu ribera vuelva,
de quien tan tiernamente me desvío.

No suele el ruiseñor en verde selva
llorar el nido, de uno en otro ramo   50
de florido arrayán y madreselva,

con más doliente voz que yo te llamo,
ausente de mis dulces pajarillos,
por quien en llanto el corazón derramo;

ni brama, si le quitan sus novillos,   55
con más dolor la vaca, atravesando
los campos de agostados amarillos;

ni con arrullo más lloroso y blando
la tórtola se queja, prenda mía,
que yo me estoy de mi dolor quejando.   60

Lucinda, sin tu dulce compañía,
y sin las prendas de tu hermoso pecho,
todo es llorar desde la noche al día,

que con sólo pensar que está deshecho
mi nido ausente, me atraviesa el alma,   65
dando mil nudos a mi cuello estrecho;

que con dolor de que le dejo en calma,
y el fruto de mi amor goza otro dueño,
parece que he sembrado ingrata palma."

Llegué, Lucinda, al fin, sin verme el sueño   70
en tres veces que el sol me vio tan triste,
a la aspereza de un lugar pequeño,

---

53 Lope se refiere a Angelilla y Mariana, habidas con Lucinda. Véase más adelante, p. 179, otra referencia.

a quien de murtas y peñascos viste
Sierra Morena, que se pone en medio
del dichoso lugar en que naciste.   75

Allí me pareció que sin remedio
llegaba el fin de mi mortal camino,
habiendo apenas caminado el medio,

y cuando ya mi pensamiento vino,
dejando atrás la Sierra, a imaginarte,   80
creció con el dolor el desatino;

que con pensar que estás de la otra parte,
me pareció que me quitó la Sierra
la dulce gloria de poder mirarte.

Bajé a los llanos de esta humilde tierra,   85
adonde me prendiste y cautivaste,
y yo fui esclavo de tu dulce guerra.

No estaba el Tajo con el verde engaste
de su florida margen cual solía
cuando con esos pies su orilla honraste;   90

ni el agua clara a su pesar subía
por las sonoras ruedas ni bajaba,
y en pedazos de plata se rompía;

ni Filomena su dolor cantaba,
ni se enlazaba parra con espino,   95
ni yedra por los árboles trepaba;

92   Se refiere al tan citado artificio de Juanelo Turriano para
subir el agua del Tajo a Toledo. Vid. J. C. Sánchez Meyendía,
"El artificio de Juanelo en la literatura española", en *Cuadernos hispanoamericanos*, 35 (1958), pp. 73-92.
94   Filomena es el ruiseñor, hija del rey Pandión de Atenas y
hermana de Progne. Fue seducida por su cuñado Tereo, que
además le cortó la lengua y la encerró. Libertada por su hermana Progne, vengóse con el auxilio de ésta, matando a Itis,

ni pastor extranjero ni vecino
se coronaba del laurel ingrato,
que algunos tienen por laurel divino.

Era su valle imagen y retrato   100
del lugar que la corte desampara
del alma de su espléndido aparato.

Yo, como aquel que a contemplar se para
rüinas tristes de pasadas glorias,
en agua de dolor bañé mi cara.   105

De tropel acudieron las memorias,
los asientos, los gustos, los favores,
que a veces los lugares son historias;

y en más de dos que yo te dije amores,
parece que escuchaba tus respuestas   110
y que estaban allí las mismas flores.

Mas como en desventuras manifiestas
suele ser tan costoso el desengaño
y sus veloces alas son tan prestas,

vencido de la fuerza de mi daño,   115
caí desde mí mismo medio muerto
y conmigo también mi dulce engaño.

Teniendo, pues, mi duro fin por cierto,
las ninfas de las aguas, los pastores
del soto y los vaqueros del desierto,   120

cubriéndome de yerbas y de flores,
me lloraban, diciendo: "Aquí fenece
el hombre que mejor trató de amores,

---

hijo de Tereo, dándoselo a comer en una cena. Huyeron ambas
hermanas de las iras de Tereo y fueron transformadas por los
dioses: Filomena en ruiseñor y Progne en golondrina. Es fábula citadísima por nuestros clásicos.
99   Alude al mito de Dafne convertida en laurel.

y puesto que Lucinda le merece,
que su vida consista en su presencia,   125
él también con su muerte la engrandece."

Entonces yo, que haciendo resistencia
estaba con tu luz al dolor mío,
abrí los ojos, que cerró tu ausencia.

Luego desamparando el valle frío,   130
las ninfas bellas con sus rubias frentes
rompieron el cristal del manso río,

y en círculos de vidro trasparentes
las divididas aguas resonaron,
y en las peñas los ecos diferentes.   135

Los pastores también desampararon
el muerto vivo, y en la tibia arena
por sombra de quien era me dejaron.

Yo solo, acompañado de mi pena,
volvíte al alma, del dolor quejoso,   140
que de pensar en ti la tuvo ajena.

Así ha llegado aquel pastor dichoso,
Lucinda, que llamabas dueño tuyo,
del Betis rico al Tajo caudaloso:

éste que miras es retrato suyo,   145
que así el esclavo que llorando pierdes
a tus divinos ojos restituyo.

O ya me olvides o de mí te acuerdes,
si te olvidares, mientras tengo vida,
marchite amor mis esperanzas verdes.   150

Cosa que al cielo por mi bien le pida
jamás me cumpla, si otra cosa fuere
de aquestos ojos, donde estás, querida.

En tanto que mi espíritu rigiere
el cuerpo que tus brazos estimaron,   155
nadie los míos ocupar espere;

la memoria que en ellos me dejaron
es alcalde de aquella fortaleza
que tus hermosos ojos conquistaron.

Tú conoces, Lucinda, mi firmeza,   160
y que es de acero el pensamiento mío
con las pastoras de mayor belleza.

Ya sabes el rigor de mi desvío
con Flora, que te tuvo tan celosa,
a cuyo fuego respondí tan frío;   165

pues bien conoces tú que es Flora hermosa,
y que con serlo, sin remedio vive,
envidiosa de ti, de mí quejosa.

Bien sabes que habla bien, que bien escribe,
y que me solicita y me regala   170
por más desprecios que de mí recibe.

Mas yo, que de tu pie, donaire y gala
estimo más la cinta que desecha
que todo el oro con que a Creso iguala,

sólo estimo tenerte sin sospecha,   175
que no ha nacido ahora quien desate
de tanto amor lazada tan estrecha.

Cuando de yerbas de Tesalia trate,
y discurriendo el monte de la luna
los espíritus ínfimos maltrate,   180

---

164   Se ignora a quien alude Lope bajo ese nombre de Flora.
178   Según la tradición, Tesalia era tierra poblada de magos y
hechiceros, cuyos conocimientos mágicos adquirirían de Medea.

no hay fuerza en yerba ni en palabra alguna
contra mi voluntad, que hizo el cielo
libre en adversa y próspera fortuna.

Tú sola mereciste mi desvelo,
y yo también después de larga historia   185
con mi fuego de amor vencer tu hielo.

Viva con esto alegre tu memoria,
que como amar con celos es infierno,
amar sin ellos es descanso y gloria;

que yo, sin atender a mi gobierno,   190
no he de apartarme de adorarte ausente,
si de ti lo estuviese un siglo eterno.

El sol mil veces discurriendo cuente
del cielo los dorados paralelos,
y de su blanca hermana el rostro aumente,   195

que los diamantes de sus puros velos,
que viven fijos en su otava esfera,
no han de igualarme aunque me maten celos.

No habrá cosa jamás en la ribera
en que no te contemplen estos ojos,   200
mientras ausente de los tuyos muera:

en el jazmín tus cándidos despojos,
en la rosa encarnada tus mejillas,
tu bella boca en los claveles rojos;

tu olor en las retamas amarillas,   205
y en maravillas que mis cabras pacen
contemplaré también tus maravillas.

197   La "octava esfera" era la de las estrellas fijas, que Lope
llama "diamantes de sus puros velos".

Y cuando aquellos arroyuelos que hacen,
templados, a mis quejas consonancia
desde la sierra donde juntos nacen,   210

dejando el sol la furia y arrogancia
de dos tan encendidos animales,
volviere el año a su primera estancia,

a pesar de sus fuentes naturales,
del yelo arrebatadas sus corrientes,   215
cuelguen por estas peñas sus cristales,

contemplaré tus concertados dientes,
y a veces en carámbanos mayores
los dedos de tus manos trasparentes.

Tu voz me acordarán los ruiseñores,   220
y de estas yedras y olmos los abrazos
nuestros hermafrodíticos amores.

Aquestos nidos de diversos lazos,
donde ahora se besan dos palomas,
por ver mis prendas burlarán mis brazos.   225

Tú, si mejor tus pensamientos domas,
en tanto que yo quedo sin sentido,
dime el remedio de vivir que tomas,

que aunque todas las aguas del olvido
bebiese yo, por imposible tengo   230
que me escapase de tu lazo asido,

212 Los "dos tan encendidos animales", son Taurus (primavera) y Leo (verano). "El sentido —dice Avalle-Arce— es:
cuando haya pasado la primavera y el verano, y haya vuelto
el invierno ('primera estación' del año), entonces el poeta con-
templará la belleza de la amada ausente en los hielos y la
nieve", p. 269.
222 Lope recuerda de Hermafrodito que habiendo rechazado
el amor de Selmacis, ella se abrazó tan estrechamente a él,
que los dioses los convirtieron en uno.

donde la vida a más dolor prevengo:
¡triste de aquel que por estrellas ama,
si no soy yo, porque a tus manos vengo!

Donde si espero de mis versos fama,   235
a ti lo debo, que tú sola puedes
dar a mi frente de laurel la rama,
donde muriendo vencedora quedes.

RIMAS

27

SONETO PRIMERO

Versos de amor, conceptos esparcidos,
engendrados del alma en mis cuidados;
partos de mis sentidos abrasados,
con más dolor que libertad nacidos;

expósitos al mundo, en que, perdidos,   5
tan rotos anduvistes y trocados,
que sólo donde fuistes engendrados
fuérades por la sangre conocidos;

pues que le hurtáis el laberinto a Creta,
a Dédalo los altos pensamientos,   10
la furia al mar, las llamas al abismo,

27 Manejo la edic. de las *Rimas* publicada en Madrid en 1609,
que reproduje en *Lope de Vega, Obras poéticas,* I (Barcelona,
Planeta, 1969). No señalo las páginas porque se conservan los
números que figuran al frente de cada soneto.
5-8 Lope alude a la difusión oral y manuscrita de sus poemas
amorosos.
9 Dédalo construyó en Creta el célebre laberinto, pero Minos
lo encerró en él junto con su hijo Icaro y el Minotauro. Entonces Dédalo fabricó unas alas, que pegó con cera a las espaldas
de su hijo, pero éste se remontó tanto que el Sol derritió sus
alas y cayó en el mar Egeo.

si aquel áspid hermoso no os aceta,
dejad la tierra, entretened los vientos:
descansaréis en vuestro centro mismo.

28

SONETO 4

Era la alegre víspera del día
que la que sin igual nació en la tierra,
de la cárcel mortal y humana guerra,
para la patria celestial salía;

y era la edad en que más viva ardía   5
la nueva sangre que mi pecho encierra,
(cuando el consejo y la razón destierra
la vanidad que el apetito guía),

cuando Amor me enseñó la vez primera
de Lucinda en su sol los ojos bellos   10
y me abrasó como si rayo fuera.

Dulce prisión y dulce arder por ellos;
sin duda que su fuego fue mi esfera,
que con verme morir descanso en ellos.

28 José F. Montesinos anota: "Lope no alude en su soneto a
muerte alguna terrena; siguiendo la pura ortodoxia petrarquista, el poeta anuda sus recuerdos amorosos a una fiesta ecle-
siástica, que aquí parece ser la de la Asunción de la Virgen;
tal vez en el año 1598, o en el de 1599." (Lope de Vega, *Poesías líricas,* Clás. Cast., 68, págs. XLIV y sigs.)

29

SONETO 7

Éstos los sauces son y ésta la fuente,
los montes éstos y ésta la ribera
donde vi de mi sol la vez primera
los bellos ojos, la serena frente.

Éste es el río humilde y la corriente,   5
y ésta la cuarta y verde primavera
que esmalta el campo alegre y reverbera
en el dorado Toro el sol ardiente.

Árboles, ya mudó su fe constante.
Mas, ¡oh gran desvarío!, que este llano,   10
entonces monte le dejé sin duda.

Luego no será justo que me espante
que mude parecer el pecho humano,
pasando el tiempo que los montes muda.

30

SONETO 8

De hoy más las crespas sienes de olorosa
verbena y mirto coronarte puedes,
juncoso Manzanares, pues excedes
del Tajo la corriente caudalosa.

---

29 Conocemos dos textos de este soneto anteriores a las *Rimas*.
El primero aparece en la comedia *La pastoral de Jacinto* (Aca.,
t. V, p. 627) y el segundo se copia en el *Cartapacio de Pedro
de Penagos,* estudiado por J. de Entrambasaguas, *Estudios,* III,
página 344.
  8 *Toro:* el signo de Tauro.
30 Figura también en el *Cartapacio de Pedro de Penagos,* Entrambasaguas, *Estudios,* III, pp. 345-346, con variantes muy inte-
resantes.

Lucinda en ti bañó su planta hermosa; 5
bien es que su dorado nombre heredes,
y que con perlas por arenas quedes,
mereciendo besar su nieve y rosa.

Y yo envidiar pudiera tu fortuna,
mas he llorado en ti lágrimas tantas 10
(tú, buen testigo de mi amargo lloro),

que, mezclada en tus aguas, pudo alguna
de Lucinda tocar las tiernas plantas
y convertirse en tus arenas de oro.

31

SONETO 14

Vierte racimos la gloriosa palma
y sin amor se pone estéril luto;
Dafnes se queja en su laurel sin fruto,
Narciso en blancas hojas se desalma.

Está la tierra sin la lluvia en calma, 5
viles hierbas produce el campo enjuto;
porque nunca al Amor pagó tributo,
gime en su piedra de Anaxarte el alma.

2 "La palma, según los poetas, es consagrada al dios Phebo.
Ay entre ellas macho y hembra, como dize Teofrastro, y en
ningún árbol se conoce tan claramente como en éste, pues las
hembras son las que frutifican y llevan los dátiles, y los machos solamente florecen; y si la hembra no está en compañía
o cerca de otra que sea macho no lleva fruto." Covarrubias,
Tes., edición de Noydeus.
5 *en calma:* amortecida.
8 Anaxarte fue convertida en piedra porque no se condolió
de Ifis, su enamorado, que se había ahorcado a la puerta de
su amada.

Oro engendra el amor de agua y de arenas;
porque las conchas aman el rocío,   10
quedan de perlas orientales llenas.

No desprecies, Lucinda hermosa, el mío,
que al trasponer del sol, las azucenas
pierden el lustre, y nuestra edad el brío.

32

DE ENDIMIÓN Y CLICIE

SONETO 16

Sentado Endimïón al pie de Atlante,
enamorado de la Luna hermosa,
dijo con triste voz y alma celosa:
"En tus mudanzas ¿quién será constante?

"Ya creces en mi fe, ya estás menguante,   5
ya sales, ya te escondes desdeñosa,
ya te muestras serena, ya llorosa,
ya tu epiciclo ocupas arrogante;

10-11 Alude a la leyenda de que las perlas se engendraban
por el rocío caído en las ostras abiertas: "éstas [...] se abren
ellas mismas como forzando y dízese que se llenan de un
rocío, con que engendran, y después de preñadas paren y que
su parto son perlas". (Cov., Tes.)
32 Endimión, por haber faltado a Juno, fue condenado a un sueño
perpetuo, pero la Luna, prendada de él, le visitaba todas las
noches. Clicie fue amada por Apolo, pero la abandonó por
Leucotea, su hermana. Desesperada se dejó morir echada sobre
la tierra con la vista fija al sol, por lo que fue convertida en
el 'heliotropo' o 'girasol'.
8 epiciclo: "Círculo que se supone tener su centro en la circunferencia de otro." Dicc. de Auts.

"ya los opuestos indios enamoras;
y me dejas muriendo todo el día,   10
o me vienes a ver con luz escasa."

Oyóle Clicie, y dijo: "¿Por qué lloras,
pues amas a la Luna, que te enfría?
¡Ay de quien ama al sol, que sólo abrasa!"

33

SONETO 20

Si culpa, el concebir; nacer, tormento;
guerra, vivir; la muerte, fin humano;
si después de hombre, tierra y vil gusano,
y después de gusano, polvo y viento;

si viento, nada, y nada el fundamento;   5
flor, la hermosura; la ambición, tirano;
la fama y gloria, pensamiento vano,
y vano, en cuanto piensa, el pensamiento,

¿quién anda en este mar para anegarse?
¿De qué sirve en quimeras consumirse   10
ni pensar otra cosa que salvarse?

¿De qué sirve estimarse y preferirse,
buscar memoria habiendo de olvidarse,
y edificar habiendo de partirse?

34

SONETO 23

Pruebo a engañar mi loco pensamiento
con la esperanza de mi bien perdido,
mostrándole, en mil nubes escondido,
un átomo no más de algún contento.

    Mas él, que sabe bien que cuanto intento   5
es aparencia de placer fingido,
se espanta de que, estando al alma asido,
le engañe con fingir lo que no siento.

    Voile llevando de uno en mil engaños,
como si yo sin él tratase dellos,   10
siendo el mayor testigo de mis daños.

    Pero siendo forzoso pedecellos,
¡oh quién nunca pensase en desengaños,
o se desengañase de tenellos!

35

A UN CABALLERO, LLEVANDO SU DAMA
A ENTERRAR ÉL MISMO

SONETO 28

    Al hombro el cielo, aunque su sol sin lumbre,
y en eclipse mortal las más hermosas
estrellas, nieve ya las puras rosas,
y el cielo tierra, en desigual costumbre.

    Tierra, forzosamente pesadumbre,   5
y así, no Atlante, a las heladas losas
que esperan ya sus prendas lastimosas,
Sísifo sois por otra incierta cumbre.

    Suplícoos me digáis, si Amor se atreve,
¿cuándo pesó con más pesar, Fernando,   10
o siendo fuego o convertida en nieve?

    Mas el fuego no pesa, que, exhalando
la materia a su centro, es carga leve;
la nieve es agua, y pesará llorando.

36

SONETO 35

Árdese Troya, y sube el humo escuro
al enemigo cielo, y entretanto,
alegre, Juno mira el fuego y llanto:
¡venganza de mujer, castigo duro!

El vulgo, aun en los templos mal seguro,   5
huye, cubierto de amarillo espanto;
corre cuajada sangre el turbio Janto,
y viene a tierra el levantado muro.

Crece el incendio propio el fuego extraño,
las empinadas máquinas cayendo,
de que se ven rüinas y pedazos.

Y la dura ocasión de tanto daño,
mientras vencido Paris muere ardiendo,
del griego vencedor duerme en los brazos.

37

SONETO 37

Céfiro blando, que mis quejas tristes
tantas veces llevaste; claras fuentes,
que con mis tiernas lágrimas ardientes
vuestro dulce licor ponzoña hicistes;

36 Alude claramente a Elena Osorio. El soneto figura en el citado
Cartapacio de Pedro de Penagos en una versión primitiva. (En-
trambasaguas, *Estudios,* III, p. 339). Otra versión por M. Se-
rrano y Sanz en "Un cancionero de la Biblioteca Nacional", en
RABM, IV (1900), pp. 594-595.
7 El río Janto o Xanto se opuso con el Escamandro y el
Simois a la bajada de los griegos y sublevó sus olas contra
Aquiles.
37 Para las relaciones de este soneto con los conocidos sáficos de
Villegas, véase el artículo de José Fradejas Lebrero, "De Lope

selvas, que mis querellas esparcistes;   5
ásperos montes, a mi mal presentes;
ríos, que de mis ojos siempre ausentes,
veneno al mar, como a tirano, distes;

pues la aspereza de rigor tan fiero
no me permite voz articulada,   10
decid a mi desdén que por él muero.

Que si la viere el mundo transformada
en el laurel que por dureza espero,
della veréis mi frente coronada.

38

SONETO 44

Que otras veces amé, negar no puedo,
pero entonces Amor tomó conmigo
la espada negra, como diestro amigo,
señalando los golpes en el miedo.

Mas esta vez que batallando quedo,   5
blanca la espada y cierto el enemigo,
no os espantéis que llore su castigo,
pues al pasado amor amando excedo.

Cuando con armas falsas esgremía,
de las heridas truje en el vestido   10
(sin tocarme en el pecho) las señales;

de Vega y E. M. de Villegas", en *Revista de Literatura,* VIII
(1955), pp. 334-366. Para Américo Castro, "Alusiones a Micaela de Luján en algunas obras de Lope", *RFE,* V (1918) el
soneto sería de hacia 1599, cuando Lope no había vencido la
resistencia de Lucinda.
13   Nueva alusión al mito de Dafne.
3   *espadas negras:* las que se usaban para esgrimir, con un
botón en la punta. J. F. Montesinos (edic. cit., p. 211), anota:
"Los otros amores eran, respecto al verdadero, un mero adies-
tramiento, como la esgrima lo es respecto al combate."

mas en el alma ya, Lucinda mía,
donde mortales en dolor han sido
y en el remedio heridas inmortales.

39

SONETO 48

El pastor que en el monte anduvo al hielo,
al pie del mismo derribando un pino,
en saliendo el lucero vespertino,
enciende lumbre y duerme sin recelo.

Dejan las aves con la noche el vuelo,   5
el campo el buey, la senda el peregrino,
la hoz el trigo, la guadaña el lino:
que al fin descansa cuanto cubre el cielo.

Yo solo, aunque la noche con su manto
esparza sueño y cuanto vive aduerma,   10
tengo mis ojos de descanso faltos.

Argos los vuelve la ocasión y el llanto,
sin vara de Mercurio que los duerma:
que los ojos del alma están muy altos.

40

SONETO 57

Silvio en el monte vio con lazo estrecho
un nudo de dos áspides asidas,
que, así enlazadas, a furor movidas,
se mordían las bocas, cuello y pecho.

12 En la primera edic., de 1602, se lee: "pero agora en el
alma, Silvia mía", lo que parece indicar que el soneto procede
de alguna comedia.
39 13 Alude a que Mercurio durmió a Argos para robarle la
vaca Io.

"Así —dijo el pastor—, que están, sospecho,   5
en el casado yugo aborrecidas
dos enlazadas diferentes vidas,
rotas las paces, el amor deshecho."

Por dividir los intrincados lazos,
hasta la muerte de descanso ajenos,   10
alzó el cayado, y prosiguió diciendo:

"Siendo enemigos, ¿para qué en los brazos?
¿Para qué os regaláis y os dáis venenos?
Dulce morir, por no vivir muriendo."

41

SONETO 60

Quien dice que en mujeres no hay firmeza,
no os puede haber, señora, conocido;
ni menos el que dice que han nacido
de un parto la crueldad y la belleza.

Un alma noble, una real pureza   5
de un cuerpo de cristal hicieron nido;
el mismo ser está con vos corrido,
y admirada de sí naturaleza.

Firme sois, y mujer, si son contrarios;
hoy vuestro pecho con vitoria quede,   10
de que es sujeto que los ha deshecho.

Bronce, jaspe, metal, mármoles parios,
consume el tiempo; vuestro amor no puede:
que es alma de diamante en vuestro pecho.

41 Figura en *Lucinda perseguida,* Obras N, VII, p. 332.

42

SONETO 61

Ir y quedarse, y con quedar partirse,
partir sin alma, y ir con alma ajena,
oír la dulce voz de una sirena
y no poder del árbol desasirse;

arder como la vela y consumirse   5
haciendo torres sobre tierna arena;
caer de un cielo, y ser demonio en pena,
y de serlo jamás arrepentirse;

hablar entre las mudas soledades,
pedir prestada, sobre fe, paciencia,   10
y lo que es temporal llamar eterno;

creer sospechas y negar verdades,
es lo que llaman en el mundo ausencia,
fuego en el alma y en la vida infierno.

43

A LUPERCIO LEONARDO

SONETO 66

Pasé la mar cuando creyó mi engaño
que en él mi antiguo fuego se templara;
mudé mi natural, porque mudara
naturaleza el uso, y curso el daño.

---

42 El soneto se hizo muy popular. Véase el estudio de E. Glaser
    en *Estudios hispano-portugueses* (Valencia, 1957), pp. 97 y
    siguientes.
43 El soneto parece responder a otro o a alguna carta de Lupercio
    Leonardo de Argensola, el conocido poeta aragonés (1559-1613).

En otro cielo, en otro reino extraño,   5
mis trabajos se vieron en mi cara,
hallando, aunque otra tanta edad pasara,
incierto el bien y cierto el desengaño.

El mismo amor me abrasa y atormenta,
y de razón y libertad me priva.   10
¿Por qué os quejáis del alma que le cuenta?

¿Que no escriba decís, o que no viva?
Haced vos con mi amor que yo no sienta,
que yo haré con mi pluma que no escriba.

44

SONETO 68

Con nuevos lazos, como el mismo Apolo,
hallé en cabello a mi Lucinda un día,
tan hermosa, que al cielo parecía
en la risa del alba, abriendo el polo.

Vino un aire sutil, y desatólo   5
con blando golpe por la frente mía,
y dije a Amor que para qué tejía
mil cuerdas juntas para un arco solo.

Pero él responde: "Fugitivo mío,
que burlaste mis brazos, hoy aguardo   10
de nuevo echar prisión a tu albedrío."

Yo, triste, que por ella muero y ardo,
la red quise romper; ¡qué desvarío!,
pues más me enredo mientras más me guardo.

45

SONETO 70

Quiero escribir, y el llanto no me deja;
pruebo a llorar, y no descanso tanto;
vuelvo a tomar la pluma, y vuelve el llanto:
todo me impide el bien, todo me aqueja.

Si el llanto dura, el alma se me queja;   5
si el escribir, mis ojos; y si en tanto
por muerte, o por consuelo, me levanto,
de entrambos la esperanza se me aleja.

Ve blanco, al fin, papel, y a quien penetra
el centro deste pecho que me enciende   10
le di (si en tanto bien pudieres verte)

que haga de mis lágrimas la letra,
pues ya que no lo siente, bien entiende:
que cuanto escribo y lloro todo es muerte.

46

SONETO 75

No me quejara yo de larga ausencia,
si, como todos dicen, fuera muerte;
mas pues la siento, y es dolor tan fuerte,
quejarme puedo sin pedir licencia.

En nada del morir tiene apariencia,   5
que si el sueño es su imagen y divierte
la vida del dolor, tal es mi suerte,
que aun durmiendo no he visto su presencia.

Con más razón la llamarán locura,
afeto de la causa y accidente,   10
si el no dormir es el mayor testigo.

46 6 Es el conocido y viejo aforismo, tantas veces citado, de
Somnium imago mortis.

¡Oh ausencia peligrosa y mal segura,
valiente con rendidos, que un ausente
en sí vuelve la espada a su enemigo!

47

SONETO 81

Lucinda, yo me siento arder, y sigo
el sol que deste incendio causa el daño;
que porque no me encuentre el desengaño,
tengo al engaño por eterno amigo.

Siento el error, no siento lo que digo;   5
a mí yo propio me parezco extraño;
pasan mis años, sin que llegue un año
que esté seguro yo de mí conmigo.

¡Oh dura ley de amor, que todos huyen
la causa de su mal, y yo la espero   10
siempre en mi margen, como humilde río!

Pero si las estrellas daño influyen,
y con las de tus ojos nací y muero,
¿cómo las venceré sin albedrío?

48

DE ANDRÓMEDA

SONETO 86

Atada al mar, Andrómeda lloraba,
los nácares abriéndose al rocío,
que en sus conchas, cuajado en cristal frío,
en cándidos aljófares trocaba.

48 1 Andrómeda, hija de Cefeo y Casiopea, fue destinada al sacrificio para aplacar a un monstruo que asolaba la región.
Atada por las Nereidas a una roca, cuando iba a ser devorada
por el monstruo fue salvada por Perseo, montado en el ca-

Besaba el pie, las peñas ablandaba   5
humilde el mar, como pequeño río;
volviendo el sol la primavera estío,
parado en su cenit la contemplaba.

Los cabellos al viento bullicioso
que la cubra con ellos le rogaban,   10
ya que testigo fue de iguales dichas;

y celosas de ver su cuerpo hermoso,
las Nereidas su fin solicitaban:
que aun hay quien tenga envidia en las desdichas.

49

AL TRIUNFO DE JUDIT

SONETO 94

Cuelga sangriento de la cama al suelo
el hombro diestro del feroz tirano,
que opuesto al muro de Betulia en vano,
despidió contra sí rayos al cielo.

Revuelto con el ansia el rojo velo   5
del pabellón a la siniestra mano,
descubre el espectáculo inhumano
del tronco horrible, convertido en hielo.

Vertido Baco, el fuerte arnés afea
los vasos y la mesa derribada,   10
duermen las guardas, que tan mal emplea;

---

ballo Pegaso, quien se casó con ella. (Lope escribió además el
conocido poema de *La Andrómeda*, incluido en *La Filomena*.)
49 Para este soneto, vid. L. Spitzer, "Al triunfo de Judith", en
Modern Language Notes, LXIX (1954), pp. 1-11.

y sobre la muralla coronada
del pueblo de Israel, la casta hebrea
con la cabeza resplandece armada.

50

SONETO 96

Mis recatos, mis ojos, mis pasiones,
más encogidas que mi amor quisiera;
mi fe, que en vuestras partes considera
la cifra de tan altas perfecciones;

el justo limitar demonstraciones,   5
el mudo padecer, que persevera;
la voluntad, que en siendo verdadera,
libra para las obras las razones;

todos, señora, os dicen que esperando
están de vos lo que el Amor concede   10
a los que saben padecer callando.

Si el Tiempo vuela y la Fortuna puede,
no hay esperar como callar amando,
ni amor que calle que sin premio quede.

51

SONETO 97

Tristezas, si el hacerme compañía
es fuerza de mi estrella y su aspereza,
vendréis a ser en mí naturaleza,
y perderá su fin vuestra porfía.

51 Procede de la comedia *La piedad ejecutada* (Ac. N., VIII, página 490), como indicó Montesinos (*Estudios*, p. 287).

Si gozar no merecen de alegría   5
aquellos que no saben qué es tristeza,
¿cuándo se mudará vuestra firmeza?
¿Cuándo veré de mi descanso el día?

Sola una gloria os hallo conocida:
que si es el fin el triste sentimiento   10
de las alegres horas desta vida,

vosotras le tendréis en el contento;
mas, ¡ay!, que llegaréis a la partida,
y llevaráse mi esperanza el viento.

52

SONETO 99

Perderá de los cielos la belleza
el ordinario curso, eterno y fuerte;
la confusión, que todo lo pervierte,
dará a las cosas la primer rudeza.

Juntaránse el descanso y la pobreza;   5
será el alma inmortal sujeta a muerte;
hará los rostros todos de una suerte,
la hermosa, en varïar, Naturaleza.

Los humores del hombre, reducidos
a un mismo fin, se abrazarán concordes;   10
dará la noche luz y el oro enojos.

Y quedarán en paz eterna unidos
los elementos, hasta aquí discordes,
antes que deje de adorar tus ojos.

52 8 Es el conocido verso de Serafino Aquilano «E per molto
variar natura è bella", que tuvo gran éxito en España. Véase
J. G. Fucilla, *Estudios sobre el petrarquismo en España* (Madrid, 1960), pp. 245 y ss., donde se encontrarán referencias a
otros trabajos de A. Morel-Fatio, E. Díez-Canedo y A. Reyes
sobre la fortuna de este verso.

53

SONETO 101

Cayó la torre que en el viento hacían
mis altos pensamientos castigados,
que yacen por el suelo derribados,
cuando con sus extremos competían.

Atrevidos, al sol llegar querían   5
y morir en sus rayos abrasados,
de cuya luz, contentos y engañados,
como la ciega mariposa, ardían.

¡Oh siempre aborrecido desengaño,
amado al procurarte, odioso al verte,   10
que en lugar de sanar, abres la herida!

Pluguiera a Dios duraras, dulce engaño:
que si ha de dar un desengaño muerte,
mejor es un engaño que da vida.

54

SONETO 108

Amor por ese sol divino jura,
siendo negro color vuestros despojos,
quizá por luto, más que por enojos
de muchos que mató vuestra hermosura.

Ojos que un negro túmulo procura   5
al alma que de vos tuviere antojos;
tal fuera mi ventura, hermosos ojos,
que yo quiero tener negra ventura.

---

53 Figura en la comedia de Lope *Los Benavides* (Ac. VII, página 530), como ya notó J. M. Montesinos en *RFE*, XI (1924),
página 308.

Ojos, no me guardé, que, por honrados,
mirándo's de color negro vestidos,   10
fuisteis de mis sospechas estimados.

Robástesme por eso los sentidos,
pero también quedastes engañados,
pues fuisteis en el hurto conocidos.

55

SONETO 123

Cayó la Troya de mi alma en tierra,
abrasada de aquella griega hermosa:
que por prenda de Venus amorosa
Juno me abrasa, Palas me destierra.

Mas como las reliquias dentro encierra   5
de la soberbia máquina famosa,
la llama en las cenizas vitoriosa
renueva el fuego y la pasada guerra.

Tuvieron y tendrán inmortal vida
prendas que el alma en su firmeza apoya,   10
aunque muera el troyano y venza el griego.

Mas, ¡ay de mí!, que, con estar perdida,
aun no puedo decir: "Aquí fue Troya",
siendo el alma inmortal y eterno el fuego.

---

55 El soneto se refiere claramente a Elena Osorio y además figura
en la comedia de *Belardo el furioso* (Ac. V, p. 698), en primera versión, como ya notó J. F. Montesinos (*RFE*, XI, 1924,
página 303 y en *Estudios*, p. 113).

56

SONETO 126

Desmayarse, atreverse, estar furioso,
áspero, tierno, liberal, esquivo,
alentado, mortal, difunto, vivo,
leal, traidor, cobarde y animoso;

    no hallar fuera del bien centro y reposo,   5
mostrarse alegre, triste, humilde, altivo,
enojado, valiente, fugitivo,
satisfecho, ofendido, receloso;

    huir el rostro al claro desengaño,
beber veneno por licor süave,   10
olvidar el provecho, amar el daño;

    creer que un cielo en un infierno cabe,
dar la vida y el alma a un desengaño:
esto es amor: quien lo probó lo sabe.

57

SONETO 133

Ya no quiero más bien que sólo amaros,
ni más vida, Lucinda, que ofreceros
la que me dais, cuando merezco veros,
ni ver más luz que vuestros ojos claros.

    Para vivir me basta desearos,   5
para ser venturoso, conoceros;
para admirar el mundo, engrandeceros,
y para ser Eróstrato, abrasaros.

---

57 Una versión distinta, donde no figura el nombre de Lucinda,
aparece en *Los comendadores de Córdoba* (Ac. XI, p. 272).
Vid. J. F. Montesinos, *Estudios*, p. 115.
  8 Para ser famoso, Eróstrato prendió fuego al templo de Diana en Éfeso.

La pluma y lengua, respondiendo a coros,
quieren al cielo espléndido subiros,   10
donde están los espíritus más puros;

que entre tales riquezas y tesoros,
mis lágrimas, mis versos, mis suspiros
de olvido y tiempo vivirán seguros.

58

A LA NOCHE

SONETO 137

Noche, fabricadora de embelecos,
loca, imaginativa, quimerista,
que muestras al que en ti su bien conquista
los montes llanos y los mares secos;

habitadora de celebros huecos,   5
mecánica, filósofa, alquimista,
encubridora vil, lince sin vista,
espantadiza de tus mismos ecos:

la sombra, el miedo, el mal se te atribuya,
solícita, poeta, enferma, fría,   10
manos del bravo y pies del fugitivo.

Que vele o duerma, media vida es tuya:
si velo, te lo pago con el día,
y si duermo, no siento lo que vivo.

59

SONETO 142

Hermosa Babilonia en que he nacido
para fábula tuya [ha] tantos años,
sepultura de propios y de extraños,
centro apacible, dulce y patrio nido;

59   El soneto, por la alusión del terceto final, será de 1588.

cárcel de la razón y del sentido,   5
escuela de lisonjas y de engaños,
campo de alarbes con diversos paños,
Elisio entre las aguas del olvido;

cueva de la ignorancia y de la ira,
de la murmuración y de la injuria,   10
donde es la lengua espada de la ira.

A lavarme de ti me parto al Turia:
que reír el loco lo que al sabio admira,
mi ofendida paciencia vuelve en furia.

60

SONETO 150

Rota barquilla mía, que (arrojada
de tanta envidia y amistad fingida,
de mi paciencia por el mal regida
con remos de mi pluma y de mi espada,

una sin corte y otra mal cortada)   5
conservaste las fuerzas de la vida,
entre los puertos del favor rompida
y entre las esperanzas quebrantada;

sigue tu estrella en tantos desengaños;
que quien no los creyó sin duda es loco,   10
ni hay enemigo vil ni amigo cierto.

7   *alarbe:* "Vale tanto como hombre rudo, bárbaro, áspero,
bestial o sumamente ignorante." *Dicc. de Auts.*
8   *Elisio,* Elíseo, los Campos Elíseos.
60   Para el tema de la "barquilla", véase E. S. Morby "A footnote
on Lope de Vega's *barquillas*", en *Romance Philology,* VI
(1952-1953), pp. 289-293, y la nota 5 en la p. 200 de su
edic. de *La Dorotea.* Véase más adelante pp. 267 y ss.

Pues has pasado los mejores años,
ya para lo que queda, pues es poco,
ni temas a la mar ni esperes puerto.

61

AL CONTADOR GASPAR DE BARRIONUEVO

SONETO 151

Gaspar, si enfermo está mi bien, decilde
que yo tengo de amor el alma enferma,
y en esta soledad desierta y yerma
lo que sabéis que paso persuadilde.

Y para que el rigor temple, advertilde   5
que el médico también tal vez enferma,
y que segura de mi ausencia duerma:
que soy leal cuanto presente humilde.

Y advertilde también, si el mal porfía,
que trueque mi salud y su acidente: 10
que la que tengo el alma se la envía,

Decilde que del trueco se contente;
mas ¿para qué le ofrezco salud mía?
Que no tiene salud quien está ausente.

61 Gaspar de Barrionuevo, al que más adelante dirige Lope una
    epístola, p. 164, toledano, contador de la Armada, fue elo-
    giado por Cervantes en el *Viaje del Parnaso,* cap. III, y por
    Lope en el *Laurel de Apolo,* silva 1.
    11 *decilde, persuadilde,* etc., no son formas inusitadas en la
    Edad de Oro.

62

A UNA DAMA QUE HILABA

SONETO 152

Hermosa Parca, blandamente fiera,
dueño del hilo de mi corta vida,
en cuya bella mano vive asida
la rueca de oro y la mortal tijera;

hiladora famosa, a quien pudiera   5
rendirse Palas y quedar vencida;
de cuya tela, Amor, de oro tejida,
si no fuera desnudo, se vistiera.

Dete su lana el vellocino de oro,
Amor su flecha para el huso, y luego   10
mi vida el hilo que tu mano tuerza.

Que a ser Hércules yo, tanto te adoro,
que rindiera a tu rueca, atado y ciego,
la espada, las hazañas y la fuerza.

63

SONETO 155

Belleza singular, ingenio raro
fuera del natural curso del cielo,
Etna de amor, que de tu mismo hielo
despides llamas, entre mármol paro;

62 El soneto parece proceder de una comedia a juzgar además
por el verso final.
9 *vellocino de oro,* se refiere al que Jasón y los argonautas
fueron a conquistar.
13 Hércules, desterrado por un asesinato, fue vendido en Libia por Hermes a Onfale, la reina del país a cuyos pies el
héroe hilaba en traje femenino.

    sol de hermosura, entendimiento claro,   5
alma dichosa en cristalino velo,
norte del mar, admiración del suelo,
émula al sol como a la luna el faro.

    Milagro del autor de cielo y tierra,
bien de naturaleza el más perfeto,   10
Lucinda hermosa en quien mi luz se encierra;

    nieve en blancura y fuego en el efeto,
paz de los ojos y del alma guerra:
dame a escribir como a penar sujeto.

64

SONETO 160

    Esto de imaginar si está en su casa,
si salió, si la hablaron, si fue vista;
temer que se componga, adorne y vista,
andar siempre mirando lo que pasa;

    temblar del otro que de amor se abrasa   5
y con hacienda y alma la conquista,
querer que al oro y al amor resista,
morirme si se ausenta o si se casa;

    celar todo galán rico y mancebo,
pensar que piensa en otro si en mí piensa,   10
rondar la noche y contemplar el día,

    obliga, Marcio, a enamorar de nuevo;
pero saber como pasó la ofensa,
no sólo desobliga, mas enfría.

64 Parece proceder de una comedia. Véase el verso 12.

65

SONETO 162

Ya vengo con el voto y la cadena,
desengaño santísimo, a tu casa,
porque de la mayor coluna y basa
cuelgue, de horror y de escarmiento llena.

Aquí la vela y la rompida entena   5
pondrá mi amor, que el mar del mundo pasa,
y no con alma ingrata y mano escasa,
la nueva imagen de mi antigua pena.

Pero aguárdame un poco, desengaño;
que se me olvidan en la rota nave   10
ciertos papeles, prendas y despojos.

Mas no me aguardes, que serás engaño;
que si Lucinda a lo que vuelvo sabe,
tendráme un siglo con sus dulces ojos.

66

SONETO 170

No tiene tanta miel Atica hermosa,
algas la orilla de la mar, ni encierra
tantas encinas la montaña y sierra,
flores la primavera deleitosa,

65 Ya anotó J. F. Montesinos (Clás. Cast. 68, p. 145 y en *Estudios,* p. 114) que una versión primitiva se halla en *El galán escarmentado* (Ac. N., I, p. 123). Figura también en la
Segunda parte del Romancero General, de M. de Madrigal (Valladolid, 1605), f. 183, con versión cercana a la comedia.
J. G. Fucilla, *op. cit.,* p. 247, piensa que el soneto quizá fuese inspirado por el poema de Tansillo que comienza "Qual'
huom che trasse il remo, e spinsa...".
66 Figura en la comedia *El Grao de Valencia,* de hacia 1589-1590
(Ac. N., I, pág. 531) como ya dijo J. F. Montesinos (Clás. Cast.,
68, p. 146 y *Estudios,* p. 117). J. Millé en "Miscelánea eru-

lluvias el triste invierno, y la copiosa   5
mano del seco otoño por la tierra
graves racimos, ni en la fiera guerra
más flechas Media, en arcos belicosa;

ni con más ojos mira el firmamento
cuando la noche calla más serena,   10
ni más olas levanta el Oceano,

peces sustenta el mar, aves el viento,
ni en Libia hay granos de menuda arena,
que doy suspiros por Lucinda en vano.

67

SONETO 174

Daba sustento a un pajarillo un día
Lucinda, y por los hierros del portillo
fuésele de la jaula el pajarillo
al libre viento, en que vivir solía.

Con un suspiro a la ocasión tardía   5
tendió la mano, y no pudiendo asillo,
dijo (y de las mejillas amarillo
volvió el clavel, que entre su nieve ardía):

"¿Adónde vas, por despreciar el nido,
al peligro de ligas y de balas,   10
y el dueño huyes, que tu pico adora?"

Oyóla el pajarillo enternecido,
y a la antigua prisión volvió las alas:
que tanto puede una mujer que llora.

---

dita", *Revue Hispanique*, LXVIII (1926), p. 200, indicó que
es traducción de otro del humanista Michele Marullo (†1500),
que principia "Non tot Attica mella, litus algas".

68

SONETO 175

Deseando estar dentro de vos propia,
Lucinda, para ver si soy querido,
miré ese rostro, que del cielo ha sido
con estrellas y sol natural copia;

y conociendo su bajeza impropia,   5
vime de luz y resplandor vestido
en vuestro sol, como Faetón perdido
cuando abrasó los campos de Etiopia.

Ya cerca de morir dije: "Tenéos,
deseos locos, pues lo fuistes tanto,   10
siendo tan desiguales los empleos."

Mas fue el castigo, para más espanto,
dos contrarios, dos muertes, dos deseos,
pues muero en fuego y me deshago en llanto.

69

A LA SEPULTURA DE TEODORA DE URBINA

SONETO 178

Mi bien nacido de mis propios males,
retrato celestial de mi Belisa,
que en mudas voces y con dulce risa
mi destierro y consuelo hiciste iguales;

68 Figura también en *Los comendadores de Córdoba* (Ac. XI, página 272), sin la alusión a Lucinda, como es lógico.
69 Teodora de Urbina, hija de Lope e Isabel de Urbina, murió en Alba de Tormes antes de 1596.

segunda vez de mis entrañas sales,   5
mas pues tu blanco pie los cielos pisa,
¿por qué el de un hombre en tierra tan aprisa
quebranta tus estrellas celestiales?

Ciego, llorando, niña de mis ojos,
sobre esta piedra cantaré, que es mina   10
donde el que pasa al indio en propio suelo

halle más presto el oro en tus despojos,
las perlas, el coral, la plata fina.
Mas, ¡ay!, que es ángel y llevólo al cielo.

70

SONETO 188

Suelta mi manso, mayoral extraño,
pues otro tienes de tu igual decoro;
deja la prenda que en el alma adoro,
perdida por tu bien y por mi daño.

Ponle su esquila de labrado estaño,   5
y no le engañen tus collares de oro;
toma en albricias este blanco toro,
que a las primeras hierbas cumple un año.

70 Alude, como el siguiente, a Elena Osorio y a don Francisco
Perrenot Granvela, el "mayoral extraño" que gozaba de los
favores de la dama. El soneto figura con notables variantes en
el manuscrito 17.556 de nuestra Biblioteca Nacional, *Poesías
barias y recreación de buenos ingenios,* publicado por John
M. Hill en *Indiana University Studies,* X (1923), p. 77, y en
el *Cartapacio* de Penagos, publicado por J. de Entrambasaguas,
Estudios, III, págs. 340-341. Para esta serie de sonetos, véase
el trabajo de F. Lázaro Carreter "Lope, pastor robado", en
Formen der Selbstdarstellung, Festabe für Fritz Neuber (1956),
páginas 209 y ss.

Si pides señas, tiene el vellocino
pardo encrespado, y los ojuelos tiene　　　10
como durmiendo en regalado sueño.

Si piensas que no soy su dueño, Alcino,
suelta, y verásle si a mi choza viene:
que aun tienen sal las manos de su dueño.

71

SONETO 189

Querido manso mío, que venistes
por sal mil veces junto aquella roca,
y en mi grosera mano vuestra boca
y vuestra lengua de clavel pusistes,

¿por qué montañas ásperas subistes　　　5
que tal selvatiquez el alma os toca?
¿Qué furia os hizo condición tan loca
que la memoria y la razón perdistes?

Paced la anacardina porque os vuelva
de ese cruel y interesable sueño　　　10
y no bebáis del agua del olvido.

Aquí está vuestra vega, monte y selva;
yo soy vuestro pastor y vos mi dueño;
vos mi ganado, y yo vuestro perdido.

71 Figura en la comedia *Belardo el furioso,* como ya dijo J. F.
Montesinos (Clás. Cast., p. 149). El soneto será de hacia
1588.
9 *anacardina:* "La confección que se hace de el Anacardo
para facilitar y habilitar la memoria." *Dicc. de Auts.*

72

SONETO 191

Es la mujer del hombre lo más bueno,
y locura decir que lo más malo,
su vida suele ser y su regalo,
su muerte suele ser y su veneno.

Cielo a los ojos cándido y sereno,   5
que muchas veces al infierno igualo,
por raro al mundo su valor señalo,
por falso al hombre su rigor condeno.

Ella nos da su sangre, ella nos cría,
no ha hecho el cielo cosa más ingrata;   10
es un ángel, y a veces una arpía.

Quiere, aborrece, trata bien, maltrata,
y es la mujer, al fin, como sangría,
que a veces da salud y a veces mata.

73

A LA MUERTE

SONETO 199

La muerte para aquél será terrible
con cuya vida acaba su memoria,
no para aquel cuya alabanza y gloria
con la muerte morir es imposible.

---

72 Con variantes, figura en las *Flores de poetas ilustres,* de P. Espinosa (Valladolid, 1605. Edic. de J. Quirós y F. Rodríguez
Marín, Sevilla, 1896), p. 212, y en cierto manuscrito publicado por R. Foulché-Delbosc en la *Revue Hispanique,* XVIII
(1908), p. 534.

Sueño es müerte, y paso irremisible,   5
que en nuestra universal humana historia
pasó con felicísima vitoria
un hombre que fue Dios incorruptible.

Nunca de suyo fue mala y culpable
la muerte, a quien la vida no resiste: 10
al malo, aborrecible; al bueno, amable.

No la miseria en el morir consiste;
sólo el camino es triste y miserable,
y si es vivir, la vida sola es triste.

74

APOLO

¿Que me llaman a mí dios de poetas?
¿Hay tal desgracia, hay tanta desventura,
hay semejante agravio?
¿Hurté yo tus flamígeras saetas
de la siracusana cueva escura,   5
divino padre, eternamente sabio?
¿Hurté la clara llama
por quien atado al Cáucaso inhumano
llora el gigante bárbaro, atrevido?
¿Rompí la casta fama   10
de Juno tu mujer, como Vulcano,
origen del linaje mal nacido
de tanto vil centauro?
¿Forcé la ninfa convertida en lauro
o coronéme della?   15

74 9 Alude a Prometeo.
    10-13 Los mitólogos no están de acuerdo sobre el origen de
    los centauros, pero ninguno alude a Juno y Vulcano, que era
    hijo suyo.
    15 Otra alusión al mito de Dafne.

¿Yo [no] nací de la Latona bella,
allá en la isla Ortigia,
ejercitando luego el dardo etolo,
el arco y flecha frigia
en el Fitón que pude vencer solo?   20

    Por la laguna Estigia,
que estoy desesperado,
mis hiperbóreos grifos (blasón fiero
a mi valor divino consagrado)
echar al mundo quiero;   25
despedacen poetas,
pues muchas de sus obras imperfetas,
que dignas fueran de la noche escura,
van a mi luz sacando,
hermosa, clara y pura,   30
y me llaman su rey. ¿Yo rey de locos,
muchos en cantidad, en virtud pocos?
¿Yo rey de hombres soberbios, arrogantes,
que están con sus blasfemias contrastando
los cielos otra vez como gigantes?   35
Paso quedo, ignorantes.
Filósofo soy yo, que el sol descubre
cuanto naturaleza oculta encubre;
y cuando el libro dejo, el dardo vibro,
que cansa alguna vez el mejor libro;   40
con el Amor contiendo, y soy el solo
cintio, délfico, rodio y crisio Apolo,
aquel fitonicida,
que con mis rayos purifico el mundo.

    Aun si fuera esta gente comedida,   45
sufriera yo que me llamaran padre;
mas es tan descortés, tan iracundo
el más humilde ingenio, el más pequeño,

---

18   *dardo etolo,* dardo de la Etolia.
20   Una de las primeras hazañas de Apolo fue dar muerte a
la serpiente Pitón o Fitón, que había atormentado a su madre
Latona.

que como si Climene
fuera su hermosa madre,   50
ya quiere ser de mis caballos dueño,
enfrenar a Flegón, herir a Etonte,
y más soberbia tiene
que el rígido Tifonte,
y quiere, Centimano,   55
subir de monte en monte,
al alcázar del cielo soberano.
Murmura sin respeto,
con voz zoila y aristarco labio,
del hombre más discreto,   60
más inculpable y sabio,
y no sabiendo apenas qué son yambos,
dáctilos, anapestos y espondeos,
cuanto más los coturnos sofocleos,
compite con Homero y con Virgilio,   65
siendo la luz Italia, y Grecia entrambos,
y en el resto del mundo semideos.

¿Qué es esto, inmenso y celestial concilio?
Imploro vuestro auxilio
contra poetas legos romanzados.   70
No me llamen su dios de ningún modo
aquestos cenofantos mamacutos,
soberbios y engañados
para burlar de todo,
de cuerpo hinchados, de virtud enjutos,   75

49 Climena, madre de Faetón.
52 Dos de los caballos del famoso carro del Sol o Apolo.
54 *Tifonte,* en el texto *Trifonte,* hijo de Tártaro y la Tierra,
padre de los vientos funestos, de estatura descomunal.
55 *Centimano,* el que tiene cien manos, como Briareo y otros
titanes o gigantes.
59 *zoila y aristarco labio,* de Zoilo y Aristarco, críticos presumidos y maldicientes.
72 *cenofanto,* voz griega que significa "introductor de nove-
dades". Pero ignoro qué significa *mamacuto,* que parece invención de Lope.

que como bestias viven,
hombres que apenas una carta escriben,
y cuando escriben, como enfermos, sudan,
y después que escribiendo
otra camisa (si la tienen) mudan,   80
paren un monstro horrendo,
como escoria de alquimia ametalado;
mal parto, y no Mendoza, aunque es hurtado,
del mismo a quien murmura.

CARONTE

¿Quién habla aquí? ¿Quién es quien se lamenta?   85

APOLO

Apolo soy.

CARONTE

    ¿Qué lloras?

APOLO

        Esta afrenta,
este rigor, Caronte, esta locura.

CARONTE

¿Hurtáronte por dicha las saetas?

APOLO

Pluguiera a Dios, no lloro niñerías;
lloro esta fiera plaga,   90
enjambre de poetas,
castigo de los hombres estos días.

CARONTE

Pues, ¿qué quieres?

APOLO

    Que haga
un examinador Júpiter santo,
pues le hay de los mecánicos oficios,   95

95 Lope alude a los 'maestros' de distintos oficios que exami-
naban a los aprendices y oficiales.

ya que tan soberanos ejercicios
vienen a tal bajeza,
y a despreciarse tanto.

CARONTE

Tienes razón, que es lástima notable
que, de tus nueve Musas, la belleza,   100
con sacrilegio fiero y execrable,
venga a ser tan común, y a tal desprecio,
que la ejercite el vil, el loco, el necio.
Tras esto, si fabrican
las escuelas poéticas que dices,   105
y hasta el verde laurel, último grado,
sus actos les aplican,
aquellos siglos volverán felices
iguales al dorado,
y a los poetas que ya son maestros   110
provectos, sabios, diestros,
se les darán propinas,
tendrán algún provecho
de sus obras divinas,
ya que tan poco las estima el mundo,   115
príncipes y señores.

APOLO

Será famoso hecho.
En él mi gloria fundo.

CARONTE

Señala dos poéticos doctores
para este examen.   120

APOLO

Quiero que el primero
sea el divino Homero.

---

112 *propina:* "Antiguamente era una colación que se dava
en algunas juntas [...] El día de oy se ha reduzido a que la
propina se dé en dinero." Covarrubias, *Tes.*

CARONTE

Ése está en el abismo;
ése, en mi barca, le pasé yo mismo.

APOLO

Pues a Virgilio nombro.

CARONTE

También está Virgilio en el infierno   125
con un peñasco al hombro,
porque infamó la castidad de Dido.

APOLO

Pues sea Anacreonte,
aunque amador y tierno,
pues fue de Cicerón favorecido.   130

CARONTE

Primero que él, las aguas de Aqueronte
pasó también conmigo.

APOLO

De Ovidio soy amigo.

CARONTE

Ovidio está con él, llorando el arte,
de su destierro parte.   135

APOLO

¿Que todos los poetas
están en el [in]fierno?

127 Lope fue siempre un defensor de la castidad de Dido.
Comp.:

> "Yo soy la casta Dido celebrada
> y no la que Virgilio infama en vano.
>
> *Rimas,* soneto 118.

Véase el artículo de María Rosa Lida de Malquiel "Dido y su
defensa en la literatura española", en *Revista de Filología His-
pánica,* IV (1942), pp. 209-252 y 313-382.

CARONTE

Aquellos celebrados
de los siglos pasados,
si no es que lo interpretas.   140
Porque son dignos de tormento eterno,
muchos por sus mentiras,
por sus soberbias e iras,
crueles arrogancias e hinchazones:
que todos son de casta de postemas.   145

APOLO

Sus cuentos, sus pasiones,
sus fábulas, sus temas,
y sus lenguas blasfemas
no me cansaran mucho;
dellas no quiero oír, dellas escucho;   150
el número me cansa,
en España, Caronte.

CARONTE

¿Que España en producirlos no se cansa?

APOLO

No basta ya de [l] Heliconio monte
alfalfa, hierba y grama;   155
buenos y malos, todos quieren fama.
Y lo que es de llorar, que la procuran
muchos con invectivas, no de aquéllas
con que los nombres duran
del docto Persio, Juvenal, Horacio,   160
sino, como doncellas,
injurias escribiendo mujeriles
a Hércules tebano, a Orfeo tracio,
en epigramas viles,
allá en sus aposentos.   165

154   En el monte Helicón habitaban las Musas.

Y negando sus nombres,
desdiciéndose a todos
cuantos se lo preguntan,
y con mil fingimientos
de afeminados hombres,   170
negando de mil modos
hasta la tierra juntan
(haciendo juramentos)
la cabeza inclinada:
gran linaje de afrenta   175
hablar la pluma y desdecir la espada.

CARONTE

Todo tendrá remedio; dale cuenta
a Júpiter tu padre, que hará luego
dos examinadores, a tu ruego,
mas, ¿quién quieres que sean?   180

APOLO

Sean (pues lo desean
las Musas del Parnaso)
Laso en España, y en Italia el Tasso.

75

A LA CREACIÓN DEL MUNDO

Aquel divino Pintor
de la fábrica del orbe,   *Génes.*
que puso tanto artificio   *Cap. I.*
en las dos tablas mayores;
el que dio ser a la luz   5
sobre aquel abismo informe,
y dividió las tinieblas
de los claros resplandores;
el que puso nombre al día
y a la temerosa noche,   10
y en la mitad de las aguas   *Génes.* 10
hizo el firmamento noble;

que bordó el cielo de estrellas,
la tierra esmaltó de flores,
el aire de varias aves,   15
el mar de peces disformes;
    aquel que colgó del cielo
dos lámparas, dos faroles,   *Ps.* 125
que eternamente alumbrasen
de un polo a otro conformes;   20
    hizo otro mundo pequeño,
y a su semejanza dióle
forma y ser, que la materia
dio la tierra, limo entonces;   *Ma.* 19
    a imagen de Dios, en fin,   *Marc.* 10   25
hembra y varón, y mandóles,   *Sap.* 2
bendiciéndoles, crecer   *Eccl.* 17
y multiplicar su nombre.   *Tob.* 8
    Mandóles henchir la tierra
y que los más altos montes   30
sujetasen a sus plantas
del ocaso a los trïones.
    Peces y aves, que en mar y aire
vuelan y nadan sin orden,
y de la tierra en que pacen   35
los animales feroces;
    ya por las azules aguas
las ballenas y tritones
con mil círculos y esferas
rompen la espuma veloces.   40
    Ya las focas y delfines,
dando a los peñascos bordes,
las fortunas pronostican,
las tempestades conocen.
    Ya los fieros cocodrilos,   45
armados de conchas dobles,
quieren salir a la orilla
desde las aguas salobres.

---

32 *triones,* las siete estrellas principales de la Osa Mayor.

Ya la púrpura previene
trocar su sangre en colores,   50
con que la grana se tiña
que a Tiro en nobleza honre.

Ya los nácares del mar
sobre las peñas se ponen,
para que en ellos el alba   55
sus tiernas lágrimas llore.

Ya la rémora pequeña
con arrogancia se opone
a las venideras naves
del mar, atrevidas torres.   60

Ya los glaucos con temor
los tiernos hijos se comen,
que arrojan vivos en viendo
pasar los peces mayores.

Ya la murena labrada   65
es de las aguas azote;
ya para engañar la pesca
el pólipo el cuerpo encoge.

Ya el orco oprime las aguas,
ya el pez-espada las sorbe,   70
ya, finalmente, se mueven
cuantos su elemento esconde.

Las águilas por el aire   *Renova-*
(cuya pluma no corrompe   *bitur ut*
el tiempo, y que se renuevan   *aquila.*
como tres veces se mojen)   *Psal.*

vuelan y prueban sus hijos
a los más ardientes soles,
para que si no le miran,
de los nidos los arrojen.   80

Ya purifican el mar
los casados alcïones   *Ovid.*
en el rigor del invierno,   *Lib. 10*
hasta que a la tierra tornen.   *Meth.*

___

61 *glauco,* cierta clase de mariscos.
82 *alción,* el martín pescador.

Ya el ánade caluroso   85
de azul y de oro compone
el cuello, ya el blanco cisne   *Lucr.*
quiere llorar a Faetonte.   Lib. 4

Ya la piadosa cigüeña
sus viejos padres acoge;   90
ya del silencio la grulla
quiere dar ejemplo al hombre.

Ya las palomas de Venus
dan principio a sus amores;
ya los psitacos comienzan   95
a imitar humanas voces.

Ya, cual si al Magno Alejandro
vieran los indios pavones,
los ojos de Argos levantan,
soberbios de sus favores.   100

Ya los faisanes, a quien
dio el río Fasis su nombre,
ya la corneja y el búho,
llenos de agüeros inormes;

el milano, que del Austro   105
engendra, y no se conoce   *Aelian.*
que haya varón, vuelan, suben
diez a diez y doce a doce.

Ya los avestruces pardos
rizan plumas, con que adorne   110
la futura soldadesca
celadas y morrïones.

Las garzas y martinetes
para los grandes señores
negras y blancas las crían   115
por las lagunas y bosques.

---

88 Según la leyenda, Cygno, amigo de Faetón, quiso salvarlo
cuando cayó al Erídano y pereció. Los dioses lo convirtieron
en cisne.
95 *psitacos,* loros y papagayos.

Ya el pelícano a sus hijos
hace que a la vida torne[n],   *Hieronym.*
mordidos de las serpientes,
y las entrañas se rompe.   120
    Ya la pintada perdiz   *Theophras.*
quiere consagrarse a Jove;
ya sin saber su tragedia
cantan Filomela y Progne.
    Ya los correos del día   125
a los rudos labradores   *Virgil.*
piensan servir con su canto
de domésticos relojes.
    Ya mira el árabe fénix
los árboles del Orontes   130
para hacer su nueva patria
sobre encendidos carbones.
    En fin, cuantas visten plumas
al claro viento descogen
las alas, y en ramo o peña   135
duermen, anidan y ponen.
    Ya relinchan los caballos
de diferentes naciones,
ya los lobos se aperciben
a enmudecer los pastores.   *Virgil.*   140
    Ya se arroja a los panales
el oso, ya salta y corre
más soberbio el jabalí
que después de muerto Adonis.
    Ya el toro muestra más furia   145
que cuando en el cielo dore
el sol por segundo signo
su piel de color de bronce.
    Las ovejas, los corderos
y los ciervos corredores   150
pacen la hierba a los prados
y el ramón tierno a los robles.

124 Para Filomena y Progne, véase la nota en la p. 109.

Ya el erizo y la raposa
a batallar se disponen
lo que niega el elefante   155
por celos, aunque le toquen.

Ya el camello enturbia el agua
para volver con pies torpes;
ya vengan el adulterio
los generosos leones.   160

Ya el tigre indiano parece
que sigue a los cazadores,
y la hermafrodita hiena
quiere intentar sus traiciones.

Ya por conservar la vida   165
muestran valor los castores,
y mueven su inmenso cuerpo
los grandes rinocerontes.

Ya la salamandra fría
matar el fuego propone   170
con el hielo del veneno
que en sus entrañas recoge.

Ya se sustentan del aire
los vanos camaleones,
figura de los que escuchan   175
las lisonjas de la Corte.

Ya ladra el perro leal,
ya las serpientes atroces
a batalla desafían
a los indianos dragones.   180

En fin, cuantos por el campo
mugen, saltan, ladran, corren,
relinchan, rugen y gruñen,
balan, silban, pacen, roen.

Ya los árboles se ensalzan,   185
hayas, castaños y bojes,
fresnos, cipreses, alisos,
cedros, naranjos, limones,

la encina y yedra lasciva,
mirra, cinamomo, aloes,   190
el pobo, el moral prudente,   *Polit.*
sauce, espino, laurel, roble,
    palma, pino, tejo, higuera,
lentisco, enebro, alcornoque,
olmo, serval, murta, mirto,   195
acebuches, ciclamores,
    plátanos, acanas, lotos,
ébanos de duro corte,
caobas y terebintos,
saúcos de infame nombre,   200
    nísperos y rododafnes,
cornicabras en los montes,
damascos, espinos, ornos,
almendros temiendo el norte,
    bálsamos, abetos, citros,   205
almácigos, aceroles,
avellanos y granados,
perales, melocotones,
    pinastros, pérsicos, guindos,
cabrahigos trepadores,   210
manzanos, loros, cerezos,
tarayes y cameropes,
    membrillos, endrinos, peros,
azufaifos, bergamotes,

191 *pobo,* álamo blanco. Llama al moral 'prudente', porque,
como dice Dorotea, "de todos los árboles florece el último",
La Dorotea, II, V.
197 *acana,* árbol americano.
201 *rododafne,* la adelfa.
203 *damasco,* variedad del albaricoquero; *orno,* especie de
fresno.
209 *pinastro,* una especie de pino.
211 *loro,* el lauceraso, árbol exótico de la familia de las
rosáceas.
212 *taray,* el tamariz; *camerope,* género de plantas de la
familia de las palmáceas.
214 *azufaifo,* árbol de la familia de las ramnáceas; *berga-
mote,* especie de peral.

algarrobas y madroños,   215
almeces, jarales torpes,
   olivas y pinabetes,
y todos cuantos traspone
rústica mano, y que rinden
dulce fruta a sus sazones.   220
   Ya las cañas de los trigos
temen las primeras hoces,
ya parecen por los prados
diversas hierbas y flores:
   la rosa, el lirio, el clavel,   225
la azucena, el jazmín noble,
el alhelí varïado
de diversos tornasoles,
   manutisas, violetas,
jacintos que Apolo adore,   230
mosquetas, brótanos, salvias,
las clicies o mirasoles,
   rosmarinos, ametistes,
de aromáticos olores,
tomillos, casias y acantos,   235
los tréboles de hojas pobres.
   Finalmente, monte y campo
quiere que se esmalte y borde,
y un vergel que labra en medio
a los demás antepone.   240
   Éste riegan cuatro ríos
por Hevilat el Fisonte,
donde el oro y piedras nacen
hacia la parte del norte.
   Llámanse los otros tres   245
Eufrates, Tigris, Gehonte;
por Etiopia y Asiria
el mar sus cristales sorbe.

---

216 *almez,* el árbol que produce la almeza, fruta comestible.
233 *rosmarino,* el romero; *ametiste,* amatista.

Puso Dios en él a Adán,
diciendo que coma y goce   250
cuantos árboles le agraden,
cuantas frutas se le antojen.

Sólo el del bien y del mal
entre todas reservóle,
diciéndole: "Advierte, Adán,   255
que morirás si le comes."

Trújole las fieras y aves
para que les diese nombre;
diósele Adán, y no halló
su igual, su ayuda conforme.   260

Pero el Criador increado
echóle sueño, y durmióse,
y entonces de sus espaldas
una costilla sacóle.

Cubrióla de carne, y luego   265
en la mujer transformóse
más hermosa que vio el sol,
como a Nazaret no toque.

Viola Adán, y dijo a Eva
(que así quiso que se nombre):   270
"Carne de mi carne y hueso
de mis huesos." ¡Ved qué amores!

Mas por ella ha de dejar
su madre y su padre el hombre,
que han de ser dos y una carne;   275
bodas de Dios, rico dote.

Allí tuvieron principio:
que si amor se corresponde,
en felicísimo estado
oro y laurel le corone.   280

Eva y Adán, finalmente,
iban desnudos por donde,
aunque otros ojos los vieran,
no les salieran colores.   1. *Cor.* 6

76

AL CONTADOR GASPAR DE BARRIONUEVO

EPÍSTOLA

Gaspar, no imaginéis que con dos cartas
habéis cumplido con dos mil deseos
destas vuestras solícitas y Martas.

A todos nos habéis dejado feos,
burlando los regalos y las camas,   5
feos los dueños y ellas camafeos.

Cansaos de tanto mar, que aquestas damas
dicen, viéndoos quedar allá el invierno,
que para pez os faltan las escamas.

¿Pan de Sevilla regalado y tierno,   10
masado con la blanca y limpia mano
de alguna que os quisiera para yerno;

jamón presuto de español marrano
de la sierra famosa de Aracena,
adonde huyó del mundo Arias Montano;   15

vino aromatizado, que sin pena
beberse puede, siendo de Cazalla,
y que ningún cristiano le condena;

---

76 Sobre Gaspar de Barrionuevo véase la nota al soneto 151, página 139. La epístola podría ser de 1603, a juzgar por los versos que aluden a la próxima aparición de *El peregrino en su
patria* (175-178), publicado en 1604, pero con la aprobación y
la dedicatoria de Lope de fines de 1603. Está escrita en Sevilla,
según se desprende de varias alusiones, como la del v. 27, por
ejemplo, o la del 56.
13 *presuto,* seco, acecinado, o simplemente jamón.
15 Arias Montano (1527-1598) se retiró a la ermita de Nuestra Señora de los Angeles, cerca de Aracena, pero Felipe II
le nombró profesor de lenguas orientales de El Escorial y abandonó la ermita.

Lope de Vega, por Caxés

RIMAS
SACRAS.

PRIMERA PARTE

*De Lope de Vega Carpio, Cle
rigo presbytero.*

DIRIGIDAS AL PADRE

Fray Martin de san Cirilo Religioso
descalço de nuestra Señora
del Carmen:

Año   IHS.   1614.

Con priuilegio de Castilla y Aragon.

Por la viuda de Alonso Martin.

A costa de Alonso Perez mercader de libros.

Portada facsímile de *Rimas Sacras*, 1614

agua del Alameda en blanca talla
dejáis por el bizcocho de galera   20
y la zupia que embarca la canalla?

¿Es mejor la crujía en que tan fiera
la veis pasar a tantos miserables,
que esta famosa espléndida ribera?

¿Son esos oficiales más tratables   25
que estos vuestros amigos? ¿Son mejores
que este Arenal, esa cureña y cables?

¿No se ve más de[sde] estos corredores
que del estanterol y filaretes,
llenos de tantos Muzas y Almanzores?   30

Sin tanta banderola y gallardetes,
¿no se ven desde aquí vencer el viento
mejor por esta arena los jinetes?

¿Qué cabaña tan vil, o qué aposento
no es mejor que el pañol ni que la popa,   35
ora lleven la ropa o el sustento?

---

20 *bizcocho:* "El pan que se cueze de propósito para la pro-
visión y matalotaje de las armadas y de todo género de va-
geles." Covarrubias, *Tes.*
21 *zupia,* vino turbio y con poso.
22 *crujía:* "El passo o camino de tablas que hai en las galeras para comunicarse de la popa a la proa, situado en medio
de ella entre una y otra banda de los bancos y remeros."
Dicc. de Auts.
29 *estanterol,* madero que llevaban en la popa las galeras.
Filaretes, red que se echaba, llena de trapos y ropa, por los
costados del navío, para aminorar el efecto de las balas ene-
migas.
35 *pañol:* "Qualquiera de los compartimientos que se hacen
a proa y a popa en la bodega y alojamiento del navío, donde
pone el bizcocho, aguada, pólvora, etc." *Dicc. de Auts.*

Que ni quiero el sustento ni la ropa
que guarda un turco limpio, pues lo es tanto
como el cómitre mismo que le azota.

Y ¿a quién no causa, ¡oh Contador!, espanto   40
que haya en vuestra galera pulga o chinche
que cuente la batalla de Lepanto?

Yo quiero bestia que la enfrene y cinche,
que le meta la espuela y los talones,
que truene en vez de salva y que relinche;   45

que me lleve, mojado, a los tizones
de una venta ahumada, y que comamos,
yo un lomo de tocino, ella granzones.

Diga el huésped que ayer mató dos gamos,
y que son en adobo los solomos,   50
pues amanece, y a otra venta vamos.

¿Qué mulas falsas o qué machos romos
se igualan a la nave o la galera,
casa estrecha con tantos mayordomos?

Yo pensé que el Marqués merced me hiciera,   55
(ya que os dejó en España) que a Sevilla
viniérades, Gaspar, un mes siquiera.

Viniendo yo de la desierta villa
donde nací, como otras cosas viles
que arroja Manzanares en su orilla,   60

en Malagón hallé el famoso Aquiles,
fénix de aquel que, de su cruz armado,
hizo mil pueblos de África serviles.

48 *granzones,* los nudos de la paja que quedan cuando se
criba y ordinariamente se dan a las caballerías.
55 El Marqués de Santa Cruz, general de las galeras, cuyo
contador era Barrionuevo.
61 Quizá el mismo Marqués de Santa Cruz, hijo del célebre
don Alvaro de Bazán.

Iba, más cortesano que soldado,
a ver a mi señora la marquesa,   65
esfera celestial de su cuidado.

Habléle en vos, y como honrar profesa
las sombras de las letras, con notable
favor de tal valor, tan dina empresa

(que el príncipe que no es comunicable   70
es ídolo de mármol, es pintura,
porque ha de ser portento cuando hable),

y respondió de suerte, que segura
tuve con su favor vuestra venida;
mas ni tenéis amor ni yo ventura.   75

No hay Corte como el mar; todo lo olvida;
pues, por Dios, que sin vos (si es vida) paso
una cansada y solitaria vida.

Mas ¿que aguardáis que os diga del Parnaso
alguna historia? Y ¿qué queréis que os cuente? 80
¿Que, albéitares, sangramos a Pegaso?

Pardiós, hermano, que hay famosa gente
en el contorno de la madre España;
arroje Italia el árbol de la frente.

El Jovio desta vez se desengaña,   85
que la ignorancia celebró española;
cosa que allá se tiene por hazaña.

Las buenas letras goza y acrisola
España agora en sí, porque florece
en todas artes liberales sola.   90

---

85 Es el célebre Paolo Giovio (1483-1552), médico papal,
autor de una serie de obras históricas cuyo éxito fue extraordinario. Es casi un periodista, y no muy veraz, por lo que
abundan los ataques españoles a su persona. (Vid. Gonzalo
Jiménez de Quesada, *El antijovio*, Bogotá, 1952.)

Con divinas y humanas se enriquece,
y sujetos divinos más que humanos,
por quien ceñirse de laurel merece.

Al Betis mil ingenios soberanos
por el árbol de Palas, que les rinde,   95
del ingrato laurel cubren las manos.

Más enriquece el cristalino alinde
el Tajo con sus célebres poetas
que con piedras de Ormuz y de Melinde.

En sus ondas humildes y quïetas   100
estima algunos cisnes Manzanares,
del premio desta edad claros atletas.

Glorioso corre el apacible Henares,
y con la luz de su Academia el Tormes
murmura entre sus mármoles dispares.   105

Mas dejando, Gaspar, tantos conformes
peregrinos ingenios a una parte,
y viniendo a tratar de los inormes,

la pluma se entorpece, tiembla el arte,
de ver tantos rocines matalotes   110
beber el agua que Helicón reparte.

Hay algunos poetas tagarotes
que apenas imagino cómo vuelan,
y cuyas musas tejen chamelotes.

---

97 *alinde,* superficie bruñida como un espejo.
99 *Melinde,* Malinde o Melinda, en el Africa Oriental.
110 *matalote,* como 'matalón', la caballería llena de mata-
duras.
112 *tagarote,* cierta especie de halcón; pero Lope juega con
un doble significado, puesto que 'tagarotes' "son unos hidalgos
pobres que se pegan adonde pueden comer". Covarrubias, *Tes.*
114 *chamelote,* la tela hecha de pelo de camello.

Otros que por lo hinchado se desvelan,   115
tundiendo el paño al mar, frisando el polo,
y con decir que es tropos se arrodelan;

hacen candil la luna, incendio a Apolo,
peores que la dama de mi tierra
que dijo en un baptismo birlo al volo.   120

Estos veréis que pintan una guerra
llena de escolopendrios y de grifos,
llamando a Scila latitante perra.

Son todos sus caballos hipogrifos,
perlifican el alba, el día estofan   125
con tarjetas, florones y anaglifos;

los cabellos de Venus alcarchofan
y en no viendo su igual carantamaula,
de cuanto escuchan boquituertos mofan.

Otros veréis que cantan en su jaula,   130
sin dar un verso del umbral afuera,
dulces poetas de Amadís de Gaula.

Tras esta escuadra irreparable y fiera,
hay otra gente de primer tonsura,
en quien Apolo apenas reverbera.   135

---

122 *escolopendrio,* quizá de 'escolopendra', "género de insecto que vulgarmente llamamos ciento pies". Covarrubias, *Tes.*
126 *tarjeta:* "Se llama también una plancha de madera, u
otra materia, con que se adorna algún cuadro, tallándola y
dorándola, sobreponiéndola al marco a trechos." *Dicc. de Auts.*
Florón: "Adorno artificioso, hecho a modo de una flor mui
grande, con que se adornan las obras de Pintura y Architec-
tura." *Ibíd. Anaglifo,* obra tallada, de relieves abultados.
127 *alcharchofan,* engríen, hinchan, ponen como alcachofa.
128 *carantamaula:* "Cara fingida hecha de cartón de aspecto
horrible y feo; y por alusión se llama así también el que es
feo y mal encarado." *Dicc. de Auts.*

Hay poetas donados con mesura,
que a todo protoingenio reverencian;
pura humildad, mas ignorancia pura.

Otros hay que de todos diferencian,
obscenos más que puercos en zahurdas,   140
musas que se desgreñan y pendencian.

Hay plumas legas de melenas burdas,
poetas testarudos, gente ciega,
más desairados que una espada a zurdas.

También hay poesía que se pega   145
de tratar un amigo, como sarna,
y que toda en vinagre se trasiega.

Es gente que se mata y se descarna,
y al cabo son como el que en una copla
quitó la *u* para decir *Cafarna.*   150

Otros veréis a quien Apolo sopla,
como a Mahoma, el engañoso oído,
y que toman la pluma con manopla.

Mil zánganos también, sólo zumbido,
en la miel trabajada de los otros,   155
porque traición o tradución ha sido.

Hay algunos rijosos como potros,
que no habéis de tocarlos en un pelo;
empínense, y guardémonos nosotros.

Otros poetas hay de terciopelo,   160
musas de capirote y de gualdrapa,
que arrastran honra y cola por el suelo.

---

136 *donado,* el que ha entrado como sirviente en una orden
mendicante, viste hábito, pero no profesa.
161 *capirote,* especie de capucha que caía sobre los hombros;
gualdrapa, "lo que cuelga de la ropa, mal compuesto, desaliñado y sucio". Covarrubias, *Tes.*

Hay otros con las carnes como zapa
de poetas salvajes, cimarrones,
que no los pone en nuestra lengua el mapa.   165

Yo, en tanta cantidad de motilones,
me admiro de que soy más ignorante
y de que se trasladen mis borrones.

Pero porque pasemos adelante
y ponga el cielo tiento en nuestras manos,   170
será bien discurrir en lo importante.

Entre libros latinos y toscanos
ocupo aquí, Gaspar, los breves días,
que suelen irse en pensamientos vanos.

Allá os dirá las ignorancias mías   175
un nuevo *Peregrino* sin sospecha,
puesto que suelen parecer espías.

Imprimo, al fin, por ver si me aprovecha
para librarme desta gente, hermano,
que goza de mis versos la cosecha.   180

Cogen papeles de una y otra mano,
imprimen libros de mentiras llenos;
danme la paja a mí, llévanse el grano.

Veréis en mis comedias (por lo menos
en unas que han salido en Zaragoza)   185
a seis ringlones míos ciento ajenos;

---

166   *motilón:* "El Religioso lego. Llamóse así por tener cor-
tado el pelo en redondo." *Dicc. de Auts.*
185   La primera parte de las *Comedias* de Lope se imprimió
en Zaragoza en 1604, por Angelo Tavano. Lleva la 'licencia'
de 15 de octubre de 1603. (También se imprime en el mismo
año en Valencia, Valladolid y Madrid.)

porque al representante que los goza,
el otro que le envidia, y a quien dañan,
los hurta, los compone y los destroza.

Veréis tanto coplón, que aun los extrañan   190
los que menos entienden y que dicen
que sólo con mi nombre los engañan.

¿No os admira de ver que descuarticen
mis pobres musas, mis pesados versos,
y que de la opinión los autoricen?   195

Los versos pervertidos son perversos;
así veréis algunos que solían
escucharse por cándidos y tersos.

No sé con qué conciencia los ponían
en la estampa estos hombres que en España   200
de mi opinión sus ignorancias fían.

¿Qué mezcla de Segovia o tiritaña
ha tenido más listas y colores?
¿Qué ambiguo tornasol que al sol engaña?

Pues si tienen allí tantos autores,   205
versos y pasos, no las llamen mías,
y impriman norabuena sus errores.

¿Para qué me he cansado tantos días,
si tienen este fruto mis trabajos?
En pobre mesa, ¿qué queréis, arpías?   210

202 *mezcla de Segovia,* tela de Segovia; *tiritaña,* tela endeble
de seda.
210 Alude al mito de las arpías o harpyas, monstruos que
causaban el hambre por todas partes por donde pasaban porque robaban los manjares de la mesa, y despedían un olor tan
pestilente que nadie podía acercarse a lo que dejaban.

Musas, ¿qué importan los honestos bajos,
entoldados de medias y chapines,
si os descubren juanetes y zancajos?

¿De qué sirven los verdes faldellines,
si el vulgo por los lodos os arrastra?   215
Hermosos pies, ¿por qué sufrís botines?

Dejemos que Madrid fue mi madrastra;
¿qué hice al extranjero, qué le debo,
que tantas naves con mis versos lastra?

Si pasa a Italia este librazo nuevo,   220
decildes la verdad, Gaspar amigo;
desengañad a Italia, Barrionuevo,

mientras que llega el fiador que obligo
de [la] *Jerusalén,* de aquel poema
que escribo, imito y con rigor castigo.   225

Mas ¿qué diréis también, mudando el tema,
de otras persecuciones y desdichas,
que fuera harto mejor cerrar con nema?

No sólo mis comedias son salchichas
embutidas de carnes diferentes,   230
ya impresas en papel, ya en teatros dichas,

pero veréisme entre diversas gentes
ya por archipoeta coronado
con hojas de laurel resplandecientes,

ya de otros con espinos laureado.   235
Pobre nací: bien hayan mis mayores;
decinueve castillos me han honrado.

212 *entoldado,* engreído, desvanecido.
228 *nema,* el cierre o sello de una carta.
237 Aquellas famosas diecinueve torres de que se burló Góngora en su célebre soneto "Por tu vida, Lopillo, que me borres
/ las diecinueve torres de el escudo..." (Millé, p. 552).

Apenas el mozuelo entre las flores
de sus años escribe a su Teresa
dos coplas que agradezcan sus favores,   240

cuando como al alano que a hacer presa
en los bueyes le enseña el carnicero,
las humildes orejas me atraviesa.

No se tiene por hombre el que primero
no escribe contra Lope sonetadas,   245
como quien tira al blanco de terrero.

Necios, no soy pared; si en las borradas
caber pueden de nuevo otros renglones,
éstas ya están del tiempo derribadas.

¿Soy yo vuestro zaguán, negros carbones?   250
¿Soy yo vuestro estafermo? ¿Es mi tarjeta
la obligada de tantos encontrones?

Luego se canoniza de poeta,
y a las musas del monte cabalino
despacha por el grado la estafeta,   255

246 *terrero*, objeto o blanco que se pone para tirar a él.
(Lope parecer aludir a ciertos sonetos, muy crueles, que apa-
recieron por Sevilla, uno de los cuales comenzaba: "—Lope
dicen que vino. —No es posible." Véase F. Rodríguez Marín,
"Lope de Vega y Camila Lucinda", *Boletín de la Real Academia Española*, I [1914], pp. 258 y ss.)
247 Alude Lope a las inscripciones o letreros infamantes que
se ponían en las paredes.
251 *estafermo:* "Es una figura de un hombre armado, que tiene embrazado un escudo en la mano izquierda y en la derecha
una correa con unas bolas pendientes o unas bexigas hinchadas;
está espetado en un mástil, de manera que se anda y buelve a
la redonda. Pónenle en medio de una carrera, y vienen a encontrarle con la lanza en ristre, y dándole en el escudo le hazen
bolver y sacude al que pasa un golpe con lo que tiene en la
mano derecha, con que da que reyr a los que miran. Algunas
veces suele ser hombre que se alquila para aquello." Covarrubias, *Tes. Tarjeta*, aquí vale por escudo.

cualquiera que ha enseñado a su vecino
el sonetazo escrito contra Lope,
y es discreto del conde palatino.

Éstos sí que caminan al galope
en el pobre Pegaso, y a las Musas   260
les dan sus calabazas en arrope.

Mirad, Gaspar, si vivirán confusas,
enseñadas a néctar, en conserva
y agua de fugitivas Aretusas.

Piensa esta pobre y mísera caterva   265
que leo yo sus sátiras. ¡Qué engaño!
Bien sé el aljaba sin tocar la hierba.

Y si quisiera hablar, ¿quién hay que al baño
vaya tan blanco, que desnudo diga
"Bien limpio estoy"? Y es todo mancha el paño.   270

Difícil es de ver la propia viga;
yo sé quien se pusiera colorado:
la paciencia ofendida a mucho obliga.

Otros hay de blasón más levantado,
que piensan que burlándose de todo,   275
su ingenio ha de quedar calificado;

y no imaginan que del propio modo
se burla dellos el mayor amigo
cuando tuercen la boca y dan del codo.

264 *Aretusa*, ninfa enamorada de Alfeo que fue convertida
en fuente.
267 *aljaba* alude a la frase "Bien se conoce de qué aljaba
salen las flechas". "Frase que usamos quando se infiere con
fundamentos antecedentes qué persona o personas hacen malos oficios u escriben contra otra, aunque no se manifiesten
ellas." *Dicc. de Auts. Hierba*, creo que funciona aquí con la
significación de 'veneno', muy común en la Edad de Oro.

Yo por la menos desta gente digo   280
que malquistarse por hinchado un hombre,
es de los hombres el mayor castigo.

Singularizan gusto, pero el nombre
bien sabe Dios la autoridad que pierde,
aunque a ignorantes esta treta asombre.   285

¿De qué sirve que el otro rozaverde,
por ser gigante imite al ratoncillo,
que no llega a papel que no le muerde?

Acuérdome que escribe Lazarillo
(que en tal carta están bien tales autores) 290
que su madre, advertid, parió un negrillo;

y como el padre entrase a hacerle amores,
viéndole negro el que también lo era,
siendo una sangre y unas las colores,

cuenta que se espantaba de manera   295
que lloraba y decía: "Madre, ¡coco!",
como si de alemán nacido hubiera.

Cuántos, por no se ver, tienen en poco
(¡oh cuánto lisonjea el propio espejo!)
al que en su idea les parece loco.   300

Murmura al elefante el vil conejo,
y el negro cuervo al ruiseñor süave:
el conocerse es celestial consejo.

No puede ser el docto hinchado y grave,
si dice Dios que la sabiduría   305
en los humildes y pequeños cabe.

286 *rozaverde*, parece significar 'joven', 'jovenzuelo'. No figura en los diccionarios mejores.

Pues si lo que Escalígero sabía
no saben estos cónsules de Apolo,
¿qué quieren a la mísera poesía?

Tampoco es este mal que os cuento solo;   310
más plagas me persiguen de poetas
que tiene arena el Po y oro Pactolo.

Persíguenme con bocas de trompetas
mosquitos que penetran los oídos,
cantáridas asnales de mil setas;   315

pulgas, chinches, ratones atrevidos,
y ranas semisapos barrigonas;
que no hay cuervos que den tantos graznidos.

¡Oh siempre archipedánticas personas,
mal gusto que se enfada de sí mismo,   320
maridos de las musas Amazonas;

centro de la ignorancia y idiotismo,
verso sexquipedal, prosa truhanesca,
de toda ceguedad confuso abismo!

¡Oh bella librería villanesca,   325
ciencia resuelta entre la carne y cuero,
que, engañabobos, moscateles pesca!

¿Podrá nadie creer que algún santero,
langosta seca en el roer y el talle,
quiera ser juntamente Roma y Nero?   330

---

307 José Julio Escalígero (1540-1609), hijo del notable humanista Julio César, autor de numerosas obras de gran saber,
muy leído y citado en toda Europa.
315 *cantárida,* insecto coleóptero, de color verde oscuro bri-
llante, que vive en las ramas de los tilos y fresnos.
327 *moscatel,* aquí 'ingenuo', 'bobo'.

¡Oh bendito silencio! Como calle
por su propia virtud, Gaspar, un hombre,
no hay bajo en todo el mar adonde encalle.

Si hablando mal se adquiere fama y nombre,
sean famosos, viva yo sin fama					335
donde jamás de mi temor me asombre.

Duerma seguro en mi aposento y cama;
que nunca de esos locos disparates
a poeta se dio laurel sin rama.

Mucho descubre el oro los quilates					340
con la paciencia, raro don del cielo;
séanse chiles, vos y yo tomates.

En honrar los ingenios me desvelo;
esto veréis en todos mis escritos
con pura voluntad, con limpio celo.					345

¿Qué me queréis, poéticos mosquitos,
que por ser cantidad sois enojosos?
¿Soy Faraón? Mis versos, ¿son Egitos?

Imitad a los picos generosos
de las águilas altas levantadas,					350
opuestas a los rayos poderosos.

Gaspar, pues, que tenéis desocupadas
tantas horas allá, ¿con qué conciencia
dos cartas escribís, y ésas cifradas?

Cuando vos me dejastes en Valencia,					355
y con el Conde a Vinaroz os fuistes,
mejor trataba yo de vuestra ausencia.

---

342   *chile*, el ají, una especie de pimiento.

Si alguna cosa fúnebre escribistes
al tránsito fatal de tres Ulloas,
tan dignos de dolor y versos tristes,   360

luego me la enviad, pues hay canoas,
barcos, esquifes, góndolas, tartanas
y os llevarán granadas y zamboas.

Mariana y Angelilla mil mañanas
se acuerdan de Hametillo, que a la tienda   365
las llevaba por chochos y avellanas;

y Lucinda os suplica no se venda
sin que primero la aviséis del precio.
Quedaos con Dios, Gaspar, y nos os ofenda
este discurso tan prolijo y necio.   370

359   Parece referirse Lope a los tres hermanos Ulloa, Alonso,
Juan y Pedro, esforzados capitanes de la época de Felipe II,
que murieron muy ancianos por esos años.
362   *tartana,* embarcación menor, dedicada especialmente a la
pesca.
363   *zamboa,* como 'asamboa', fruto parecido a la cidra.
364   Mariana y Angelilla eran hijas de Lope y Micaela de
Luján.
365   *Hametillo,* quizá un esclavito de don Gaspar.

PASTORES DE BELÉN

77

Nace el alba María
y el sol tras ella,
desterrando la noche
de nuestras penas.

Nace el alba clara,   5
la noche pisa,
del cielo la risa
su paz declara;
el tiempo se para
por solo vella,   10
desterrando la noche
de nuestras penas.

Para ser Señora
del cielo, levanta
esta niña santa   15
su luz como aurora;
él canta, ella llora
divinas perlas,
desterrando la noche
de nuestras penas.   20

77 *Pastores de Belén. Prosas y versos divinos de Lope de Vega Carpio. Dirigidos a Carlos Félix, su hijo. Año 1612. Con licencia del Ordinario. En Madrid, por Juan de la Cuesta.* Pero los traslado de las *Obras sueltas,* XVI, Madrid (1778), pp. 27, 271, 273, 274, 288, 331 y 340.

Aquella luz pura
del sol procede,
porque cuanto puede,
le da hermosura:
el alba asegura   25
que viene cerca,
desterrando la noche
de nuestras penas.

78

Las pajas del pesebre,
niño de Belén,
hoy son flores y rosas,
mañana serán hiel.

Lloráis entre las pajas   5
de frío que tenéis,
hermoso niño mío,
y de calor también.
Dormid, cordero santo;
mi vida, no lloréis,   10
que si os escucha el lobo,
vendrá por vos, mi bien.
Dormid entre las pajas,
que aunque frías las veis,
hoy son flores y rosas,   15
mañana serán hiel.

Las que para abrigaros
tan blandas hoy se ven
serán mañana espinas
en corona cruel.   20

1-4 Lope se apoya en la conocida canción de "Las flores
del romero, / niña Isabel...", tan glosada en la poesía de los
siglos XVI y XVII.

   Mas no quiero deciros,
aunque vos lo sabéis,
palabras de pesar
en días de placer.
   Que aunque tan grandes deudas   25
en pajas las cobréis,
hoy son flores y rosas,
mañana serán hiel.

   Dejad el tierno llanto,
divino Emanüel,   30
que perlas entre pajas
se pierden sin por qué.
   No piense vuestra madre
que ya Jerusalén
previene sus dolores,   35
y llore con Joseph.
   Que aunque pajas no sean
corona para Rey,
hoy son flores y rosas,
mañana serán hiel.   40

79

   A mi niño combaten
fuegos y hielos;
sólo amor padeciera
tan gran tormento.

   Del amor el fuego   5
y del tiempo el frío
al dulce amor mío
quitan el sosiego;
digo, cuando llego
a verle riendo,   10
"sólo amor padeciera
tan gran tormento."

Helarse algún pecho,
y el alma abrasarse,
sólo puede hallarse   15
que amor lo haya hecho.
Niño satisfecho
de fuego y hielo,
sólo amor padeciera
tan gran tormento.   20

80

Hoy al hielo nace
en Belén mi Dios;
cántale su madre,
y él llora de amor.

Aquel verbo santo,   5
luz y resplandor
de su Padre eterno,
que es quien le engendró,
en la tierra nace
por los hombres hoy;   10
cántale su madre,
y él llora de amor.

Como fue su madre
de tal perfección,
un precioso nácar   15
sólo abierto al sol,
las que llora el niño,
finas perlas son;
cántale su madre,
y él llora de amor.   20

"No lloréis, mi vida,
que me dais pasión",
le dice la Niña
que al niño parió.

Témplanse los aires   25
a su dulce voz,
cántale su madre,
y él llora de amor.

81

De una Virgen hermosa
celos tiene el sol,
porque vio en sus brazos
otro sol mayor.

Cuando del Oriente   5
salió el sol dorado,
y otro sol helado
miró tan ardiente,
quitó de la frente
la corona bella,   10
y a los pies de la estrella
su lumbre adoró,
porque vio en sus brazos
otro sol mayor.

"Hermosa María,   15
dice el sol vencido,
de vos ha nacido
el sol que podía
dar al mundo el día
que ha deseado."   20
Esto dijo humillado
a María el sol,
porque vio en sus brazos
otro sol mayor.

82

Zagalejo de perlas,
hijo del Alba,
¿dónde vais, que hace frío,
tan de mañana?

Como sois lucero   5
del alma mía,
al traer el día
nacéis primero;
pastor y cordero
sin choza y lana,   10
¿dónde vais, que hace frío,
tan de mañana?

Perlas en los ojos,
risa en la boca,
las almas provoca   15
a placer y enojos;
cabellitos rojos,
boca de grana,
¿dónde vais, que hace frío,
tan de mañana?   20

Que tenéis que hacer,
pastorcico santo,
madrugando tanto
lo dais a entender;
aunque vais a ver   25
disfrazado al alma,
¿dónde vais, que hace frío,
tan de mañana?

83

La Niña, a quien dijo el Ángel
que estaba de gracia llena,
cuando de ser de Dios madre
le trujo tan altas nuevas,
    ya le mira en un pesebre,   5
llorando lágrimas tiernas,
que obligándose a ser hombre,
también se obliga a sus penas.
    "¿Qué tenéis, dulce Jesús?,
le dice la Niña bella;   10
¿tan presto sentís, mis ojos,
el dolor de mi pobreza?
    "Yo no tengo otros palacios
en que recibiros pueda,
sino mis brazos y pechos,   15
que os regalan y sustentan.
    "No puedo más, amor mío,
porque si yo más pudiera,
vos sabéis que vuestros cielos
envidiaran mi riqueza."   20
    El niño recién nacido
no mueve la pura lengua,
aunque es la sabiduría
de su eterno Padre inmensa.
    Mas revelándole al alma   25
de la Virgen la respuesta,
cubrió de sueño en sus brazos
blandamente sus estrellas.
    Ella entonces desatando
la voz regalada y tierna,   30
así tuvo a su armonía
la de los cielos suspensa:
    Pues andáis en las palmas,
Ángeles santos,
que se duerme mi niño,   35
tened los ramos.

Palmas de Belén,
que mueven airados
los furiosos vientos,
que suenan tanto,   40
no le hagáis ruido,
corred más paso,
que se duerme mi niño,
tened los ramos.

El niño divino,   45
que está cansado
de llorar en la tierra
por su descanso,
sosegar quiere un poco
del tierno llanto,   50
que se duerme mi niño,
tened los ramos.

Rigurosos hielos
le están cercando,
ya veis que no tengo   55
con que guardarlo;
Ángeles divinos,
que vais volando,
que se duerme mi niño,
tened los ramos.   60

84

A LAS LETRAS

Letras del alma, espejo cristalino,
retrato natural, clara memoria,
a quien rinden los tiempos su victoria;
del muerto lengua y voz del peregrino;

a vos os debe con laurel divino 5
el linaje mortal la inmortal gloria
que dan las ciencias y la eterna historia
que a la perpetuidad halló camino.

Si a César, si a Alejandro hacéis famoso,
hoy a vuestros pacíficos efetos 10
rindan las armas su valor fogoso.

Pues por vosotras tienen los defetos
castigo y las virtudes premio honroso,
vida el ingenio y alma los concetos.

SOLILOQUIOS

85

Dulce Jesús de mi vida,
¡qué dije!, esperá, no os vais:
que no es bien que vos seáis
de una vida tan perdida.

Pero si no sois de mí,   5
yo, mi Jesús, soy de vos,
porque quiero hallar en Dios
esto que sin Dios perdí.

Mas ya vuelvo a suplicaros
que de mi vida seáis   10
que si vos no me la dais,
no tendré vida que daros.

---

85 *Cuatro soliloquios de Lope de Vega Carpio; llanto y lágrimas
que hizo arrodillado delante de un crucifijo, pidiendo a Dios
perdón de sus pecados, después de haber recibido el hábito de
la Tercera Orden de Penitencia del seráfico Francisco. Es obra
importantísima para cualquier pecador que quiera apartarse
de sus vicios y comenzar vida nueva.* Con licencia, en Valladolid, por Francisco Abarca de Angulo, 1612. Yo me sirvo de la
edición de *Obras sueltas,* XIII, pp. 471 y ss.
2 *vais,* vayais, como en la p. 92.

Deseo daros mi vida,
y sin vos no es daros nada,
porque con vos va ganada,   15
cuanto sin vos va perdida.

Muérome de puro amor
por llamaros vida mía:
que la que sin vos perdía,
ya no la tengo, Señor.   20

Pues vuestra piedad me adiestra
como a oveja reducida,
quiero llamaros mi vida,
aunque he sido muerte vuestra.

Vida mía, en este día   25
me habréis de hacer un favor;
¡oh, qué bien me va, Señor,
con llamaros vida mía!

Luego que vida os llamé,
a pediros me atreví,   30
porque el regalo sentí
que en vuestros brazos hallé.

Y es que jamás permitáis
que otra vida sin vos tenga:
que no es bien que a vivir venga   35
vida donde vos no estáis.

¡Ay Jesús! ¿Cómo viví
sólo un momento sin vos?
Porque si la vida es Dios,
¿qué vida quedaba en mí?   40

¡Qué cosas tuve por vida
tan miserables y tristes!
¿Es posible que pudistes
sufrir cosa tan perdida?

Pero sospecho, mi Dios,   45
que fue permitirlo así,
para que viesen en mí
qué sufrimiento hay en vos.

Pero no lo habéis perdido,
¡oh soberana piedad!,   50
pues conozco mi maldad
por lo que me habéis sufrido.

Porque sé de aquel vivir;
como si Dios no tuviera:
que quien menos que Dios fuera   55
no me pudiera sufrir.

¡Qué de veces os negué
por confesar mi locura
a la fingida hermosura,
donde no hay verdad ni fe!   60

Si la vuestra en la cruz viera,
¡ay Dios y cuánto os amara!
¡Qué de lágrimas llorara,
qué de amores os dijera!

No sé, mi bien, qué os tenéis,   65
que todo me enamoráis,
o es que, como abierto estáis,
mostráis lo que me queréis.

Amenazado de vos,
parece que no os temí,   70
y lleno de sangre sí;
decid, ¿qué es esto, mi Dios?

¡Oh qué divinos colores
os hace esa sangre fría!
¡Oh cómo estáis, vida mía,   75
para deciros amores!

Pero ya que me provoco
en veros con tal dolor,
harto os he dicho, Señor;
dejadme llorar un poco. 80

RIMAS SACRAS

86

Cuando me paro a contemplar mi estado,
y a ver los pasos por donde he venido,
me espanto de que un hombre tan perdido
a conocer su error haya llegado.

Cuando miro los años que he pasado,   5
la divina razón puesta en olvido,
conozco que piedad del cielo ha sido
no haberme en tanto mal precipitado.

Entré por laberinto tan extraño,
fiando al débil hilo de la vida   10
el tarde conocido desengaño;

86 *Rimas sacras. Primera parte. De Lope de Vega Carpio, Clerigo
presbytero. Dirigidas al Padre Fray Martin de san Cirilo Religioso descalco* [sic] *de nuestra Señora del Carmen: Año IHS
1614. Con priuilegio de Castilla y Aragon. Por la viuda de
Alonso Martin. A costa de Alonso Pérez mercader de libros.*
Me sirvo de mi edición en *Lope de Vega, Obras poéticas,* I
(Barcelona, Planeta, 1969).
1 Es el conocido verso del soneto I de Garcilaso. Para la
fortuna de este soneto, véase E. Glaser "Cuando me paro a
contemplar mi estado. Trayectoria de un Rechenschaftssonet"
en *Estudios hispano-portugueses* (Valencia, 1957), pp. 59-95.

193

mas de tu luz mi escuridad vencida,
el monstro muerto de mi ciego engaño,
vuelve a la patria la razón perdida.

87

III

Entro en mí mismo para verme, y dentro
hallo, ¡ay de mí!, con la razón postrada
una loca república alterada,
tanto que apenas los umbrales entro.

Al apetito sensitivo encuentro,   5
de quien la voluntad mal respetada
se queja al cielo, y de su fuerza armada
conduce el alma al verdadero centro.

La virtud, como el arte, hallarse suele
cerca de lo difícil, y así pienso   10
que el cuerpo en el castigo se desvele.

Muera el ardor del apetito intenso,
porque la voluntad al centro vuele,
capaz potencia de su bien inmenso.

88

IV

Si desde que nací, cuanto he pensado,
cuanto he solicitado y pretendido
ha sido vanidad, y sombra ha sido,
de locas esperanzas engañado;

si no tengo de todo lo pasado   5
presente más que el tiempo que he perdido,
vanamente he cansado mi sentido,
y torres en el viento fabricado.

¡Cuán engañada el alma presumía
que su capacidad pudiera hartarse   10
con lo que el bien mortal le prometía!

Era su esfera Dios para quietarse,
y como fuera dél lo pretendía,
no pudo hasta tenerle sosegarse.

89

V

¿Qué ceguedad me trujo a tantos daños?
¿Por dónde me llevaron desvaríos,
que no traté mis años como míos,
y traté como propios sus engaños?

¡Oh puerto de mis blancos desengaños,   5
por donde ya mis juveniles bríos
pasaron como el curso de los ríos,
que no los vuel[v]e atrás el de los años!

Hicieron fin mis locos pensamientos,
acomodóse al tiempo la edad mía,   10
por ventura en ajenos escarmientos.

Que no temer el fin no es valentía,
donde acaban los gustos en tormentos,
y el curso de los años en un día.

90

X

¿Será bien aguardar, cuerpo indiscreto,
al tiempo que, perdidos los sentidos,
escuchen, y no entiendan, los oidos,
por la flaqueza extrema del sujeto?

¿Será bien aguardar a tanto aprieto,   5
que ya los tenga el final hielo asidos,
o en la vana esperanza divertidos,
que no siendo virtud no tiene efeto?

¿Querrá el jüez entonces ser piadoso?
¿Admitirá la apelación, si tiene   10
tan justas quejas, y es tan poderoso?

Oh vida, no aguardéis que el curso enfrene
el paso de la muerte riguroso:
que no es consejo el que tan tarde viene.

91

XII

Si es el instante fin de lo presente,
y principio también de lo futuro,
y en un instante al riguroso y duro
golpe tengo de ver la vida ausente,

¿adónde voy con paso diligente?   5
¿Qué intento? ¿Qué pretendo? ¿Qué procuro?
¿Sobre qué privilegios aseguro
esto que ha de vivir eternamente?

No es bien decir que el tiempo que ha pasado
es el mejor, que la opinión condeno   10
de aquellos ciegos de quien es culpado.

Ya queda el que pasó por tiempo ajeno,
haciéndole dichoso o desdichado,
los vicios malo, y las virtudes bueno.

92

XIV

Pastor que con tus silbos amorosos
me despertaste del profundo sueño,
Tú, que hiciste cayado de ese leño,
en que tiendes los brazos poderosos,

vuelve los ojos a mi fe piadosos,   5
pues te confieso por mi amor y dueño,
y la palabra de seguirte empeño
tus dulces silbos y tus pies hermosos.

Oye, pastor, pues por amores mueres,
no te espante el rigor de mis pecados,   10
pues tan amigo de rendidos eres.

Espera, pues, y escucha mis cuidados;
¿pero cómo te digo que me esperes,
si estás para esperar los pies clavados?

93

XVI

Muere la vida, y vivo yo sin vida,
ofendiendo la vida de mi muerte.
Sangre divina de las venas vierte,
y mi diamante su dureza olvida.

Está la majestad de Dios tendida   5
en una dura cruz, y yo de suerte
que soy de sus dolores el más fuerte,
y de su cuerpo la mayor herida.

¡Oh duro corazón de mármol frío!,
¿tiene tu Dios abierto el lado izquierdo,   10
y no te vuelves un copioso río?

Morir por él será divino acuerdo;
mas eres tú mi vida, Cristo mío,
y como no la tengo, no la pierdo.

94

XVIII

¿Qué tengo yo, que mi amistad procuras?
¿Qué interés se te sigue, Jesús mío,
que a mi puerta cubierto de rocío
pasas las noches del invierno escuras?

¡Oh cuánto fueron mis entrañas duras,   5
pues no te abrí! ¡Qué extraño desvarío,
si de mi ingratitud el hielo frío
secó las llagas de tus plantas puras!

¡Cuántas veces el Ángel me decía:
"Alma, asómate agora a la ventana,   10
verás con cuánto amor llamar porfía!"

¡Y cuántas, hermosura soberana,
"Mañana le abriremos", respondía,
para lo mismo responder mañana!

---

94 13 Compárese con el poema 110, donde se desarrolla o glosa
esta idea de San Agustín (*Confesiones,* VIII, 12).

95

XX

La lengua del amor, a quien no sabe
lo que es amor, ¡qué bárbara parece!;
pues como por instantes enmudece,
tiene pausas de música süave.

Tal vez suspensa, tal aguda y grave,   5
rotos conceptos al amante ofrece;
aguarda los compases que padece,
porque la causa su destreza alabe.

¡Oh dulcísimo bien, que al bien me guía!,
¿con qué lengua os diré mi sentimiento,   10
ya que tengo de hablaros osadía?

Mas si es de los conceptos instrumento,
¿qué importa que calléis, oh lengua mía,
pues que vos penetráis mi pensamiento?

96

XXII

Yo dormiré en el polvo, y si mañana
me buscares, Señor, será posible
no hallar en el estado convenible
para tu forma la materia humana.

Imprime agora, ¡oh fuerza soberana!,   5
tus efetos en mí, que es imposible
conservarse mi ser incorruptible,
viento, humo, polvo y esperanza vana.

  Bien sé que he de vestirme el postrer día
otra vez estos huesos, y que verte					10
mis ojos tienen y esta carne mía.

  Esta esperanza vive en mí tan fuerte,
que con ella no más tengo alegría
en las tristes memorias de la muerte.

97

XXIX

  Luz de mis ojos, yo juré que había
de celebrar una mortal belleza,
que de mi verde edad la fortaleza
como enlazada yedra consumía.

  Si me ha pesado, y si llorar querría					5
lo que canté con inmortal tristeza,
y si la que tenéis en la cabeza
corona agora de laurel la mía,

  Vos lo sabéis, a quien está presente
el más oculto pensamiento humano,					10
y que desde hoy, con nuevo celo ardiente,

  cantaré vuestro nombre soberano,
que a la hermosura vuestra eternamente
consagro pluma y voz, ingenio y mano.

98

XXXI

  Yo me muero de amor —que no sabía,
aunque diestro en amar cosas del suelo—;
que no pensaba yo que amor del cielo
con tal rigor las almas encendía.

Si llama la mortal filosofía   5
deseo de hermosura a amor, recelo
que con mayores ansias me desvelo,
cuanto es más alta la belleza mía.

Amé en la tierra vil, ¡qué necio amante!
¡Oh luz del alma, habiendo de buscaros,   10
qué tiempo que perdí como ignorante!

Mas yo os prometo agora de pagaros
con mil siglos de amor cualquiera instante
que, por amarme a mí, dejé de amaros.

99

A UNA ROSA

SONETO

XXXVII

¡Con qué artificio tan divino sales
de esa camisa de esmeralda fina,
oh rosa celestial alejandrina,
coronada de granos orientales!

Ya en rubíes te enciendes, ya en corales,   5
ya tu color a púrpura se inclina,
sentada en esa basa peregrina
que forman cinco puntas desiguales.

Bien haya tu divino autor, pues mueves
a su contemplación el pensamiento   10
y aun a pensar en nuestros años breves.

Así la verde edad se esparce al viento,
y así las esperanzas son aleves
que tienen en la tierra el fundamento.

100

XXXVIII

Adonde quiera que su luz aplican,
hallan, Señor, mis ojos tu grandeza:
si miran de los cielos la belleza,
con voz eterna tu deidad publican;

si a la tierra se bajan, y se implican   5
en tanta variedad, Naturaleza
les muestra tu poder con la destreza
que sus diversidades significan;

si al mar, Señor, o al aire, meditando
aves y peces, todo está diciendo   10
que es Dios su autor, a quien está adorando.

Ni hay tan bárbaro antípoda que, viendo
tanta belleza, no te esté alabando:
yo solo, conociéndola, te ofendo.

101

A UNA CALAVERA

SONETO

XLIII

Esta cabeza, cuando viva, tuvo
sobre la arquitectura destos huesos
carne y cabellos, por quien fueron presos
los ojos que, mirándola, detuvo.

Aquí la rosa de la boca estuvo,   5
marchita ya con tan helados besos;
aquí los ojos de esmeralda impresos,
color que tantas almas entretuvo.

Aquí la estimativa en que tenía
el principio de todo el movimiento,   10
aquí de las potencias la armonía.

¡Oh hermosura mortal, cometa al viento!,
¿donde tan alta presunción vivía
desprecian los gusanos aposento?

102

XLIV

Cuando lo que he de ser me considero,
¿cómo de mi bajeza me levanto?
Y si de imaginarme tal me espanto,
¿por qué me desvanezco y me prefiero?

¿Qué solicito, qué pretendo y quiero,   5
siendo guerra el vivir y el nacer llanto?
¿Por qué este polvo vil estimo en tanto,
si dél tan presto dividirme espero?

Si en casa que se deja, nadie gasta,
pues pierde lo que en ella se reparte,   10
¿qué loco engaño mi quietud contrasta?

Vida breve y mortal, dejad el arte:
que a quien se ha de partir tan presto, basta
lo necesario, en tanto que se parte.

---

101 9 *estimativa:* "La facultad y potencia para hacer juicio y
formar concepto de las cosas." *Dicc. de Auts.*

103

XLVI

No sabe qué es amor quien no te ama,
celestial hermosura, esposo bello;
tu cabeza es de oro, y tu cabello
como el cogollo que la palma enrama.

Tu boca como lirio que derrama   5
licor al alba; de marfil tu cuello;
tu mano el torno y en su palma el sello
que el alma por disfraz jacintos llama.

¡Ay Dios!, ¿en qué pensé cuando, dejando
tanta belleza y las mortales viendo,   10
perdí lo que pudiera estar gozando?

Mas si del tiempo que perdí me ofendo,
tal prisa me daré, que un hora amando
venza los años que pasé fingiendo.

104

XLVIII

Hombre mortal mis padres me engendraron,
aire común y luz los cielos dieron,
y mi primera voz lágrimas fueron,
que así los reyes en el mundo entraron.

La tierra y la miseria me abrazaron,   5
paños, no piel o pluma, me envolvieron;
por huésped de la vida me escribieron
y las horas y pasos me contaron.

Así voy prosiguiendo la jornada,
a la inmortalidad el alma asida: 10
que el cuerpo es nada, y no pretende nada.

Un principio y un fin tiene la vida;
porque de todos es igual la entrada,
y conforme a la entrada la salida.

105

Ven, muerte, tan escondida,
que no te sienta venir,
porque el placer del morir
no me vuelva a dar la vida.

GLOSA

Muerte, si mi esposo muerto,   5
no eres Muerte, sino muerta;
abrevia tu paso incierto,
pues de su gloria eres puerta
y de mi vida eres puerto.
Descubriendo tu venida,   10
y encubriendo el rigor fuerte
como quien viene a dar vida,
aunque disfrazada en muerte,
ven, muerte, tan escondida.

En Cristo mi vida veo,   15
y mi muerte en tu tardanza;
ya desatarme deseo,
y de la fe y esperanza
hacer el último empleo.
Si hay en mí para morir,   20
algo natural, oh muerte,
difícil de dividir,
entra por mi amor de suerte
que no te sienta venir.

1-4   Como es harto sabido, estos versos son de Santa Teresa,
aunque también es cierto que proceden de otros del Comendador Escrivá.

Y si preguntarme quieres,   25
muerte perezosa y larga,
porque para mí lo eres,
pues con tu memoria amarga
tantos disgustos adquieres,
ven presto, que con venir   30
el porqué podrás saber,
y vendrá a ser al partir,
pues el morir es placer,
porque el placer del morir.

Y es este placer de suerte,   35
que temo, muerte, que allí
la alargue otra vida el verte,
porque serás muerte en mí,
si eres vida por ser muerte.
Mas, mi Dios, si desasida   40
vuelo destos lazos fuertes,
ver la esperanza cumplida
vuélvame a dar muchas muertes,
no me vuelva a dar la vida.

106

AL PONERLE EN LA CRUZ

ROMANCE

En tanto que el hoyo cavan,
a donde la cruz asienten,
en que el Cordero levanten
figurado por la sierpe,

aquella ropa inconsútil,   5
que de Nazareth ausente
labró la hermosa María
después de su parto, alegre,

de sus delicadas carnes
quitan con manos aleves 10
los camareros que tuvo
Cristo al tiempo de su muerte.

No bajan a desnudarle
los espíritus celestes,
sino soldados, que luego 15
sobre su ropa echan suertes.

Quitáronle la corona,
y abriéronse tantas fuentes,
que todo el cuerpo divino
cubre la sangre que vierten. 20

Al despegarle la ropa
las heridas reverdecen,
pedazos de carne y sangre
salieron entre los pliegues.

Alma pegada en tus vicios, 25
si no puedes, o no quieres
despegarte tus costumbres,
piensa en esta ropa, y puede.

A la sangrienta cabeza
la dura corona vuelven, 30
que para mayor dolor
le coronaron dos veces.

Asió la soga un soldado,
tirando a Cristo de suerte,
que donde va por su gusto, 35
quiere que por fuerza llegue.

Dio Cristo en la cruz de ojos
arrojado de la gente,
que primero que la abrace,
quieren también que la bese. 40

¡Qué cama os está esperando,
mi Jesús, bien de mis bienes,
para que el cuerpo cansado
siquiera a morir se acueste!

¡Oh, qué almohada de rosas   45
las espinas os prometen!
¡Qué corredores dorados
los duros clavos crueles!

Dormid en ella, mi amor,
para que el hombre despierte,   50
aunque más dura se os haga
que en Belén entre la nieve.

Que en fin aquella tendría
abrigo de las paredes,
las tocas de vuestra Madre,   55
y el heno de aquellos bueyes.

¡Qué vergüenza le daría
al Cordero santo el verse,
siendo tan honesto y casto,
desnudo entre tanta gente!   60

¡Ay divina Madre suya!,
si agora llegáis a verle
en tan miserable estado,
¿quién ha de haber que os consuele?

Mirad, Reina de los cielos,   65
si el mismo Señor es éste,
cuyas carnes parecían
de azucenas y claveles.

Mas, ¡ay Madre de piedad!,
que sobre la cruz le tienden,   70
para tomar la medida
por donde los clavos entren.

¡Oh terrible desatino!,
medir el inmenso quieren,
pero bien cabrá en la cruz   75
el que cupo en el pesebre.

Ya Jesús está de espaldas,
y tantas penas padece,
que con ser la cruz tan dura,
ya por descanso la tiene.   80

Alma de pórfido y mármol,
mientras en tus vicios duermes,
dura cama tiene Cristo:
no te despierte la muerte.

107

A CRISTO EN LA CRUZ

ROMANCE

¿Quién es aquel Caballero
herido por tantas partes,
que está de expirar tan cerca,
y no le socorre nadie?

"Jesús Nazareno" dice
aquel rétulo notable.
¡Ay Dios, que tan dulce nombre
no promete muerte infame!

Después del nombre y la patria,
Rey dice más adelante;   10
pues si es rey, ¿cuándo de espinas
han usado coronarse?

Dos cetros tiene en las manos,
mas nunca he visto que claven
a los reyes con los cetros   15
los vasallos desleales.

Unos dicen que si es rey,
de la cruz decienda y baje;
y otros que salvando a muchos,
a sí no pudo salvarse.   20

De luto se cubre el cielo,
y el sol de sangriento esmalte,
o padece Dios, o el mundo
se disuelve y se deshace.

Al pie de la cruz, María   25
está en el dolor constante,
mirando al sol que se pone
entre arreboles de sangre.

Con ella su amado primo
haciendo sus ojos mares;　　　　　　　30
Cristo los pone en los dos,
más tierno porque se parte.

¡Oh lo que sienten los tres!
Juan, como primo y amante,
como madre la de Dios,　　　　　　　35
que lo que Dios, Dios lo sabe.

Alma, mirad cómo Cristo,
para partirse a su Padre,
viendo que a su Madre deja,
le dice palabras tales:　　　　　　　40

Mujer, ves ahí tu hijo
y a Juan: *Ves ahí tu Madre.*
Juan queda en lugar de Cristo:
¡ay Dios, qué favor tan grande!

Viendo, pues, Jesús que todo　　　45
ya comenzaba a acabarse,
Sed tengo, dijo, que tiene
sed de que el hombre se salve.

Corrió un hombre y puso luego
a sus labios celestiales　　　　　　　50
en una caña una esponja
llena de hiel y vinagre.

¿En la boca de Jesús
pones hiel? Hombre, ¿qué haces?
Mira que por ese cielo　　　　　　　55
de Dios las palabras salen.

Advierte que en ella puso
con sus pechos virginales
un ave su blanca leche
a cuya dulzura sabe.　　　　　　　60

Alma, sus labios divinos,
cuando vamos a rogarle,
¿cómo con vinagre y hiel
darán respuesta süave?

Llegad a la Virgen bella 65
y decilde con el ángel:
"Ave, quitad su amargura,
pues que de gracia sois ave."

Sepa al vientre el fruto santo,
y a la dulce palma el dátil; 70
si tiene el alma a la puerta,
no tengan hiel los umbrales.

Y si dais leche a Bernardo,
porque de madre os alabe,
mejor Jesús la merece, 75
pues Madre de Dios os hace.

Dulcísimo Cristo mío,
aunque esos labios se bañen
en hiel de mis graves culpas,
Dios sois, como Dios habladme. 80

Habladme, dulce Jesús,
antes que la lengua os falte,
no os deciendan de la cruz
sin hablarme y perdonarme.

108

A LA MUERTE DE CRISTO NUESTRO SEÑOR

ROMANCE

La tarde se escurecía
entre la una y las dos,
que viendo que el Sol se muere,
se vistió de luto el sol.

Tinieblas cubren los aires, 5
las piedras de en dos en dos
se rompen unas con otras,
y el pecho del hombre no.

Los ángeles de paz lloran
con tan amargo dolor,   10
que los cielos y la tierra
conocen que muere Dios.

Cuando está Cristo en la cruz
diciendo al Padre, *Señor,*
¿por qué me has desamparado?,   15
¡ay Dios qué tierna razón!,

¿qué sentiría su Madre,
cuando tal palabra oyó,
viendo que su Hijo dice
que Dios le desamparó?   20

No lloréis, Virgen piadosa,
que aunque se va vuestro amor,
antes que pasen tres días
volverá a verse con vos.

¿Pero cómo las entrañas,   25
que nueve meses vivió,
verán que corta la muerte
fruto de tal bendición?

"¡Ay Hijo!, la Virgen dice,
¿qué madre vio como yo   30
tantas espadas sangrientas
traspasar su corazón?

"¿Dónde está vuestra hermosura?
¿quién los ojos eclipsó,
donde se miraba el cielo   35
como de su mismo autor?

"Partamos, dulce Jesús,
el cáliz desta pasión,
que Vos le bebéis de sangre
y yo de pena y dolor.   40

"¿De qué me sirvió guardaros
de aquel Rey que os persiguió,
si al fin os quitan la vida
vuestros enemigos hoy?"

Esto diciendo la Virgen   45
Cristo el espíritu dio:
alma, si no eres de piedra
llora, pues la culpa soy.

109

A LA MUERTE DE CARLOS FÉLIX

Este de mis entrañas dulce fruto,
con vuestra bendición, oh Rey eterno,
ofrezco humildemente a vuestras aras;
que si es de todos el mejor tributo
un puro corazón humilde y tierno,   5
y el más precioso de las prendas caras,
no las aromas raras
entre olores fenicios
y licores sabeos,
os rinden mis deseos,   10
por menos olorosos sacrificios,
sino mi corazón, que Carlos era;
que en el que me quedó, menos os diera.

Diréis, Señor, que en daros lo que es vuestro
ninguna cosa os doy, y que querría   15
hacer virtud necesidad tan fuerte,
y que no es lo que siento lo que muestro,
pues anima su cuerpo el alma mía,
y se divide entre los dos la muerte.

---

109 Carlos Félix murió en 1612, como ya dijo en la Introducción,
   página 28. Sobre esta canción elegíaca, véase el estudio de
   Alda Croce, "La canción a la muerte de Carlos Félix, de Lope
   de Vega", en *Estudios dedicados a R. Menéndez Pidal*, IV
   (Madrid, 1953), pp. 391-404.
   9-10 Los *olores fenicios y licores sabeos* son los del árbol del
   incienso.

Confieso que de suerte   20
vive a la suya asida,
que cuanto a la vil tierra,
que el ser mortal encierra,
tuviera más contento de su vida;
mas cuanto al alma, ¿qué mayor consuelo   25
que lo que pierdo yo me gane el cielo?

   Póstrese nuestra vil naturaleza
a vuestra voluntad, imperio sumo,
autor de nuestro límite, Dios santo;
no repugne jamás nuestra bajeza,   30
sueño de sombra, polvo, viento y humo,
a lo que vos queréis, que podéis tanto;
afréntese del llanto
injusto, aunque forzoso,
aquella inferior parte   35
que a la sangre reparte
materia de dolor tan lastimoso,
porque donde es inmensa la distancia,
como no hay proporción, no hay repugnancia.

   Quiera yo lo que vos, pues no es posible   40
no ser lo que queréis, que no quiriendo,
saco mi daño a vuestra ofensa junto.
Justísimo sois vos: es imposible
dejar de ser error lo que pretendo,
pues es mi nada indivisible punto.   45
Si a los cielos pregunto
vuestra circunferencia
inmensa, incircunscrita,
pues que sólo os limita
con margen de piedad vuestra clemencia,   50

---

29 *autor de nuestro límite,* autor de nuestra vida y muerte.
38-39 Donde la distancia es grande las proporciones arquitec-
tónicas no se pueden apreciar exactamente y de aquí que no
repugnen, que no estén en contradicción con otras ya conocidas.
42 Es decir: "Saco junto a mi daño vuestra ofensa."

¡oh guarda de los hombres!, yo ¿qué puedo
adonde tiembla el serafín de miedo?

Amábaos yo, Señor, luego que abristes
mis ojos a la luz de conoceros,
y regalóme el resplandor süave.   55
Carlos fue tierra; eclipse padecistes,
divino Sol, pues me quitaba el veros,
opuesto como nube densa y grave.
Gobernaba la nave
de mi vida aquel viento   60
de vuestro auxilio santo
por el mar de mi llanto
al puerto del eterno salvamento,
y cosa indigna, navegando, fuera
que rémora tan vil me detuviera.   65

¡Oh cómo justo fue que no tuviese
mi alma impedimentos para amaros,
pues ya por culpas proprias me detengo!
¡Oh cómo justo fue que os ofreciese
este cordero yo para obligaros,   70
sin ser Abel, aunque envidiosos tengo!
Tanto, que a serlo vengo
yo mismo de mí mismo,
pues ocasión como ésta
en un alma dispuesta   75
la pudiera poner en el abismo
de la obediencia, que os agrada tanto,
cuanto por loco amor ofende el llanto.

¡Oh quién como aquel padre de las gentes,
el hijo solo en sacrificio os diera,   80
y los filos al cielo levantara!
No para que, con alas diligentes,

79 Abraham.

ministro celestial los detuviera,
y el golpe al corderillo trasladara,
mas porque calentara   85
de rojo humor la peña,
y en vez de aquel cordero,
por quien corrió el acero,
y cuya sangre humedeció la leña,
muriera el ángel, y, trocando estilo,   90
en mis entrañas comenzara el filo.

   Y vos, dichoso niño, que en siete años
que tuvistes de vida, no tuvistes
con vuestro padre inobediencia alguna,
corred con vuestro ejemplo mis engaños,   95
serenad mis paternos ojos tristes,
pues ya sois sol, donde pisáis la luna;
de la primera cuna
a la postrera cama
no distes sola un hora   100
de disgusto, y agora
parece que le dais, si así se llama
lo que es pena y dolor de parte nuestra,
pues no es la culpa, aunque es la causa, vuestra.

   Cuando tan santo os vi, cuando tan cuerdo,   105
conocí la vejez que os inclinaba
a los fríos umbrales de la muerte;
luego lloré lo que ahora gano y pierdo,
y luego dije: "Aquí la edad acaba,
porque nunca comienza desta suerte."   110
¿Quién vio rigor tan fuerte,
y de razón ajeno,
temer por bueno y santo
lo que se amaba tanto?
Mas no os temiera yo por santo y bueno,   115
si no pensara el fin que prometía,
quien sin el curso natural vivía.

Yo para vos los pajarillos nuevos,
diversos en el canto y las colores,
encerraba, gozoso de alegraros; 120
yo plantaba los fértiles renuevos
de los árboles verdes, yo las flores,
en quien mejor pudiera contemplaros,
pues a los aires claros
del alba hermosa apenas 125
salistes, Carlos mío,
bañado de rocío,
cuando, marchitas las doradas venas,
el blanco lirio convertido en hielo,
cayó en la tierra, aunque traspuesto al cielo. 130

¡Oh qué divinos pájaros agora,
Carlos, gozáis, que con pintadas alas
discurren por los campos celestiales
en el jardín eterno, que atesora
por cuadros ricos de doradas salas 135
más hermosos jacintos orientales,
adonde a los mortales
ojos la luz excede!
¡Dichoso yo, que os veo
donde está mi deseo 140
y donde no tocó pesar, ni puede;
que sólo con el bien de tal memoria
toda la pena me trocáis en gloria!

¿Qué me importara a mí que os viera puesto
a la sombra de un príncipe en la tierra, 145
pues Dios maldice a quien en ellos fía,
ni aun ser el mismo príncipe compuesto
de aquel metal del sol, del mundo guerra,
que tantas vidas consumir porfía?
La breve tiranía, 150
la mortal hermosura,
la ambición de los hombres
con títulos y nombres,
que la lisonja idolatrar procura,

al expirar la vida, ¿en qué se vuelven,   155
si al fin en el principio se resuelven?

Hijo, pues, de mis ojos, en buen hora
vais a vivir con Dios eternamente
y a gozar de la patria soberana.
¡Cuán lejos, Carlos venturoso, agora   160
de la impiedad de la ignorante gente
y los sucesos de la vida humana,
sin noche, sin mañana,
sin vejez siempre enferma,
que hasta el sueño fastidia,   165
sin que la fiera envidia
de la virtud a los umbrales duerma,
del tiempo triunfaréis, porque no alcanza
donde cierran la puerta a la esperanza!

La inteligencia que los orbes mueve   170
a la celeste máquina divina
dará mil tornos con su hermosa mano,
fuego el León, el Sagitario nieve;
y vos, mirando aquella esencia trina,
ni pasaréis invierno ni verano,   175
y desde el soberano
lugar que os ha cabido,
los bellísimos ojos,
paces de mis enojos,
humillaréis a vuestro patrio nido;   180
y si mi llanto vuestra luz divisa,
los dos claveles bañaréis en risa.

Yo os di la mejor patria que yo pude
para nacer, y agora, en vuestra muerte,
entre santos dichosa sepultura;   185
resta que vos roguéis a Dios que mude
mi sentimiento en gozo, de tal suerte,
que a pesar de la sangre que procura
cubrir de noche escura

la luz de esta memoria,   190
viváis vos en la mía;
que espero que algún día
la que me da dolor me dará gloria,
viendo al partir de aquesta tierra ajena,
que no quedáis adonde todo es pena.   195

110

AGUSTINO A DIOS

Debajo de una higuera está sentado,
los ojos hechos fuentes, Agustino,
herido el corazón de amor divino.

"¿Hasta cuándo, Señor, dice llorando,
diré 'mañana voy', pues no te sigo?   5
Que, en viéndola llegar, lo mismo digo.

"Siempre, Señor, te digo 'espera un poco',
y pasan tantos pocos cada día,
que sola tu piedad me esperaría.

"¿De qué sirven las ciencias, si nos quitan   10
mil ignorantes, sin mover los labios,
el cielo de las manos a los sabios?

"Quien no sabe seguirte no se alabe
que sabe alguna cosa en esta vida,
pues de la eterna, que eres tú, se olvida.   15

"Despiértame, Señor, de tanto olvido,
y ocupa mi memoria de manera,
que viva todo en Ti y al mundo muera.

5-6 Como ya dije en la p. 198, procede de las *Confesiones*,
VIII, 12.

"Como el herido ciervo acude al agua,
yo, herido de tu amor, a las corrientes   20
de tus divinas soberanas fuentes.

"Tarde te amé, Señor, tarde, hermosura,
que diste luz a la celeste esfera,
pues teniéndote en mí, te busqué fuera.

"Buscábate, Señor, el alma mía   25
en la hermosura humana y no te hallaba,
pues antes de la tuya me apartaba.

"Pero al fin me llamó la piedad tuya,
abriéndome los ojos tu belleza,
rompiendo a mis oídos la dureza.   30

"Tocásteme, Señor, y mi deseo
en tu amor encendiste y abrasaste,
amé tu alteza, y mi bajeza amaste.

"Herísteme, Señor, con tus saetas
y como de tu sangre están bañadas,   35
en el alma las tengo atravesadas."

Así Agustino hablaba enamorado,
y la Iglesia, escuchándole, decía:
"¡Ay si te viese en mí para luz mía!"

Cumpliéronse de entrambos los deseos,   40
pues ella dio mil glorias a Agustino,
y él [a] alumbrarla con su pluma vino.

111

CANCIÓN

Cantad, ruiseñores,
al alborada,
porque viene el Esposo
de ver al alma.

Ruiseñores bellos,   5
cuya garganta
en solfa del cielo
canta alabanzas,
    poned en el libro
de sus hazañas   10
los divinos ojos
que han visto tantas.
    Y pues conocéis
aquella serrana,
que le trae perdido   15
para ganarla,
    decid que por verla
su luz disfraza,
y toda la noche
ronda su casa.   20
    El sayo baquero
color de nácar,
rebozado lleva
de capa blanca.
    Y aunque verle deja   25
sola la capa,
con la fe le ha visto
la hermosa cara.
    Porque cuando en cuerpo
su esposo abraza,   30
le dan otros ojos
que el cielo pasan.
    Escuchad las señas,
aves sagradas,
que son en extremo   35
para contarlas.
    Cantad, ruiseñores, etc.

---

21 *sayo baquero,* vestido usado por los niños que cubría
todo el cuerpo y se cerraba por detrás con cintas.

Los cabellos de oro
parecen plata
del puro rocío   40
de la mañana,
    como clavellinas
de hojas doradas,
que al alba se bordan
de pura escarcha.   45
    Palma parecían,
y ya son zarzas,
porque suben espinos
a coronarlas.
    Su cándido rostro   50
lo rojo esmalta
como los matices
de las granadas.
    De paloma tiene
junto a las aguas   55
los ojos hermosos
que roban almas.
    Sus labios de lirio
vierten al alba
la preciosa mirra   60
de sus palabras.
    Jacintos y cielos
tienen sus palmas,
mas rotas no es mucho
que se les caiga[n].   65
    Si en este retrato
vive ocupada,
y con estas prendas
le mira y ama,
    cantad, ruiseñores, etc.   70

Amoroso Cristo
también la paga,
que deja sus cielos
para buscarla.

Y por los canceles   75
que hay en su casa,
alegre contempla
cómo le aguarda.

En humilde estrado
la ve sentada   80
entre sus doncellas
virtudes santas.

Puede entrar sin puerta,
y alegre llama,
para ver si velan   85
sus esperanzas.

Ábrele contenta
todo le abraza;
con lágrimas tiernas
los pies le lava.   90

Hace sus cabellos
blanca toalla,
mientras más los limpia,
más se los baña.

En dulces requiebros   95
la noche pasan.
¡Dichosa la prenda,
que Dios regala!

Vásele su esposo,
quiere probarla,   100
aunque más se queda,
cuando se aparta.

Cantad, ruiseñores,
al alborada,
porque viene el Esposo   105
de ver el alma.

LA FILOMENA

112

EPÍSTOLA SEGUNDA

Señor Doctor, yo tengo gran deseo
de escribiros mil cartas, si me diese
lugar la desventura en que me veo.

Que, puesto que el estilo no tuviese
aquella urbanidad, cultura y tropo   5
que a vuestro igual satisfacer pudiese,

---

112 *La Filomena con otras diuersas Rimas, Prosas, y Versos de
Lope de Vega Carpio. A la Ill.ᵐᵃ Señora Doña Leonor Pimentel* [...] *En casa de la viuda de Alonso Martin, a costa de
Alonso Pérez, 1621.* Pero los traslado de mi edición en *Lope
de Vega, Obras poéticas,* I (Barcelona, Planeta, 1969), páginas 758, 809, 910 y 913.

El doctor Gregorio de Angulo, toledano, ya fue elogiado por
Cervantes en el *Viaje del Parnaso* (cap. VII) y por Lope en el
Laurel de Apolo (silva I). Fue buen jurista y muy discreto
poeta.

Para esta epístola, véase el trabajo de J. Millé y Giménez
"La epístola de Lope de Vega al doctor Gregorio de Angulo",
en el *Bulletin Hispanique,* XXXVII (1935), pp. 159-188.

por ventura en apólogos de Isopo,
de aquestos animales con quien trato
y de aquestas mandrágoras que topo,

os guisaría mi apetito un plato,   10
aunque no es jovïal el genio mío,
que fuese tan galán como barato.

Mas tengo tan sujeto el albedrío
a la necesidad o a las excusas
de no sufrir ajeno señorío,   15

que soy galán de las señoras musas,
y las traigo a vivir con el vulgacho,
ya de vergüenza de mi honor confusas.

Allí, desde el decrépito al muchacho,
y desde el oficial al escudero,   20
del solimán al bárbaro mostacho,

tales las tienen ya, que hay majadero
que quiere, ni entendiendo ni escuchando,
que ría Craso y bufonice Homero.

Los labios angerónicos sellando,   25
con los afeminados megabizos,
estoy los semicapros escuchando.

Otras veces los hallo espantadizos,
cuando se representan las carocas,
en versos, si no bárbaros, mestizos.   30

---

9 Sobre la planta *mandrágora* corrieron abundantes leyendas
por Europa. Fue empleada por hechiceros, y se veía en ella
formas humanas. Por eso pasó a significar en ciertas partes
'bruja', 'hechicera', etc.
21 *solimán,* cierto ungüento famoso para el rostro.
25 *angerónico,* de Angerona, diosa del silencio entre los romanos.
26 *megabizo,* de 'megabice', sacerdote de Ceres, que era
eunuco.
29 *caroca,* composición bufa, propia para divertir al vulgo,
que se solía representar en carros con decoraciones absurdas
y ridículas.

No tengo mano para tantas bocas;
pues, pluma, ¿qué podrá, si yo desprecio
quimeras viles de palabras locas?

En fin, están las musas en buen precio,
si bien, como las compra, se deslengua   35
tal vez el vulgo en no le hablando en necio.

Y aunque esperar de la ignorante mengua
el rudo parecer o el presumido,
memo en saber, sesquipedal en lengua,

sea vivir en un volcán metido,   40
o echado a los caballos de Diomedes,
adonde en fin he de morir mordido,

lo tengo por mejor que a las paredes
digamos que tapiz es arrimado,
de sus figuras esperar mercedes.   45

El vos con la ración adjetivado
súfralo un turco; mi razón no quiere
que la vuelva ración ningún ducado.

Yo he de morirme cuando no lo espere,
pero sé que será cuando Dios mande   50
que mi concorde máquina se altere.

Pues cuando los postreros pasos ande,
no dudéis que en pequeña sepultura
tendré yo tanta casa como un Grande.

¿No es esto ansí? Luego será locura   55
idolatrar a nadie por tan poco,
que apenas la bucólica asegura.

---

39   *sexquipedal,* de pie y medio de largo.

Cuando en la imagen del servicio toco,
ídolo vil que la lisonja fragua,
de ver su adoración me vuelvo loco.   60

Tenga el señor las perlas de Cubagua,
de los climas antárticos el oro,
o más plata que oprime el hombro al agua,

que de todo el crisol de su tesoro
comerán las escorias los criados,   65
si sudan sangre de la fibra al poro.

Dejo quien a bonetes colorados
y a muchos negros a servir se aplique,
que tienen suerte en dar, como son dados.

Crióme don Jerónime Manrique,   70
estudié en Alcalá, bachilleréme,
y aun estuve de ser clérigo a pique.

Cegóme una mujer, aficionéme;
perdóneselo Dios, ya soy casado:
quien tiene tanto mal ninguno teme.   75

Yo fuera un sacristán por dicha honrado;
¿qué es sacristán? Y aun cura de mi aldea,
pero no era mi mal para curado.

Servir por lo seglar fue cosa fea;
pienso que si bonete me llamase,   80
de su sello me hiciese humilde oblea.

Un príncipe ¿qué piensa, cuando pase
sangre de Adán, mil siglos olvidada,
a la que algún barbero le sacase

---

61 *Cubagua,* isla de Venezuela.
70-72 En la dedicatoria al Duque de Maqueda de su comedia
Pobreza no es vileza (Ac. XII) dice casi lo mismo: "Crióme
en servicio del ilustrísimo Sr. D. Jerónimo Manrique, obispo
de Avila y inquisidor general."
73 Parece alusión clara a Elena Osorio.

(porque ser más o menos colorada   85
es parte de salud, no es parte noble;
que la propia es virtud, no la heredada),

piensa que se crió para ser roble
de los blasones de su casa armado,
donde con fruto ajeno viva inmoble?   90

¿Piensa que solamente se ha criado
para comer capones y perdices,
y teñido de púrpura el pescado?

¿Para que traiga en ámbar las narices,
la tierna carne en la flamenca holanda,   95
los ojos en pinturas y tapices,

y dando el pulso a la lisonja blanda,
cuando tiene salud, entre mujeres,
comer en viernes lo que Dios no manda?

¡Oh tú!, que a todos en comer prefieres,   100
y sin sudor de Adán bebes y comes
Baco aromatizado y blanca Ceres,

cuando al balcón del ser mortal te asomes,
mira que para ser del hombre amparo,
y para que a tu cuenta su bien tomes,   105

Dios te crió de abuelo y padre claro;
que te pudiera hacer un zapatero,
no para ser estítico y avaro.

No fue tu ciencia tu nacer primero;
que hasta salir por la primera puerta   110
cualquiera se naciera caballero.

---

108 *estítico*, mezquino, avaro.

Después que, la cabeza descubierta,
te sirvan dromedarios y elefantes,
serás señor si tu virtud lo acierta.

Allí, cuando estrellado de diamantes   115
el pecho, como lámpara en cadenas,
te miren los ministros circunstantes,

si dieres honra, hicieres obras buenas,
diremos que eres sabio, noble y santo;
pero si no, que tienes alma apenas.   120

Mas ¿dónde voy con desatino tanto?
¡Cuán lejos del propósito me veo!
¿Por dónde volveré? De mí me espanto.

Paréceme que ya tendréis deseo
de que tratemos la mudanza vuestra,   125
que la dilato porque no la creo.

Gregorio, el amistad antigua nuestra,
sin disgustos, sin quejas, sin enojos,
el campo franco de mi pecho os muestra.

Por los cielos, el uno de sus ojos   130
hizo su curso diez y siete veces,
desde que os vi sin barba y sin antojos.

Pues si por el Carnero y por los Peces
pasó sin divertirnos tantos años,
¿quién llamará mi amor costal de nueces?   135

Si viniérades vos por desengaños
de pretensiones o servicios hechos,
de los países bárbaros y extraños,

las manos mancas o los pies contrechos,
con fe de capitanes, que subistes   140
el muro con mil bocas a los pechos;

o si fuérades vos de aquellos tristes
lacayos de señores presidentes,
que van y vienen, donde nunca os vistes,

escribiendo a sus tierras y parientes: 145
"Agora dijo el Duque, agora el Conde;
hoy me miró, y ayer me habló entre dientes";

nunca os dijera yo, Doctor, que adonde
los hombres sin remedio se envejecen,
y sólo en ecos el poder responde,   150

viniérades a ver lo que padecen;
mas para ver los toros en ventana,
linda fiesta las cortes me parecen.

Si vos amanecéis por la mañana
con esos años y tres mil de renta,   155
buena será la vida cortesana

para quien no visita ni contenta,
ni va a medir las losas de palacio,
ni paga de su entrada la pimienta;

para quien puede aquí vivir de espacio,   160
la variedad y confusión que tiene,
divina cosa, aunque le pese a Horacio,

¿qué importa la heredad que os entretiene?
Soledad es la Corte al que no pide,
ni a pretender ni amar ni a servir viene.   165

Quien en Toledo, como vos, reside,
y es regidor bienquisto, mucho deja,
si con la patria la quietud se mide;

que yo tengo de mí terrible queja
porque vine de allá; pero soy pobre,   170
y traje aquí mi aguja a sacar reja.

Pensé trocar en esta plata el cobre;
mas fue sacarme de mi amado Tajo,
pasarme de la dulce a la salobre.

Por vos no ha de correr este trabajo: 175
venid, veréis que puede en esta altura
vivir, si quiere, un hombre en lo más bajo.

No digo que no hacer será cordura
amistad con el príncipe y el sabio,
porque sin pretender será segura.   180

No despeguéis para pedir el labio,
ni sepan que sois pobre; que sin duda
ni aun de la silla os han de hacer agravio.

Las musas será bien (perros de ayuda)
traéroslas acá, para si acaso   185
de lo civil la plática se muda.

No habéis de decir bien de Garcilaso,
ni hablar palabra que en romance sea,
sino latinizando a cada paso.

Cada mañana vuestro paje os lea   190
a *Flores poetarum,* y estudialde,
aunque Chacón en Rodiginio crea.

Que a fe, Doctor, que no estudiéis de balde,
si encajáis de Marcial la chanzoneta.
¿No tenéis a Escalígero? Compralde,   195

192 Quizá sea Francisco Chacón, hijo del señor de Casaru-
bios, arcediano de Toledo. Rodiginio es el italiano Luis Ri-
chieri (h. 1450-1525), autor de *Antiquarum lectionum libri XV*
(Venezuela, 1516).
195 Para Escalígero, véase la nota en la p. 177.

porque jamás pareceréis poeta,
si alguna paradoja o desatino
no les encaramáis cada estafeta.

Presumid por momentos de latino,
y aunque de Horacio están las obras todas   200
más claras que en seis lenguas Calepino,

traduciréis algunas de sus odas;
pero advertid que está en romance el triste.
Esto pasó en Granada, que no en Rodas.

Decid la propiedad del amatiste,   205
si Plinio traducido os la enseñare,
y del rayo y la nube que le viste;

y si de estilo heroico se tratare,
tenedme la *Poética* en la uña,
por mal que Robertelio la declare.   210

Tal vez una palabra, como cuña,
de hebreo y griego es cordïal bocado,
y sea de Vizcaya o Cataluña,

que no la entenderán, y acreditado
quedaréis en extremo, como alguno   215
que tiene más de un príncipe engañado.

Diréis a mil preguntas, importuno,
en plática, de haber algún poeta,
latinos cuatro, y español ninguno.

---

201   El célebre diccionario de Ambrosio Calepino fue publicado en Regio en 1502 y reimpreso numerosas veces con adi-
ciones de distintos autores.
204   En Granada, en 1599, se publicó la traducción de Villén
de Biedma, *Q. Horacio Flacco poeta lyrico latino. Sus obras
con la declamación magistral en lengua castellana, por el doctor Villén de Biedma.*
210   Lope citará más de una vez a Francisco Robortello (1516-
1567), profesor y filólogo italiano, célebre comentarista de la
Poética de Aristóteles.

Y advertid que el vocablo se entremeta;   220
verbigracia: *boato, asumpto, activo,*
recalcitrar, morigerar, seleta,

   terso, culto, embriön, correlativo,
recíproco, concreto, abstracto, diablo,
épico, garipundio y positivo.   225

   Jugaréis por instantes del vocablo,
como decir: *Si se mudó en ausencia,*
ya no es mujer estable, sino establo.

   Que en la Corte no piensan que hay más ciencia
que hablar en jerigonza estos divinos   230
y andar con la gramática en pendencia.

   Sacar ejecutoria de latinos,
siendo cosa de niños, hombres grandes,
¡qué triste estimación, qué desatinos!

   Latín, señor Doctor, es pueblo en Flandes;   235
¿quién hay que en prosa a Cicerón no entienda,
y en verso al que nació entre Mincio y Andes?

   De tópicos no hay hombre que los venda;
cánsese Cicerón o calabaza,
aunque la presunción corre sin rienda.   240

   Finalmente, venid, daremos traza
en que no cubra vuestra musa olvido,
donde el ocio las letras amenaza.

   Conoceréis al Borja, aquel que ha sido
de aquesta edad el más florido ingenio,   245
y al gran Tribaldos, de laurel ceñido.

225 *garipundio,* infame, vil.
235 *ser pueblo en Flandes,* significaba "algo desconocido".
244 Don Francisco de Borja y Aragón, Príncipe de Esquilache (1582-1658), que fue virrey del Perú y excelente poeta.
246 Luis Tribaldos de Toledo (1558-1634), excelente humanista, catedrático de Alcalá y bibliotecario del Conde-Duque.

Veréis sobre las cumbres de Partenio
el sol de Lemos, nuevo honor de Castro,
siendo su luz de nuestras musas genio.

Veréis con qué influencia de algún astro   250
felice escribe Tarsis, a quien Febo
esculpe en anaglifos de alabastro.

Veréis a frey Miguel, Propercio nuevo,
y por tan alto estilo, al de Salinas,
que le pruebo a seguir, y no me atrevo.   255

Veréis también las décimas divinas
del Apolo en servicio de Saldaña,
y a Dafne en hojas de esmeraldas finas.

Veréis aquel famoso honor de España,
el docto don Francisco de la Cueva,   260
que el monte de Helicón de cristal baña.

248   Don Pedro de Castro, gran señor y mecenas, a quien dedicó Cervantes sus *Novelas ejemplares,* la segunda parte del
Quijote y los *Trabajos de Persiles y Sigismunda.*
251   Don Juan de Tassis y Peralta (1582-1622), el célebre
Conde de Villamediana, curioso personaje y extraordinario
poeta, cuyas *Obras,* recogidas por el licenciado Dionisio Hipó-
lito de los Valles se publicaron en Zaragoza en 1629.
252   Sobre *anaglifo* vid. nota 126 en la p. 169.
253   Es Frey Miguel Cejudo, caballero de Calatrava, "de ingenio admirable", según el propio Lope en su *Laurel.*
254   Don Diego Gómez de Silva y Mendoza (1564-1630),
conde de Salinas, que desempeñó altos cargos en la política
de su tiempo, fue un poeta muy notable, a juzgar por los
poemas conservados.
257   Don Diego Gómez de Sandoval, conde de Saldaña, hijo
segundo del Duque de Lerma, en cuyo palacio reunió una
célebre Academia poética, de que dio cuenta Lope en unas
cartas. (*Epistolario,* II, p. 341.)
260   Don Francisco de la Cueva, a quien Lope dirigió la
Epístola primera de *La Filomena,* fue notable jurista y un
comediógrafo muy interesante, autor de la *Trajedia de Narciso.*

Veréis otro Francisco, que renueva
con más divino estilo que el de Estacio
las silvas, donde ya vencerle prueba.

Si aquí tuviera ingenio, si aquí espacio,   265
yo os pintara a Quevedo, mas no puedo:
que entré por el euripo de palacio.

Veréis a don Francisco de Quevedo;
no os quedará qué ver, si con él viene
Elisio, honor y gloria de Toledo;   270

y a Vicente Espinel, el que a Hipocrene
ha dado nuevo honor, y cuya fama
a Quívira llegó desde Pirene.

Ya por la vuestra todo el mundo os ama;
venid, que a recibiros Manzanares   275
su orilla de menuda juncia enrama.

Las ninfas os harán ricos altares,
yo villancicos, y Juan Blas los tonos,
que cantarán en voces singulares.

De nuestra voluntad serán abonos   280
la merced que os harán con tanto exceso
nuestros dueños, mecenas y patronos.

267   *euripo*, estrecho entre Aulide y Euboea, pero llegó a
significar 'peligro'.
270   Es Baltasar Elisio de Medinilla, poeta toledano (1585-
1620), gran amigo de Lope, que lo elogió repetidas veces
y le dedicó más de una comedia. Es autor de un extenso
poema titulado *La limpia Concepción de la Virgen Nuestra
Señora* (Madrid, 1617). Murió asesinado por don Jerónimo de
Andrada y Rivadeneyra.
273   *Quívira*, nombre de una de las regiones o ciudades fabu-
losas en cuya existencia creyeron los conquistadores españoles
de la Florida y Nuevo Méjico.
278   Es Juan Blas de Castro, célebre músico de la época, muy
amigo de Lope.

No le pidáis consejo a Valdivieso,
porque el maestro, con su ingenio raro,
contra mi amor fulminará proceso.				285

Dirá de nuestros lodos sin reparo,
y la falta de espárragos Gandío,
que ha de ser en bisagra santo Amaro.

Y dirá que le dan a nuestro río
dos secas en la fuerza del verano,			290
y que só:o el invierno tiene brío;

y que no habiendo albérchigo temprano
donde engañar moriscos, no es ribera
que la podrá sufrir un luterano.

Mil años guarde Dios la peralera:			295
que a no haber sacristanes en san Yuste,
nunca Madrid en su rincón me viera.

Digo que no me espanto de que guste
del conejo de en casa de Navarro,
como Chacón del marfileño fuste.			300

Decilde que el verano está bizarro
nadando entre las ninfas, mas que agora
son las cuartanas como pies de barro.

Por casas buenas y las nieves llora
alguno, que no dice lo que siente;			305
ese ángel, vuestra esposa y mi señora,
os guarde Dios, y estado y gusto aumente.

---

283 El poeta y dramaturgo José de Valdivieso, toledano
(1560?-1638), sacerdote, amigo de Cervantes y de Lope, autor
del *Romancero espiritual* (Toledo, 1612) y de diversos autos
sacramentales.
287 No he podido averiguar a qué o a quién se refiere Lope.
288 Santo español, llamado el Peregrino, del cual se sabe
muy poco.
295 *peralera,* lo mismo que 'peraleda'.
299 Quizá algún mesón de la Corte.

113

BELARDO A AMARILIS

EPÍSTOLA SÉPTIMA

Agora creo, y en razón lo fundo,
Amarilis indiana, que estoy muerto,
pues que vos me escribís del otro mundo.

Lo que en duda temí tendré por cierto,
pues, desde el mar del Sur, nave de pluma   5
en las puertas del alma toma puerto.

¡Qué clara, qué copiosa y dulce suma!
Nunca la hermosa vida de su dueño
voraz el tiempo consumir presuma.

Bien sé que en responder crédito empeño;   10
vos, de la línea equinocial, sirena,
me despertáis de tan profundo sueño.

¡Qué rica tela, qué abundante y llena
de cuanto al más retórico acompaña!
¡Qué bien parece que es indiana vena!   15

---

113 Antes de esta epístola, Lope incluye la de "Amarilis a Belardo", pero quién sea esta Amarilis es cuestión disputada entre los eruditos. Durante cierto tiempo se pensó que era el seudónimo de María de Alvarado, descendiente de Gómez de Alvarado, fundador de León de Huanuco. A. Ureta, en "El enigma de Amarilis" (*Revista de América*, XIV, 1942), pp. 313-321, sostiene que puede tratarse de María Tello de Lara y de Arévalo y Espinosa. (Podría ser una broma de los enemigos de Lope, como sugiere J. F. Montesinos (*Estudios*, p. 197) o una invención del propio Lope para tener ocasión de escribir la respuesta, como quieren Millé y Giménez y S. G. Morley.) Véase la nota 16 de la p. 517 de Lázaro Carreter en la *Vida de Lope de Vega*, de Castro y Rennert.

Yo no lo niego, ingenios tiene España:
libros dirán lo que su musa luce,
y en propia rima imitación extraña;

mas los que el clima antártico produce
sutiles son, notables son en todo;   20
lisonja aquí ni emulación me induce.

Apenas de escribiros hallo el modo,
si bien me le enseñáis en vuestros versos,
a cuyo dulce estilo me acomodo.

En mares tan remotos y diversos,   25
¿cómo podré yo veros, ni escribiros
mis sucesos, o prósperos o adversos?

Del alma que os adora sé deciros
que es gran tercera la divina fama;
por imposible me costáis suspiros.   30

Amo naturalmente a quien me ama,
y no sé aborrecer quien me aborrece:
que a la naturaleza el odio infama.

Yo os amo justamente, y tanto crece
mi amor, cuanto en mi idea os imagino   35
con el valor que vuestro honor merece.

A vuestra luz mi pensamiento inclino,
de cuyo sol antípoda me veo,
cual suele lo mortal de lo divino,

aunque para correr libre el deseo   40
es rémora pequeña el mar de España
y todo el golfo del mayor Nereo.

El ciego, que jamás se desengaña,
imagina mayor toda hermosura,
y le deleita más lo que le engaña;   45

así yo, penetrando la luz pura
de vuestro sin igual entendimiento,
tendré más sol en noche más escura.

Mas ¿qué os diré de mí? Porque no siento
que un átomo merezca de alabanza   50
quien tiene presunción de su talento.

Deciros faltas es desconfianza,
y porque yo jamás las dije ajenas,
no quiero hacer de mí tan gran mudanza:

que no era gala de quien sirve apenas   55
pintarse con defetos a quien tiene
aquellas obras cuales son por buenas.

Si me decís quién sois, y que previene
un platónico amor vuestro sentido,
que a provocaros desde España viene,   60

para quereros yo licencia os pido:
que dejaros de amar injuria fuera,
por eso mismo que de vos lo he sido.

Pues escuchad de mi persona afuera,
que dicen que fue buena no ha mil años,   65
y donde algún aliento persevera,

partes, sin dar a la distancia engaños:
que adonde amor es alma, el cuerpo es sombra,
y la misma alabanza desengaños.

Tiene su silla en la bordada alfombra   70
de Castilla el valor de la Montaña
que el valle de Carriedo España nombra.

Allí otro tiempo se cifraba España,
allí tuve principio; mas ¿qué importa
nacer laurel y ser humilde caña?   75

Falta dinero allí, la tierra es corta;
vino mi padre del solar de Vega:
así a los pobres la nobleza exhorta.

Siguióle hasta Madrid, de celos ciega,
su amorosa mujer, porque él quería   80
una española Elena, entonces griega.

Hicieron amistades, y aquel día
fue piedra en mi primero fundamento
la paz de su celosa fantasía.

En fin, por celos soy, ¡qué nacimiento!   85
Imaginalde vos, que haber nacido
de tan inquieta causa fue portento.

Apenas supe hablar cuando, advertido
de las febeas musas, escribía
con pluma por cortar versos del nido.   90

Llegó la edad y del estudio el día,
donde sus pensamientos engañando
lo que con vivo ingenio prometía,

de los primeros rudimentos dando
notables esperanzas a su intento,   95
las artes hice mágicas volando.

Aquí luego engañó mi pensamiento
Raimundo Lulio, laberinto grave,
rémora de mi corto entendimiento.

Quien por sus cursos estudiar no sabe,   100
no se fíe de cifras, aunque alguno
de lo infuso de Adán su genio alabe.

Matemática oí: que ya importuno
se me mostraba con la flor ardiente
cualquier trabajo, y no admití ninguno.   105

Amor, que Amor en cuanto dice miente,
me dijo que a seguirle me inclinase:
lo que entonces medré mi edad lo siente.

Mas como yo beldad ajena amase,
dime a letras humanas, y con ellas   110
quiso el poeta Amor que me quedase.

Favorecido, en fin, de mis estrellas,
algunas lenguas supe, y a la mía
ricos aumentos adquirí por ellas.

Lo demás preguntad a mi poesía: 115
que ella os dirá, si bien tan mal impresa,
de lo que me ayudé cuando escribía.

Dos veces me casé, de cuya empresa
sacaréis que acerté, pues porfiaba:
que nadie vuelve a ver lo que le pesa.   120

Un hijo tuve, en quien mi alma estaba;
allá también sabréis por mi elegía
que Carlos de mis ojos se llamaba.

Siete veces el sol retrocedía
desde la octava parte al Cancro fiero,   125
igualando la noche con el día,

a círculos menores, lisonjero,
y el de su nacimiento me contaba,
cuando perdió su luz mi sol primero.

Allí murió la vida que animaba   130
la vida de Jacinta. ¡Ay muerte fiera,
la flecha erraste al componer la aljaba!

109   Parece alusión a Elena Osorio.

¡Cuánto fuera mejor que yo muriera
que no que en los principios de su aurora
Carlos tan larga noche padeciera!   135

Lope quedó, que es el que vive agora.
¿No estudia Lope? ¿Qué queréis que os diga,
si él me dice que Marte le enamora?

Marcela con tres lustros ya me obliga
a ofrecérsela a Dios, a quien desea;   140
si Él se sirviere, que su intento siga.

Aquí, pues no ha de haber nadie que crea
amor de un padre, no es decir exceso
que no fue necia y se libró de fea.

Feliciana el dolor me muestra impreso   145
de su difunta madre en lengua y ojos:
de su parto murió. ¡Triste suceso!

Porque tan gran virtud a sus despojos
mis lágrimas obliga y mi memoria:
que no curan los tiempos mis enojos.   150

De sus costumbres santas hice historia
para mirarme en ellas cada día,
envidia de su muerte y de su gloria.

136   Lope, hijo del Fénix y de Micaela de Luján, nació en
enero de 1607 y desde niño demostró un carácter díscolo e
independiente. Su padre le dedicó en 1619 la comedia *El
verdadero amante,* animándole a estudiar, pero Lopito, como
le llamaba su padre, prefirió las armas y se alistó en el ejército. En 1634 Lope le dedicó la *Gatomaquia,* pero debió de morir un poco después de esa fecha en una desgraciada expedición para pescar perlas en la isla Margarita. Lope lloró su
muerte en la égloga *Elicio,* publicada en *La Vega del Parnaso*
(Madrid, 1637).
140   Lope cuenta a don Francisco de Herrera Maldonado (*La
Circe,* pp. 1225 y ss.) el ingreso de Marcela en el convento.
145   Juana de Guardo murió al dar a luz a Feliciana.

Dejé las galas que seglar vestía;
ordenéme, Amarilis; que importaba   155
el ordenarme a la desorden mía.

Quien piensa que yo amé cuanto miraba,
vanamente juzgó por el oído;
engaño que aun apenas hoy se acaba.

Los dulces versos tiernamente han sido   160
piadosa culpa en los primeros años.
¡Ay, si los viera yo cubrir de olvido!

Bien hayan los poetas que en extraños
círculos enigmáticos escriben,
pues por ocultos no padecen daños.   165

Los claros pensamientos que perciben
sin molestia, Amarilis, los oídos
menos seguros de ser castos viven.

Tiernos concetos del amor nacidos
no son para la vida imperfecciones,   170
ni está sujeta el alma a los sentidos.

Matemáticas son demostraciones,
la variedad del gusto y la mudanza
indigna de los ínclitos varones.

No pienso que a la vida parte alcanza,   175
juzgando bien de la amorosa pluma,
si el alma es posesión, la fe esperanza.

Dígalo mi salud cuando presuma
mayor descompostura el maldiciente,
que forma torres sobre blanda espuma.   180

Y así podréis amarme justamente,
como yo os amo, pues las almas vuelan
tan ligeras, que no hay amor ausente.

Ésta es mi vida; mis deseos anhelan
sólo a buen fin, sin pretensiones locas,   185
que por tan corta vida se desvelan.

Dijo el Petrarca con razones pocas
que de Laura esperaba la hermosura
(¡oh casto amor, que a lo inmortal provocas!)

después de muerta en la celeste y pura   190
parte que peregrinas impresiones
no admite, como aquí la noche escura.

Mi vida son mis libros, mis acciones
una humildad contenta, que no envidia
las riquezas de ajenas posesiones.   195

La confusión a veces me fastidia,
y aunque vivo en la Corte, estoy más lejos
que está de la Moscovia la Numidia.

Tócanme solamente los reflejos
de los grandes palacios a mis ojos,   200
más solos que las hayas y los tejos.

Para dar a la tierra los despojos
que sirvieron al alma de cortina,
¿quién trueca blanda paz por sus enojos?

Yo tengo una fortuna peregrina,   205
que tarde la venció poder humano:
así me destinó fuerza divina.

Tal vez la estimación me finge enano,
tal vez gigante, y yo con igual frente
ni pierdo triste ni contento gano.   210

Séneca lo enseñó divinamente,
que el aplauso vulgar y el vituperio
han de sentir los sabios igualmente.

El hombre que gobierna bien su imperio
desprecia la objeción y la alabanza   215
deste, aunque infame, breve cautiverio;

porque dar él mordaz desconfianza
al hombre ya provecto no es cordura,
que por ventura dice lo que alcanza.

Estimo la amistad sincera y pura   220
de aquellos virtuosos que son sabios:
que sin virtud no hay amistad segura.

Que de la ingratitud tal vez mis labios
formen alguna queja, no es delito:
que han hecho muchos necios los agravios.   225

De mi vida, Amarilis, os he escrito
lo que nunca pensé; mirad si os quiero,
pues tantas libertades me permito.

No he querido con vos ser lisonjero
llamándoos hija del divino Apolo,   230
que mayores hipérboles espero.

Pues aunque os tenga tan distinto polo,
os podrán alcanzar mis alabanzas
a vos, de la virtud ejemplo solo.

Que no son menester las esperanzas   235
donde se ven las almas inmortales,
ni sujetas a olvidos ni a mudanzas.

No se pondrá jamás en los umbrales
deste horizonte el sol, aunque perciba
Anfitrite sus perlas y corales,   240

sin que le diga yo que así la esquiva
Dafne sus rayos amorosa espere,
presa en laurel la planta fugitiva;

os diga cuánto el pensamiento os quiere;
que os quiere el pensamiento, y no los ojos: 245
que éste os ha de querer mientras no os viere.

Sin ojos ¿quién amó? ¿Quién en despojos
rindió sin vista el alma? ¡Oh gran victoria,
amor sin pena y gloria sin enojos!

Que no hay gloria mortal, si llaman gloria   250
la que es mortal, como querer adonde
se baña en paz del alma la memoria.

Aquí los celos el amor esconde,
aunque os he dicho que nací de celos,
y si ellos no le llaman, no responde.   255

Por varios mares, por distintos cielos
muchas cosas se dicen que no tienen
tanta verdad al descubrir los velos.

Celias de sólo el cielo me entretienen;
no las temáis, que Celias de la tierra   260
a ser infiernos de las almas vienen.

Si tanta tierra y mar el paso cierra
a celos, y no amor imaginado,
huya de nuestra paz tan fiera guerra.

Y pues habéis el alma consagrado   265
al cándido pastor de Dorotea,
que inclinó la cabeza en su cayado,

cantad su vida vos, pues que se emplea
virgen sujeto en casto pensamiento,
para que el mundo sus grandezas vea.   270

266-270 Santa Dorotea, que vivía en Cesárea de Capadocia,
sufrió el martirio el 6 de febrero del 304, ordenado por el
prefecto Apricio. Lope responde a los siguientes versos de
Amarilis:

Que vuestro celestial entendimiento
le dará gloria accidental cantando
entre las luces del impíreo asiento.

Honrad la patria vuestra propagando
de tan heroicos padres la memoria,   275
su valor generoso eternizando,

pues lo que con la espada su vitoria
ganó a su sangre, vos, en dulce suma,
coronando laurel de mayor gloria,
dos mundos de Filipe vuestra pluma.   280

114

A JUAN DE PIÑA

En justa de poetas
¿jüez queréis hacerme?
Ingrato sois a amor de tantos años.
Si son obras perfetas,
tal vez Homero duerme   5
y tiene el propio Amor ojos de engaños.

Yo y mi hermana una santa celebramos,
cuya vida de nadie ha sido escrita,
como empresa que muchos han tenido
el verla de tu mano deseamos;
tu dulce musa alienta y resucita
y ponla con estilo tan subido
que sea donde quiera conocido,
y agradecido sea
de nuestra santa virgen Dorotea.

114 Juan de Piña fue íntimo amigo de Lope, novelista, a quien el
Fénix dedicó la comedia de *El dómine Lucas*. Vid. J. de En-
trambasaguas, *Estudios*, I, pp. 90-94, nota, y G. Formichi, *Le
"Novelas exemplares y prodigiosas historias" di Juan de Piña*,
Firenze [1967].

Humanos desengaños
no bastan al humano entendimiento,
si llega a presunciones de divino;
mirad si tengo justo sentimiento   10
que me obliguéis a tanto desatino.
Si son poetas nuevos,
que apenas han sacado los alones,
y llevan los fragmentos de los huevos
pegados a las plumas,   15
mal secas las espumas,
cual suelen los infantes perdigones;
si son poetas pardos,
caballeros de Apolo cuantïosos,
presumidos de bravos y gallardos,   20
pastores de arroyuelos sonorosos,
alguaciles de décimas tan frías,
que no hay quien las espere,
¿quién juzgará de bárbaras poesías
que la inorancia crédula refiere?   25
Si son poetas burdos,
llenos de jerigonzas y de absurdos,
¿quién sufrirá sus locos devaneos?
Pues cuando son con versos licambeos
satíricos latinos,   30
¿quién puede tolerar su desatinos?
Si pican en el arte y dan en tardos,
¿quién admite preceptos por excusas?
Pues ¿quién a los donados de las musas
en la justa permite Mandricardos,   35
con lanzas bajas, y al correr confusas?
Pues quieren igualarse
con pensamientos viles,
y versos infanzones,
a los claros varones   40
que deben laurearse

---

29   Verso *licambeo* se llama también al verso yambo satírico.
35   *Mandricardo*, personaje del *Orlando furioso* de Ariosto,
que aparece muchas veces en los romances juveniles de Lope.

como valientes del Parnaso Aquiles,
y con dos sonetadas
se atreven a las obras celebradas
de todas las naciones   45
que dora Febo y Cintia baña en plata
por cuantos paralelos se dilata,
y indoctos más que a Filonides pinta
Erasmo en su *Adagios,* se levantan
con el laurel de Apolo,   50
apenas digno de un ingenio solo,
siendo cosa del arte tan distinta,
donde los cisnes cantan,
cantar el ganso ronco,
cual Marsias, digno de cuchillo y tronco;   55
y con sátiras necias, vergonzosas,
de versos tales que parecen prosas,
infaman los jüeces,
de serlo arrepentidos tantas veces.
¡Oh bestias del Parnaso,   60
paced los alcaceres paso a paso,
y no seáis infames detractores
de Herrera y Garcilaso!
Y pues que no podéis coger las flores
en numeroso metro   65
de Pimpla y de Bibetro,
no pidáis premios que al divino atleta
debe el jüez poeta.
Yo no lo fui en mi vida,
porque conozco bien este linaje,   70
y así no es justo que las musas baje
a jüicio de versos tan inormes.
Tajo, Betis y Tormes,
no se ofenden aquí vuestros cristales.
Versos sexquipedales,   75
sastripedantes versos
son los que aquí se infaman,

---

61 *alcacer,* cebada verde y en hierba.
66 Montes donde habitaban las Musas.

desprecian y desaman,
que como los más cándidos y tersos
se quejan de la justa   80
y la llaman injusta.
Líbreme Apolo, Piña, de juzgarlos,
que aun leellos ofende los sentidos.
Busquen a Midas, que podrá su ingenio
oírlos y premiarlos,   85
que de Midas serán favorecidos,
pues tiene el propio genio,
aunque le cueste hacer los dos oídos
pirámides pelosos,
que, resonando en tercios sonorosos   90
de las ocultas cañas,
descubran sus hazañas,
que yo, ni juzgaré, ni sé, ni puedo.
No porque tengo miedo
a frías invectivas escolares,   95
cuentos de viejas en los dioses lares;
pero por no leer concetos vanos
en versos chabacanos:
que no hay cosa más digna de desprecio
que un hablador en prosa, en verso un necio.   100

115

CASTITAS RES EST

ANGELICA. *Chrisost.*

La calidad elementar resiste
mi amor, que a la virtud celeste aspira,
y en las mentes angélicas se mira,
donde la idea del calor consiste.

115 Este soneto figura en *La dama boba* (Ac. N., XI, p. 595),
comentado por los personajes. Pero Lope le dedicó un amplio
comentario en *La Circe,* pp. 1311 y ss. (Vid. Dámaso Alonso, *Poesía española,* Madrid, 1950, pp. 488 y ss.).

No ya como elemento el fuego viste   5
el alma, cuyo vuelo al sol admira,
que de inferiores mundos se retira,
adonde el querubín ardiendo asiste.

No puede elementar fuego abrasarme;
la virtud celestial, que vivifica,   10
envidia el verme a la suprema alzarme.

Que donde el fuego angélico me aplica,
¿cómo podrá mortal poder tocarme?
Que eterno y fin contradición implica.

LA CIRCE

116

Deseos de un imposible
me han traído a tiempos tales,
que no tiniendo remedio,
solicitan remediarme.
Dando voy pasos perdidos   5
por tierra que toda es aire,
que sigo mi pensamiento,
y no es posible alcanzarle.
Desengáñanme los tiempos,
y pídoles que me engañen,   10
que es tan alto el bien que adoro,
que es menor mal que me maten.
¡Ay Dios, qué loco amor, mas tan süave,
que me disculpa quien la causa sabe!

Busco un fin que no le tiene,   15
y con saber que en buscarle
pierdo pasos y deseos,
no es posible que me canse.

---

116 *La Circe con otras Rimas y Prosas. Al Exmo Señor D. Gaspar de Guzmán, Conde de Oliuares. De Lope de Vega Carpio. En casa de Alonso Martín, a costa de Alonso Perez, 1624.* Copio los poemas de mi edición de *Lope de Vega, Obras poéticas,* I (Barcelona, 1969), pp. 1089, 1277, 1282, 1287, 1289 y 1297.

252

Vivo en mis males alegre,
y, con ser tantos mis males,   20
la mayor pena que tengo
es que las penas me falten.
   Contento estoy de estar triste,
no hay peligro que me espante,
que, como sigo imposibles,   25
todo me parece fácil.
   ¡Ay Dios, qué loco amor, mas tan süave,
   que me disculpa quien la causa sabe!

Hermoso dueño deseo,
y es tanto bien desearle,   30
que ver que no le merezco
tengo por premio bastante.
   Tanto le estimo, que creo
que pudiendo darle alcance,
si su valor fuera menos,   35
me pesara de alcanzarle.
   Para su belleza quiero
la gloria de lo que vale,
y para mí, siendo suyas,
tristezas y soledades.   40
   ¡Ay Dios, qué loco amor, mas tan süave,
   que me disculpa quien la causa sabe!

117

A DON LUIS DE GÓNGORA

Claro cisne del Betis, que, sonoro
y grave, ennobleciste el instrumento
más dulce que ilustró músico acento,
bañando en ámbar puro el arco de oro,

---

117 Lope alude a los muchos *discursos* o ensayos de los admiradores de Góngora, sobre todo a raíz de la aparición del *Antídoto*, de Jáuregui.

a ti la lira, a ti el castalio coro   5
debe su honor, su fama y su ornamento,
único al siglo y a la envidia exento,
vencida, si no muda, en tu decoro.

Los que por tu defensa escriben sumas,
propias ostentaciones solicitan,   10
dando a tu inmenso mar viles espumas.

Los Ícaros defiendan, que te imitan,
que como acercan a tu sol las plumas
de tu divina luz se precipitan.

118

PSALMO 34

Iudica, Domine, nocentes me.

Juzga, Señor del cielo,
mis enemigos, impugnando a cuantos
me impugnan con mal celo;
y para defenderme, pues son tantos,
toma este mismo día   5
tan fuertes armas en defensa mía.

Desnuda, pues, la espada,
concluye de una vez con su malicia
contra mi vida armada,
para que diga al alma tu justicia,   10
que los está sufriendo:
yo, que soy tu salud, yo te defiendo.

Queden avergonzados
los que quieren matarme, y sus intentos
vuelvan atrás turbados;   15
confunde sus adversos pensamientos.
Sean como en la cara
del viento el polvo que en sí mismo para.

Tu ángel santo venga,
y ciegos sus caminos tenebrosos,   20
los persiga y detenga.
Mi muerte solicitan envidiosos:
así es dellos mi vida,
sin darles ocasión, aborrecida.

El lazo que tuvieron   25
armados contra mí, los comprehenda,
y el mismo que pusieron
a mi inocencia los castigue y prenda,
para que alegre alabe
el alma mía a quien salvarla sabe.   30

"¿Quién será semejante
a Ti, Señor", dirán las fuerzas mías?
Pues que del arrogante
tu piedad me ha librado tantos días,
sacando de sus fieras   35
manos el que tan pobre consideras.

Crueles enemigos
tanto contra mi honor se levantaban,
que ya, falsos testigos,
a mi pura inocencia preguntaban   40
lo que yo no sabía,
pagando mal el bien que les hacía.

Yo, cuando más airados,
más humilde en ayunos, en silicios
ponía mis cuidados;   45
más no siendo decentes beneficios,
vuélvanse en mi provecho
mis oraciones a mi propio pecho.

Como si hermanos fueran
tan próximos a mí, solicitaba   50
que todo bien tuvieran,
y así de no ayudarlos me pesaba;
pero con obras tales
sin razón se alegraban de mis males.

En las juntas que hacían   55
trataban mis castigos, yo inocente;
y si no les salían
como ellos deseaban, felizmente,
no por eso, ofendidos,
estaban de mi mal arrepentidos.   60

Mas antes se burlaban,
y con rabia los dientes apretando
mi mal solicitaban.
Pero, dime, Señor divino, ¿cuándo,
para darme consuelo   65
mirarás su maldad desde tu cielo?

Restituye, piadoso,
de su malignidad el alma mía,
tu brazo poderoso
la defienda también de la porfía   70
destos fieros leones,
que un alma sola en tu defensa pones.

Para que yo te alabe
en las congregaciones de la gente,
y en el pueblo más grave   75
y confiese tu nombre eternamente,
no me des por castigo
que le alegre mi mal a mi enemigo.

Que no es bien que se vean
en tal placer los que a mi muerte aspiran, 80
y así me lisonjean,
que con ojos pacíficos me miran,
porque me están hablando
y entonces sus engaños fabricando.

Dilatando la boca,   85
el verme triste y de miserias lleno
a risa los provoca,
y en altas voces dicen: "Bueno, bueno,
ya vieron nuestros ojos
conforme a nuestra envidia sus enojos".   90

Tú viste lo que digo.
Tú lo viste, Señor; no calles tanto
difiriendo el castigo,
y si te mueve mi congoja y llanto,
no apartes tu presencia   95
de mis ojos, Señor, por tu clemencia.

Los ruegos que te envío
te obliguen a que luego te levantes,
Dios mío y Señor mío,
para que juzgues causas semejantes   100
y contra su malicia
entienda en mi inocencia tu justicia.

Según ella me juzga,
Señor, Dios mío, y no permitas tanto
que a su placer reduzga   105
esta gente la causa de mi llanto;
no digan "Muera, muera,
ya se ha vengado nuestra gente fiera".

Avergonzados queden
éstos que darse parabienes tales   110
de mis trabajos pueden
y los que con palabras desiguales
hablan mal en mi ausencia
se vistan confusión y reverencia.

Alégrense los justos,   115
y den gracias a Dios los que desean
que cesen mis disgustos
y que sus siervos en quietud se vean,
para que todo el día
alabe su justicia el alma mía.   120

119

SONETO

Quien dice que es amor cuerpo visible,
¡qué poco del amor perfeto sabe!
Que es el honesto amor llama süave
a los humanos ojos invisible.

Es su divina esfera inacesible   5
a materia mortal, a cuerpo grave;
no hay fin que su inmortal principio acabe,
como acabarse el alma es imposible.

Tú, Persio, como tienes a tu lado
un cuerpo igual al tuyo, no imaginas   10
que hay limpio amor en noble amor fundado.

Yo, que soy alma todo, en peregrinas
regiones voy de un genio acompañado
que me enseña de amor ciencias divinas.

120

SONETO

Canta Amarilis, y su voz levanta
mi alma desde el orbe de la luna
a las inteligencias, que ninguna
la suya imita con dulzura tanta.

De su número luego me trasplanta   5
a la unidad que por sí misma es una,
y, cual si fuera de su coro alguna,
alaba su grandeza cuando canta.

Apártame del mundo tal distancia,
que el pensamiento en su Hacedor termina,   10
mano, destreza, voz y consonancia.

Y es argumento que su voz divina
algo tiene de angélica sustancia,
pues a contemplación tan alta inclina.

121

SONETO

De la beldad divina incomprehensible
a las mentes angélicas deciende
la pura luz, que desde allí trasciende
el alma deste punto indivisible.

A la materia corporal visible   5
da vida y movimiento, el sol enciende,
conserva el fuego, el aire, el agua extiende,
la tierra viste amena y apacible.

Enseña nuestro humano entendimiento
de un grado en otro a contemplar la cumbre   10
de donde viene tanta gloria al suelo.

Y entre los ecos de tu claro acento,
halla mi honesto amor tan alta lumbre,
que en oyendo tu voz penetra el cielo.

122

SONETO

Beatus qui invenit amicum verum.

Eccl., cap. 35.

Yo dije siempre, y lo diré, y lo digo,
que es la amistad el bien mayor humano;
mas ¿qué español, qué griego, qué romano
nos ha de dar este perfeto amigo?

    Alabo, reverencio, amo, bendigo   5
aquél a quien el cielo soberano
dio un amigo perfeto, y no es en vano;
que fue, confieso, liberal conmigo.

    Tener un grande amigo y obligalle
es el último bien, y, por querelle,   10
el alma, el bien y el mal comunicalle;

    mas yo quiero vivir sin conocelle;
que no quiero la gloria de ganalle
por no tener el miedo de perdelle.

TRIUNFOS DIVINOS

123

TEMORES EN EL FAVOR

Cuando en mis manos, rey eterno, os miro,
y la cándida víctima levanto,
de mi atrevida indignidad me espanto
y la piedad de vuestro pecho admiro.

Tal vez el alma con temor retiro,   5
tal vez la doy al amoroso llanto,
que arrepentido de ofenderos tanto
con ansias temo y con dolor suspiro.

Volved los ojos a mirarme humanos
que por las sendas de mi error siniestras   10
me despeñaron pensamientos vanos;

no sean tantas las miserias nuestras
que a quien os tuvo en sus indignas manos
vos le dejéis de las divinas vuestras.

---

123 *Triunfos divinos, con otras rimas sacras. A la Excma. Sra. D.ª
Inés de Zúñiga, condesa de Olivares. Por Lope de Vega Car-
pio, etc. Año 1625. En Madrid, por la Viuda de Alonso Martín.*
Lo copio de *Obras sueltas,* XIII, p. 78.

EL LAUREL DE APOLO, CON OTRAS RIMAS

124

Boscán, tarde llegamos—. ¿Hay posada?
—Llamad desde la posta, Garcilaso.
—¿Quiés es? —Dos caballeros del Parnaso.
—No hay donde nocturnar palestra armada.

—No entiendo lo que dice la criada.   5
Madona, ¿qué decís? —Que afecten paso,
que obstenta limbos el mentido ocaso
y el sol depingen la porción rosada.

—¿Estás en ti, mujer? —Negóse al tino
el ambulante huesped—. ¡Que en tan poco   10
tiempo tal lengua entre cristianos haya!

Boscán, perdido habemos el camino,
preguntad por Castilla, que estoy loco
o no habemos salido de Vizcaya.

124 *Laurel de Apolo, con otras Rimas. Al excelentísimo señor don Juan Alonso Enriquez de Cabrera, Almirante de Castilla. Por Lope Félix de Vega Carpio, del hábito de San Juan. Año 1630. Con privilegio. En Madrid, por Juan González. Lo copio de Obras sueltas, I, p. 271.*

LA DOROTEA

125

A mis soledades voy,
de mis soledades vengo,
porque para andar conmigo
me bastan mis pensamientos.
No sé qué tiene el aldea   5
donde vivo, y donde muero,
que con venir de mí mismo,
no puedo venir más lejos.
Ni estoy bien ni mal conmigo;
mas dice mi entendimiento   10
que un hombre que todo es alma
está cautivo en su cuerpo.

125 *La Dorotea. Acción en prosa. De Frey Lope Felix de Vega Car-
pio del hábito de San Ivan. Al ilustríssimo Señor Don Gaspar
Alonso Perez de Guzman el Bveno, Conde de Niebla* [...] *Año
1632, en Madrid, en la Imprenta del Reyno. A costa de Alonso
Perez Librero de Su Magestad.* Pero los traslado de la edic. de
Edwin S. Morby (Madrid, Castalia, 1968), pp. 87, 217, 273,
318, 377 y 386.
1 Sobre el tema de la soledad, véase el libro de Karl Vossler,
La soledad en la poesía española (Madrid, 1941); L. Spitzer,
"A mis soledades voy", *RFE*, XXIII (1936), pp. 397-9, y
W. L. Fichter y F. Sánchez Escribano, "The Origin and Cha-
racter of Lope de Vega's 'A mis soledades voy'", *Hispanic
Review*, XI (1943), pp. 304-313.

Entiendo lo que me basta,
y solamente no entiendo
cómo se sufre a sí mismo   15
un ignorante soberbio.

De cuantas cosas me cansan,
fácilmente me defiendo;
pero no puedo guardarme
de los peligros de un necio.   20

Él dirá que yo lo soy,
pero con falso argumento;
que humildad y necedad
no caben en un sujeto.

La diferencia conozco,   25
porque en él y en mí contemplo
su locura en su arrogancia,
mi humildad en mi desprecio.

O sabe naturaleza
más que supo en este tiempo,   30
o tantos que nacen sabios
es porque lo dicen ellos.

"Sólo sé que no sé nada",
dijo un filósofo, haciendo
la cuenta con su humildad,   35
adonde lo más es menos.

No me precio de entendido,
de desdichado me precio;
que los que no son dichosos,
¿cómo pueden ser discretos?   40

No puede durar el mundo,
porque dicen, y lo creo,
que suena a vidro quebrado
y que ha de romperse presto.

Señales son del jüicio   45
ver que todos le perdemos,
unos por carta de más,
otros por carta de menos.

Dijeron que antiguamente
se fue la verdad al cielo: 50
tal la pusieron los hombres,
que desde entonces no ha vuelto.

En dos edades vivimos
los propios y los ajenos:
la de plata los extraños,   55
y la de cobre los nuestros.

¿A quién no dará cuidado,
si es español verdadero,
ver los hombres a lo antiguo,
y el valor a lo moderno?   60

Todos andan bien vestidos,
y quéjanse de los precios,
de medio arriba romanos,
de medio abajo romeros.

Dijo Dios que comería   65
su pan el hombre primero
en el sudor de su cara
por quebrar su mandamiento;

y algunos, inobedientes
a la vergüenza y al miedo,   70
con las prendas de su honor
han trocado los efetos.

Virtud y filosofía
peregrinan como ciegos;
el uno se lleva al otro,   75
llorando van y pidiendo.

Dos polos tiene la tierra,
universal movimiento:
la mejor vida, el favor
la mejor sangre, el dinero.   80

50 "Ultima caelestrum terras Astrea reliquit", Ovidio, *Metamorfosis*, I, 150.
68 *Génesis*, 3, 19.

Oigo tañer las campanas,
y no me espanto, aunque puedo,
que en lugar de tantas cruces
haya tantos hombres muertos.

Mirando estoy los sepulcros,   85
cuyos mármoles eternos
están diciendo sin lengua
que no lo fueron sus dueños.

¡Oh! ¡Bien haya quien los hizo,
porque solamente en ellos   90
de los poderosos grandes
se vengaron los pequeños!

Fea pintan a la envidia;
yo confieso que la tengo
de unos hombres que no saben   95
quién vive pared en medio.

Sin libros y sin papeles,
sin tratos, cuentas ni cuentos,
cuando quieren escribir,
piden prestado el tintero.   100

Sin ser pobres ni ser ricos,
tienen chimenea y huerto;
no los despiertan cuidados,
ni pretensiones ni pleitos,

ni murmuraron del grande,   105
ni ofendieron al pequeño;
nunca, como yo, firmaron
parabién, ni Pascuas dieron.

Con esta envidia que digo,
y lo que paso en silencio,   110
a mis soledades voy,
de mis soledades vengo.

126

Para que no te vayas,
pobre barquilla, a pique,
lastremos de desdichas
tu fundamento triste.

Pero tan grave peso,   5
¿cómo podrás sufrirle?
Si fuera de esperanzas
no fuera tan difícil.

De viento fueron todas,
para que no te fíes   10
de grandes oceanos
que las bonanzas fingen.

Halagan las orillas
con ondas apacibles,
peinando las arenas   15
con círculos sutiles.

Serenas de semblante
engañan los esquifes,
jugando con los remos
porque no los avisen.   20

Pero en llegando al golfo,
no hay monte que se empine
al cielo más gigante,
adonde tantos gimen.

Traidoras son las aguas;   25
ninguna se confíe
de condición tan fácil,
que a todos vientos sirve.

Tan presto ver el cielo
a las gabias permite,   30
como que los abismos
las rotas quillas pisen.

2 Para el tema de las "barquillas", véase la nota en la página 138.

Ya, ¡pobre leño mío!,
que tantos años fuiste
desprecio de las ondas   35
por Scilas y Caribdis,
   es justo que descanses,
y en este tronco firme
atado como loco,
del agua te retires.   40
   No intentes nuevas tablas,
no el viento desafíes,
que rüinas del tiempo
ninguna emienda admiten.
   Mientras te cuelgo al templo, 45
vitorioso apercibe
para injustos agravios
paciencias invencibles.
   En la deshecha popa
desengañado escribe: 50
"Ninguna fuerza humana
al tiempo se resiste."
   No te anuncien las aves
tempestades terribles,
ni el ver que entre las ramas   55
airado el viento silbe;
   no mires los que salen,
ni barco nuevo envidies,
porque le adornen jarcias
y velas le entapicen.   60
   A climas diferentes
la errada proa inclinen
las poderosas naves
de Césares Filipes.

---

45   Alude a la costumbre de colgar como exvoto en el templo
alguna reliquia del naufragio. Recuérdese el soneto CLXII de
las *Rimas,* p. 142.

Antárticos tesoros   65
alegres soliciten
diamantes orientales,
safiros y amatistes.

Las armas de las popas
con generosos timbres   70
los montes de agua espanten,
la tierra opuesta admiren.

Y tú, de sólo el cielo
cubierta, no porfíes
a volver a las ondas,   75
de quien saliste libre.

Huye abrasadas Troyas,
siendo al furor de Aquiles
Eneas el silencio,
y la virtud Anquises.   80

Cuando tu dueño y mío
en esta orilla viste
saliendo de las aguas
salir a recibirme,

aun no mostraba el alba   85
sus cándidos perfiles,
riendo en azucenas,
llorando en alelíes,

cuando a buscar regalos
eras pomposo cisne   90
por las ocultas sendas
del reino de Anfitrite.

Ni temías tormentas
ni encantadoras Circes;
que ya para sirenas   95
era mi amor Ulises.

---

68   La forma *safiro* alternaba con la de *zafiro,* lo mismo que
amatiste con la de *amatista.*
70   *timbre:* la insignia que se coloca en la parte superior de
los escudos de armas para distinguir los grados de nobleza.
80   *Anquises,* príncipe troyano, padre de Eneas.
92   *Anfitrite,* diosa del mar, esposa de Neptuno.

    Y aun me vieron a veces
sus cristalinas sirtes
búzano de las perlas,
y de los peces lince.   100
    ¿Qué pesca no le truje
cuando la noche viste
de sombras estos montes,
que con mi amor compiten?
    Y no en luciente plata,   105
sino en tejidas mimbres;
que donde vienen almas
son las riquezas viles.
    No hay cosa entre dos pechos
que más el alma estime   110
que verdades discretas
en apariencias simples.
    Ya la temida parca,
que con igual pie mide
los edificios altos   115
y las chozas humildes,
    se la robó a la tierra,
y con eterno eclipse
cubrió sus verdes ojos,
ya de los cielos Iris.   120
    Aquellas esmeraldas,
que con el sol dividen
la luz y la hermosura,
en otro cielo asisten;
    aquellos que tuvieron,   125
riéndose apacibles,
la honestidad por alma,
que no el despejo libre.

99 *búzano:* "El que se hunde debajo del agua, como hacen
los que buscan las perlas y el coral y otras cosas que se caen
en el mar." Covarrubias, *Tes.*
120 *Iris,* hija de Taumas y de Electra y mensajera de Juno,
la cual en recompensa de sus servicios la colocó en el cielo.
Los poetas la representan llevada sobre el arco iris, con alas
brillantes y de mil colores.

LA FILOMENA
con otras diuersas
Rimas, Prosas, y Versos.
DE LOPE DE
Vega Carpio.
A LA Ill.MA
Señora Doña
Leonor Pimentel.

Nec timui.
Nec volui.

Con Priuilegio
EN MADRID.

Omnes
idem

En casa de la viuda de Alonso Martin, a costa de Alonso Perez. 1621.

Portada facsímile de *La Filomena*, 1621

Portada facsímile de *La Circe*, 1624

Ya de su voz no tienen
que dulcemente imiten   130
los arroyos pasajes,
los ruiseñores tiples.

No sé cuál fue de entrambos
(bellísima Amarilis),
ni quién murió primero   135
ni quién agora vive.

Presumo que trocamos
las almas al partirte;
que pienso que es la tuya
esta que en mí reside.   140

Tendido en esta arena
con lágrimas repite
mi voz tu dulce nombre,
porque mi pena alivie.

Las ondas me acompañan;   145
que en los opuestos fines
con tristes ecos suenan
y lo que digo dicen.

No hay roca tan soberbia
que de verme y oírme   150
no se deshaga en agua,
se rompa y se lastime.

Levantan las cabezas
las focas y delfines
a las amargas voces   155
de mis acentos tristes.

"No os admiréis, les digo,
que llore y que suspire
aquel barquero pobre
que alegre conocistes;   160

aquel que coronaban
laureles por insigne,
si no miente la fama
que a los estudios sigue,

ya por desdichas tantas,   165
que le humillan y oprimen,
de lúgubres cipreses
la humilde frente ciñe."

Ya todo el bien que tuve
de verle me despide;   170
su muerte es esta vida
que me gobierna y rige.

Ya mi amado instrumento,
que hazañas invencibles
cantó por admirables,   175
lloró por infelices,

en estos verdes sauces
ayer pedazos hice;
supiéronlo barqueros,
enojados me riñen.   180

Cuál toma los fragmentos
y a unirlos se apercibe;
pero, difunto el dueño,
las cuerdas, ¿de qué sirven?

Cuál le compone versos;   185
cuál, porque no le pisen,
le cuelga de las ramas,
transformación de Tisbe;

mas yo, que no hallo engaño
que tu hermosura olvide,   190
a cuanto me dijeron
llorando satisfice:

"Primero que me alegre,
será posible unirse
este mar al de Italia   195
y el Tajo con el Tibre.

Con los corderos mansos
retozarán los tigres,
y faltará a la ciencia
la envidia que la sigue;   200

___

188 Alude al moral, en que fue transformada Tisbe a su
muerte.

que quiero yo que el alma
llorando se distile
hasta que con la suya
esta unidad duplique;
que puesto que mi llanto   205
hasta morir porfíe,
tan dulces pensamientos
serán después fenices.

En bronce sus memorias
con eternos buriles   210
Amor, que no con plomo,
blando papel imprime.

¡Oh, luz, que me dejaste!,
¿cuándo será posible
que vuelva a verte el alma   215
y que esta vida animes?

Mis soledades siente...
—Mas ¡ay!, que donde vives,
de mis deseos locos
en dulce paz te ríes.   220

127

Pobre barquilla mía,
entre peñascos rota,
sin velas desvelada,
y entre las olas sola;
¿adónde vas perdida?   5
¿adónde, di, te engolfas?
que no hay deseos cuerdos
con esperanzas locas.

Como las altas naves,
te apartas animosa   10
de la vecina tierra,
y al fiero mar te arrojas.

208   *fenices* es el plural de 'fénix', no muy frecuente en otros
textos.

Igual en las fortunas,
mayor en las congojas,
pequeño en las defensas,   15
incitas a las ondas,

advierte que te llevan
a dar entre las rocas
de la soberbia envidia,
naufragio de las honras.   20

Cuando por las riberas
andabas costa a costa,
nunca del mar temiste
las iras procelosas.

Segura navegabas;   25
que por la tierra propia
nunca el peligro es mucho
adonde el agua es poca.

Verdad es que en la patria
no es la virtud dichosa,   30
ni se estimó la perla
hasta dejar la concha.

Dirás que muchas barcas
con el favor en popa,
saliendo desdichadas,   35
volvieron venturosas.

No mires los ejemplos
de las que van y tornan;
que a muchas ha perdido
la dicha de las otras.   40

Para los altos mares
no llevas cautelosa,
ni velas de mentiras,
ni remos de lisonjas.

---

19   Comp.: "Desbélese quien quisiese y hablen en mí los días
como hablan en los grandes; que no es mucho que si en el mar
de la murmuración se pierden baxeles de alto borde, se ane-
g[u]e mi barquilla, tan miserable, que apenas se ve en las
aguas, y que por cosa inútil la pudieran perdonar las olas de
la ociosidad y los vientos de la envidia." *Epistolario*, III, 261.

¿Quién te engañó, barquilla?
Vuelve, vuelve la proa,
que presumir de nave
fortunas ocasiona.
    ¿Qué jarcias te entretejen?
¿Qué ricas banderolas   50
azote son del viento
y de las aguas sombra?
    ¿En qué gabia descubres,
del árbol alta copa,
la tierra en perspectiva   55
del mar incultas orlas?
    ¿En qué celajes fundas
que es bien echar la sonda,
cuando, perdido el rumbo,
erraste la derrota?   60
    Si te sepulta arena,
¿qué sirve fama heroica?
Que nunca desdichados
sus pensamientos logran.
    ¿Qué importa que te ciñan   65
ramas verdes o rojas,
que en selvas de corales
salado césped brota?
    Laureles de la orilla
solamente coronan   70
navíos de alto bordo
que jarcias de oro adornan.
    No quieras que yo sea
por tu soberbia pompa
Faetonte de barqueros,   75
que los laureles lloran.
    Pasaron ya los tiempos,
cuando lamiendo rosas
el céfiro bullía
y suspiraba aromas.   80

75-76 Alude al mito de Faetón, que llegó a quemar los laureles, que preservaban de los rayos, según vieja leyenda.

Ya fieros huracanes
tan arrogantes soplan,
que, salpicando estrellas,
del Sol la frente mojan.

Ya los valientes rayos   85
de la vulcana forja,
en vez de torres altas,
abrasan pobres chozas.

Contenta con tus redes,
a la playa arenosa   90
mojado me sacabas;
pero vivo, ¿qué importa?

Cuando de rojo nácar
se afeitaba la aurora,
más peces te llenaban   95
que ella lloraba aljófar.

Al bello sol que adoro,
enjuta ya la ropa,
nos daba una cabaña
la cama de sus hojas.   100

Esposo me llamaba,
yo la llamaba esposa,
parándose de envidia
la celestial antorcha.

Sin pleito, sin disgusto,   105
la muerte nos divorcia:
¡ay de la pobre barca
que en lágrimas se ahoga!

Quedad sobre la arena,
inútiles escotas;   110
que no ha menester velas
quien a su bien no torna.

Si con eternas plantas
las fijas luces doras,
¡oh dueño de mi barca!,   115
y en dulce paz reposas,

---

94   *afeitar,* darse afeites en el rostro.

merezca que le pidas
al bien que eterno gozas,
que adonde estás me lleve
más pura y más hermosa.   120
　　Mi honesto amor te obligue;
que no es digna vitoria
para quejas humanas
ser las deidades sordas.
　　Mas ¡ay que no me escuchas!   125
Pero la vida es corta:
viviendo, todo falta;
muriendo, todo sobra.

128

Pululando de culto, Claudio amigo,
minotaurista soy desde mañana,
derelinquo la frasi castellana,
vayan las "Solitúdines" conmigo.

Por precursora, desde hoy más, me obligo   5
al aurora llamar Bautista o Juana,
chamelote la mar, la ronca rana
mosca del agua, y sarna de oro al trigo.

Mal afecto de mí, con tedio y murrio,
caligas diré ya, que no griguiescos,   10
como en el tiempo del pastor Bandurrio.

Estos versos, ¿son turcos o tudescos?
Tú, letor Garibay, si eres bamburrio,
apláudelos, que son cultidiablescos.

---

128 Una versión, con variantes, figura en una carta de julio o
agosto de 1631 dirigida al duque de Sessa. *Epistolario,* IV, 147.
Véase el comentario a este soneto en las pp. siguientes de *La
Dorotea.*

129

¿Adónde vais, pensamiento,
con pasos tan engañados?
Que no puede bien huir
quien lleva hierros de esclavo.
    Si os han de volver por ellos,   5
¿de qué servirá alejaros?
Que es dar ocasión al dueño
para mayores agravios.
    Mirárades lo primero;
que fue pensamiento vano   10
querer librar en un día
la prisión de tantos años.
    Si es imposible vivir,
mirad que fue necio engaño
ir huyendo de la vida,   15
pues la dejáis en sus brazos.
    Si en lágrimas os fiastes,
presumid que no fue llanto,
sino escribir en el agua
la fe del amor pasado.   20
    Si pensáis hallar remedio
donde se han perdido tantos,
o sois cuerdo, pensamiento,
o somos locos entrambos.
    Lleváis con vos la memoria   25
de tantos bienes pasados,
y ¿queréis que se os olvide
lo mismo que vais pensando?
    Si yo fuera más discreto,
y vos menos arrojado,   30
no estuviéramos agora
yo confuso y vos volando.
    Diréis que puedo volver,
pues que no ha tanto que falto,
sin ver que con tal flaqueza   35
mayor venganza le damos.

Y más quiero yo morir
que no verme despreciado,
pues nunca amor al rendido
trató bien, aunque es hidalgo.   40
    El ver que rendido vuelve
el que se despide airado,
cuando no hiele, asegura,
que es en amor grave daño.
    Amor, pensamiento, es miedo;   45
y una vez asegurado,
bien puede ser que se quiera,
mas no que se quiera tanto.
    Pues andar con invenciones
no me parece acertado;   50
que no se llama cautela
la que saben los contrarios.
    Nunca de vos me fiara,
pues que me habéis engañado
sin ver lo que puede amor   55
favorecido del trato.
    Si no pensáis, pensamiento,
otro remedio más sano,
los dos nos hemos perdido,
y Amarilis se ha vengado.   60

130

Miré, señora, la ideal belleza,
guiándome el amor por vagarosas
sendas de nueve cielos;
y absorto en su grandeza,
las ejemplares formas de las cosas   5
bajé a mirar en los humanos velos;

130 Todo el poema es una bella y concisa exposición del platonismo, que coincide con otros sonetos de *La Circe,* pp. 258-259
de esta selección.
3 Estos *nueve cielos* corresponden a los siete planetas, el
VIII es el cielo estrellado y el IX el cielo cristalino (primer
móvil y cielo empíreo o la gloria).

y en la vuestra sensible
contemplé la divina inteligible;
y viendo que conforma
tanto el retrato a su primera forma,　　　　　　　10
amé vuestra hermosura,
imagen de su luz divina y pura,
haciendo, cuando os veo,
que pueda la razón más que el deseo;
que si por ella sola me gobierno,　　　　　　　　15
amor que todo es alma, será eterno.

AMARILIS

ÉGLOGA

[FRAGMENTO]

131

ELISIO

Adonde el claro Henares se desata
en blando aljófar, nuevo amante Alfeo,
Atenas española se retrata
fértil de sabios en mayor liceo;
álamos blancos, que de verde y plata   5
viste el abril con lúbrico rodeo,
ciñen sus canas entre peces y ovas,
estrados de sus húmidas alcobas.

Por una parte un monte se levanta,
por otra un campo se consagra al cielo,   10

---

131 *Amarilis. Egloga a la Reina christianíssima de Francia, de Fr.
Lope de Vega Carpio, del hábito de San Juan. Con licencia. En
Madrid, por Francisco Martinez, Año 1633.* En *Obras sueltas,*
X, pp. 161-191, de donde traslado el fragmento.
2 Alfeo, habiendo perseguido por mucho tiempo a Aretusa,
ninfa de la comitiva de Diana, fue transformado por la diosa
en río, y Aretusa en fuente; pero no pudiendo Alfeo olvidar
su ternura, mezcló sus aguas con las de aquella fuente.
10 Covarrubias dice en su *Tesoro* que Alcalá de Henares
"significa [...] campo cultivado, donde se han arrancado malas yervas y maleza, oficio que hace la doctrina y diciplina,
arrancando de los pechos christianos la inorancia y los errores, y extirpando las heregías".

281

que más hermoso Géminis transplanta
a la alta senda de su eterno velo;
forman dos niños una imagen santa,
que el sol en fe de su divino celo
entre signos de atletas españoles   15
adora estrellas y respeta soles.

Así su mayoral con la pellica
blanca y celeste al singular tesoro
de la divina ley el genio aplica,
del monte luz, y de la sal decoro;   20
el que las leyes de la tierra explica,
verde y roja color y la del oro
viste pastor filósofo, que ayuda
en lo que fue naturaleza muda.

En esta parte pues, adonde el cielo   25
tanta ciencia infundió, como más pura
oposición de su celeste velo,
sus ciencias igualó con la hermosura,
nació mi luz, y el inmortal desvelo
del alma de mi pluma, que segura   30
caminaba a la fama en su alabanza:
tal premio un estudioso amor alcanza.

A competir la luz, que el sol reparte,
nació, pastores, Amarilis bella,
para que hubiese sol cuando él se parte,   35
o fuese el mismo sol Aurora della;
benévola miró Venus a Marte
sin luz opuesta de contraria estrella;
pero la envidia, si en el cielo cupo,
turbó la claridad cuando lo supo.   40

11-13 Los dos hermanos no son aquí Cástor y Polux, sino
San Justo y San Pastor. Lope les dedicó el soneto LXXVIII
de las *Rimas sacras.*

Crióse hermosa, cuando ser podía
en la primera edad belleza humana,
porque cuando ha de ser alegre el día,
ya tiene sus albricias la mañana;
aprendió gentileza y cortesía,   45
no soberbio desdén, no pompa vana,
venciendo con prudente compostura
la arrogancia que engendra la hermosura.

Si cátedra de amar Amor fundara,
como aquel africano español ciencias,   50
la de prima bellísima llevara
a todas las humanas competencias;
no tuvieran contigo, fénix rara,
las letras y las armas diferencias,
ni estuvieran por Venus tan hermosa   55
quejosa Juno y Palas envidiosa.

El copioso cabello, que encrespaba
natural artificio, componía
una selva de rizos, que envidiaba
Amor para mirar por celosía: 60
porque cuando tendido le peinaba,
un pavellón de tornasol hacía,
cuyas ondas sulcaban siempre atentos
tantos como cabellos, pensamientos.

En la mitad de la serena frente,   65
donde rizados los enlaza y junta,
formó naturaleza diligente
jugando con las hebras una punta;
en este campo, aunque de nieve ardiente,
duplica el arco Amor, en cuya junta   70

50 Quizá aluda Lope a Averroes.
51 La cátedra de *prima:* "Usase esta voz hoy en las Universi-
dades, en donde se llama Lección de prima la que se explica a
esta hora [una de las primeras de la mañana] y Cathedrático
de prima el que tiene este tiempo destinado para sus leccio-
nes." *Dicc. de Auts.*

márgenes bellas de pestañas hechas,
cortinas hizo y guarnición de flechas.

Dos vivas esmeraldas, que mirando
hablaban a las almas al oído,
sobre cándido esmalte transladando   75
la suya hermosa al exterior sentido,
y con risueño espíritu templando
el grave ceño, alguna vez dormido,
para guerra de amor que cuanto vían,
en dulce paz el reino dividían.   80

La bien hecha nariz, que no lo siendo
suele descomponer un rostro hermoso,
proporcionada estaba, dividiendo
honesto nácar en marfil lustroso;
como se mira doble malva abriendo   85
del cerco de hojas en carmín fogoso,
así de las mejillas sobre nieve
el divino pintor púrpura llueve.

¿Qué rosas me dará, cuando se toca
al espejo, de mayo la mañana;   90
qué nieve el Alpe, qué cristal de roca,
qué rubíes Ceilán, qué Tiro grana,
para pintar sus perlas y su boca,
donde a sí misma la belleza humana
vencida se rindió, porque son feas   95
con las perlas del Sur rosas Pangeas?

Con celestial belleza la decora,
como por ella el alma se divisa,
la dulce gracia de la voz sonora
entre clavel y roja manutisa;   100
que no tuvo jamás la fresca Aurora
bañada en ámbar tan honesta risa,
ni dio más bella al gusto y al oído
margen de flores a cristal dormido.

89 *toca*, de 'tocarse', arreglarse, hacerse el tocado una dama.

No fue la mano larga, y no es en vano,   105
si mejor escultura se le debe
para seguirse a su graciosa mano
de su pequeño pie la estampa breve;
ni de los dedos el camino llano,
porque los ojos, que cubrió de nieve,   110
hiciesen, tropezando en sus antojos,
dar los deseos y las almas de ojos.

Trece veces el sol en la dorada
esfera devanó los paralelos,
por cuya senda cándida, esmaltada   115
de auroras, baña en luz tierras y cielos;
cuando a ser hermosura desdichada
la destinaron por su claros velos
cuantos aspectos hay infortunados,
cuanto más resistidos más airados.   120

No porque tengan fuerza las estrellas
contra la libertad del albedrío,
mas porque al bien o al mal inclinan ellas,
y no ponemos fuerza en su desvío;
por ver las partes de Amarilis bellas   125
a los campos bajó de nuestro río
Ricardo, un labrador de la Montaña,
que fue defensa del honor de España.

Rudo y indigno de su mano hermosa
a pocos días mereció su mano,   130
no el alma, que negó la fe de esposa,
en cuyo altar le confesó tirano;
aquella noche infausta y temerosa
con tierno llanto resistida en vano,
en triste auspicio del funesto empleo   135
mató el hacha nupcial triste Himeneo.

127 Es Roque Hernández de Ayala, "hombre de negocios",
que casaría con Marta de Nevares. Véase la Introducción, p. 30.

¿Qué desdicha fatal de las hermosas
es esa de tener tales empleos?
¿Siempre las feas han de ser dichosas?
¿Nunca les han de dar maridos feos?   140
¿En qué consiste ser tan venturosas,
si no es posible despertar deseos?
En que es tal bien, que cuando dio belleza,
no tuvo más que dar naturaleza.

Imágenes celestes, ¿cómo ahora   145
tenéis envidia allá, siendo tan fea?
No más Elices bellas que el sol dora,
dulce Ariadna, hermosa Casiopea;
tú, hija de Titán y de la Aurora,
cándida virgen, celestial Astrea,   150
¿cómo días y noches, tu figura
iguala la fealdad y la hermosura?

Las Gracias asistieron, roto el lazo
que en triangular firmeza las anuda;
la madre del amor sin darle abrazo,   155
la paz del matrimonio puso en duda;
llegado el tiempo al amoroso plazo,
con vergonzosa nube la desnuda
fuerza cubrió, que, aunque muger la nombra,
faltaba el alma, y abrazó la sombra.   160

No suele de otra suerte la cordera
acechada detrás del verde escobo
la repetida voz gemir postrera
entre los dientes del sangriento lobo;
ni menos fiero, cuando más se altera,   165
albergue de pastores contra el robo,
cogiendo piedras y llamando perros,
discurre valles y transmonta cerros.

162   *escobo,* matorral espeso.

Allí se forma una áspera batalla,
uno sigue, otro ladra, aquel le muerde;   170
el silbo suena, el cáñamo restalla;
huye, resiste, sufre, y no la pierde,
las hondas burla, y cuando el monte calla,
tiñe de rojo humor la cama verde,
en que duerme seguro y satisfecho: 175
que la tiene en los brazos o en el pecho.

¿Cuántos deseos de pastores fueron
siguiendo aquella noche con suspiros
la envidia de Ricardo, que ofendieron
vanos deseos de amorosos tiros?   180
Mas cuando ya de vista le perdieron,
volviéndose a sus chozas y retiros,
abrazado y cruel, tirano y dueño
le halló la Aurora en regalado sueño.

Desde este día fue Amarilis llanto;   185
no fue Amarilis, su mortal tristeza
aumentó su hermosura con espanto
del orden que le dio naturaleza;
bajaba de la noche el negro manto,
y era nácar de perlas su belleza,   190
llorábalas el alba en sus despojos,
y eran racimos de cristal sus ojos.

Volvió a pintar los Signos otras tantas
veces el claro sol, divino Apeles,
renovando las flores y las plantas   195
las puntas de sus únicos pinceles;
era el tiempo en que vio las luces santas
coronado de triunfos y laureles
el tercero Felipe del Segundo,
a cuyo Cuarto fue pequeño el mundo.   200

En un jardín se celebraba un día
de gallardos pastores un torneo,
donde el amor a Marte competía,
y daba la virtud premio al deseo;

las letras escribió la fantasía,   205
intérpretes ocultos de su empleo,
hallando el accidente en los favores
de las galas y plumas las colores.

Aquí Amarilis presidió, hermosura
entre cuantas vinieron a la fiesta,   210
como envidiada, de envidiar segura,
fingiendo risa dulcemente honesta.
Como sale después de noche escura
la pura rosa en el botón compuesta
de aquel pomposo purpurante adorno   215
de verdes rayos coronada en torno;

o como al nuevo sol la adormidera
desata el nudo al desplegar las hojas,
formando aquella hermosa y varia esfera,
ya cándidas, ya nácares, ya rojas,   220
así me pareció, y así quisiera
decirle con la lengua mis congojas;
mas quisieron los ojos atrevidos
anticiparse a todos los sentidos.

Así como el relámpago se mira   225
primero que al oído llegue el trueno,
porque es la vista más veloz, se admira
que salgan juntos del oculto seno,
así las luces, que la vista espira,
y llevaron al alma su veneno,   230
anticiparon a la lengua en calma,
aunque las vi salir juntas del alma.

En vano entonces las deidades llamo,
aunque de Venus el favor presuma,
cual pájaro se queja del reclamo,   235
después que el árbol le prendió la pluma,
que en la liga tenaz y el firme ramo
se prende más, se enlaza y se despluma,
porque las alas, que volar previenen,
pensando que le sueltan, le detienen;   240

así mis ojos libertad buscaban
de la nueva prisión en que se vían,
pues por librarse de mirar, miraban,
y pensando salir, se detenían,
cuando las alas de Ícaro abrasaban   245
rayos del sol, la cera derretían
y este regalo, cuyo ejemplo sigo,
pensaba que era amor, y era castigo.

Este principio tuvo el pensamiento,
que nunca tendrá fin, pues no es posible   250
tenerle el alma, donde tuvo asiento
contra todos los tiempos invencible;
así se cautivó mi entendimiento,
y mi esperanza se juzgó imposible;
mas viéndome morir, siempre decía: 255
"Dulce mal, dulce bien, dulce porfía."

Más fácil cosa fuera referiros
las varias flores desta selva amena,
o las ondas del Tajo, en cuyos giros
envuelto su cristal besa la arena,   260
que las ansias, temores y suspiros
de la esperanza de mi dulce pena,
hasta que ya después de largos plazos
gané la voluntad, que no los brazos.

Escribíale yo mis sentimientos   265
en conceptos más puros que sutiles,
y tal vez escuchaba mis tormentos,
o recibía mis presentes viles.
¿Qué mayo con diversos instrumentos,
canciones y relinchos pastoriles   270
no coroné sus jambas y linteles
de mirtos, arrayanes y laureles?

¿Qué cabritillo le nació manchado,
a todo blanco, o rojo y encendido
a la cabra mejor de mi ganado,   275
sin dársele de flores guarnecido?

¿Cuándo topé su manso, que peinado
no le volviese el natural vestido,
o sin llevar, porque al de Tirsi exceda,
esquila de oro en el collar de seda?   280

    ¿Qué fruta no gozaba a manos llenas
de mi heredad a sus pastores franca;
qué leche y miel de ovejas y colmenas
en roja cera, o en encella blanca;
qué ruiseñores con la pluma apenas;   285
qué mastín suyo no adornó carlanca,
sin verse, o lo tuviera por delito,
su dulce nombre en el metal escrito?

    ¿De qué sarta de perlas no tenía
la cándida garganta coronada?   290
Aunque la misma sarta agradecía
verse en mejores perlas engastada.
¿Qué sangriento coral no competía
su boca en viva púrpura bañada?
Sin otras pobres joyas, que entre amantes   295
las lágrimas amor hace diamantes.

    Estaba yo detrás de un verde espino
escribiendo mis celos y temores
junto a un arroyo a un prado tan vecino,
que a precio de cristal compraba flores,   300
cuando Amarilis, que a bañarse vino,
me vio escondido, que si no, pastores,
por el vidrio del agua a Venus veo.
¡Qué corta dicha de tan gran deseo!

    No se viera más bella y peregrina   305
de divino pincel dibujo humano,
corrida al cuadro la veloz cortina
la celebrada Venus del Ticiano;
si el cuerpo hermoso en el cristal reclina,
tengo un antojo, que me dio Silvano,   310
con que tanto a mis ojos la acercara,
que todos los del alma me quitara.

Sentábase conmigo en una fuente,
que murmuraba amores tan ociosos,
lastimada de ver que su corriente   315
aumentaban mis ojos amorosos;
no llora y canta Filomena ausente
con más dolor sus casos lastimosos
que yo, si me faltaban sólo un día
las bellas luces en que el alma ardía.   320

Su mano alguna vez, que la fortuna
estaba de buen gusto, me fiaba,
con que pensaba yo que de la luna
la humilde mía posesión tomaba;
con dulce voz, que no igualó ninguna,   325
mis amorosos versos animaba,
que en ella presumí, y aun hoy lo creo,
que eran de Ovidio y los cantaba Orfeo.

Tal vez armando un árbol con cautela
cazábamos pintados pajarillos   330
con las ocultas varas que encarcela
la liga, de sus pies cadena y grillos;
no con la parda red, o blanca tela
el tremendo animal, cuyos colmillos
aun tiembla Venus hoy, cuando al aurora   335
el que mancebo amaba, flor le llora.

Contento desta vida, y ya perdida
la esperanza de verla más dichosa,
la dura muerte mejoró mi vida,
que alguna vez la muerte fue piadosa;   340
mató la de Ricardo aborrecida,
sacando deste Argel su indigna esposa,
y mi deseo, que su fin alcanza,
naciendo posesión, murió esperanza,

___

336   Alusión al mito de Adonis y su muerte.

Que vida fuese la dichosa mía,   345
de la pasada os diga la aspereza,
porque no mereció tanta alegría
quien antes no pasó tanta tristeza.
¡O cuántas veces me enojaba el día
sacando de mis brazos su belleza,   350
y cuántas veces le quisiera eterno
por largas noches el escuro hibierno!

El parabién me daban los pastores
del Tajo, Manzanares y Jarama,
refiriendo en sus versos mis amores   355
aquellos que a Helicón fueron por fama;
parecíame a mí que hasta las flores,
que riza el prado sobre verde lama,
Viva el constante Elisio, me decían,
que duplicados ecos repetían.   360

Lo mismo el valle humilde, el arrogante
monte aplaudir en alta voz pretende,
cual suele el vulgo bárbaro arrogante
con *Víctor* celebrar lo que no entiende.
Si en las fuentes miraba mi semblante,   365
cuando encendido el sol velos desprende,
me parecía hermoso, ¡qué locura!,
y era que imaginaba en su hermosura.

Como sucede que ganando un hombre,
todos le lisonjean y le admiran,   370
parece más discreto y gentil-hombre,
y es gracia cuanto dice a los que miran;
y como suelen repetir su nombre
los que al barato de su dicha aspiran,
así dieron aplauso a mis favores   375
aves, pastores, árboles y flores.

374   *barato,* de "dar barato": "sacar los que juegan del mon-
tón común, o del suyo, para dar a los que sirven o assisten
al juego". Covarrubias, *Tes.*

Con esto en paz tan amorosamente
vivía yo, que de sus dos estrellas
vida tomaba para estar ausente,
y luz para poder mirar sin ellas.   380
Mirándole una vez atentamente
las verdes niñas, vi mi rostro en ellas,
y celoso volví, por ver si estaba
detrás otro pastor que le formaba.

Mas como en esta vida no hay alguna   385
que se pueda alabar hasta la muerte,
y con tantos ejemplos la Fortuna
su fácil inconstancia nos advierte,
volvió su condición tan importuna
contra mi bien, que de la misma suerte   390
que me le dio, me le quitó, y aun creo
que fue mayor que el bien el mal que veo.

Había yo querido en tiernos años
una villana hermosa y ignorante
con poco amor, no sé si son engaños,   395
pero no amaba yo mi semejante;
ausencia, que de casos tan extraños
siempre es autora, y nunca fue constante,
enseñóla a querer otro sujeto,
fiando los agravios al secreto.   400

Miente quien dice que la ofensa larga
puede durar sin verla el ofendido,
la breve puede ser, mas si se alarga,
o no sabe de honor, o bebe olvido;
la baja vecindad luego se encarga   405
de que se entienda bien lo mal sentido,
porque si persüade una mentira,
¿qué hará de la verdad, que escucha y mira?

Mirar atentamente lo que pasa
en casa ajena, y no mirar la propia,   410
cuando por dicha en el honor se abrasa,
a nadie le parece cosa impropia;

las faltas proprias y la propria casa,
de que hay en nuestro valle tanta copia,
¿cómo le pueden dar al dueño enojos?   415
Porque hacia dentro nunca ven los ojos.

Era del Tajo un rico ganadero
este pastor, que a Fabia enamoraba,
cuyo ganado por braveza fiero
de negra y roja piel campos manchaba;   420
sabio entre necio, lindo entre grosero;
mas pienso que decir rico bastaba:
tanto la gala en las mujeres crece,
que se compra el favor, no se merece.

Dejé con esto justamente a Fabia,   425
que se quejaba habiéndome ofendido;
porque quien vuelve a amar a quien le agravia
poco tiene de honrado y bien nacido.
No fue de mi temor prevención sabia
buscar para su amor tan justo olvido;   430
sobraba breve tiempo de por medio,
que para poco amor, poco remedio.

Mas cuando fuera yo la quinta esencia
de cuanto amor de Ovidio enseña el arte,
y tuviera la pena en competencia,   435
que tuvieron por Venus, Febo y Marte
o a Elisa del Troyano dio la ausencia,
o a Ifis los desdenes de Anaxarte,
o la que al tracio amante aun hoy espanta,
que llora Progne y Filomena canta.   440

Bastaba para olvido solamente
volver sus dulces ojos a mirarme
la divina Amarilis, accidente
que pudo a un tiempo helarme y abrasarme,

437 *Elisa* es Dido y el *Troyano*, Eneas. Vid. la nota de la
p. 153.
438 Sobre *Anaxarte* e *Ifis*, véase la nota en la p. 119.
439 Alude a Orfeo.

tanto, que a ser posible que lo intente   445
del alma, que di a Fabia, desnudarme,
le diera un alma nueva a su despecho,
que no hubiera servido en otro pecho.

Mas Fabia con deseo de venganza,
¡duro animal es la mujer con ella!,   450
mi vida, mi remedio, mi esperanza
como caballo indómito atropella.
Por castigar mi súbita mudanza,
y con envidia de Amarilis bella
corrió celosa, y no miró arrogante   455
cuantos brillar aceros vio delante.

Tal suele furibundo en tempestades
arroyo formidable intempestivo
ya de montes bajar, ya de ciudades
con turbulento horror y orgullo altivo,   460
que destruyendo viñas y heredades,
voltea entre las aguas vengativo
pedazos de cabañas y de aceñas,
abriendo calles, y lavando peñas.

En fin con los hechizos que sabía,   465
y un pastor extranjero le enseñaba,
que en la luna carácteres ponía,
los espíritus fieros invocaba,
las bellas luces, donde yo me vía,
y en los hermosos ojos respetaba   470
de Amarilis el sol, cegó de suerte,
que se pudo vengar de Amor la muerte.

Cuando yo vi mis luces eclipsarse,
cuando yo vi mi sol escurecerse
mis verdes esmeraldas enlutarse   475
y mis puras estrellas esconderse,
no puede mi desdicha ponderarse,
ni mi grave dolor encarecerse,
ni puede aquí sin lágrimas decirse
cómo se fue mi sol al despedirse.   480

Los ojos de los dos tanto sintieron,
que no sé cuáles más se lastimaron,
los que en ella cegaron, o en mí vieron,
ni aun sabe el mismo Amor los que cegaron,
aunque sola su luz escurecieron,   485
que en los demás bellísimos quedaron,
pareciendo al mirarlos que mentían,
pues mataban de amor lo que no vían.

Cual suele enamorar la fantasía
retrato que no sabe que enamora,   490
y cuanto al vivo original le fía,
con mudas luces el pintado ignora,
o como en el crepúsculo del día
por hermosuras sobre flores llora
el alba, sin saber que las aumenta,   495
abre, colora, pinta y alimenta.

Pasó al principio con prudencia cana
en tanta juventud verse sin ojos,
tan ninfa, tan gentil, cuanto la humana
belleza dio mortales a despojos.   500
Cuatro veces el sol en oro y grana
pasados del hibierno los enojos,
bañó la piel del frigio vellocino,
sin replicar a su fatal destino.

No pude yo, que a la tristeza mía   505
aquel consuelo de Antipatro niego,
que dijo que la noche dar podría
algún deleite al que estuviese ciego;
ni menos a imprimir tuve osadía,
cuando a la estampa de sus ojos llego,   510
mi vista en ellos, porque no admitiera
peregrina impresión su hermosa esfera.

503 Alude a Aries, el signo zodiacal.
506 Quizá Antípatro de Tiro, filósofo estoico, que fue amigo
de Catón *el Menor*; o Antípatro de Tarso, discípulo y suce-
sor de Diógenes Babilonio, que cita Cicerón entre los príncipes *dialecticorum*.

Ojos, decía yo, si yo decía
lo que el alma a singultos me dictaba,
¿cómo sufrió tanto rigor el día,   515
que luz de vuestra luz participaba?
De Psiches fue mi loca fantasía,
que ver vuestra belleza imaginaba,
pues vi, mis ojos, cuando a veros llego,
al sol dormido, y a Cupido ciego.   520

Así estaba el Amor, y así la miro
ciega y hermosa, y con morir por ella,
con lástima de verla me retiro,
por no mirar sin luz alma tan bella.
Difunto tiene un sol, por quien suspiro,   525
cada esmeralda de su verde estrella,
ya no me da con el mirar desvelos,
seré el primero yo que amó sin celos.

No luce la esmeralda, si engastada
le falta dentro la dorada hoja,   530
porque de aquella luz reverberada
más puros rayos transparente arroja;
así en mis verdes ojos eclipsada
dentro la luz, que Fabia le despoja,
aunque eran esmeraldas, no tenían   535
el alma de oro, con que ver podían.

Ahora si que Amor es ciego, ahora,
si tirase, a ninguno acertaría,
ahora sí que sois, dulce señora,
ciega de amor, pues que mi amor os guía;   540
cantad, pues que sabéis, lo que amor llora,
que es vuestra pena y la desdicha mía,
tendrá dos aves esta selva amena,
sin ojos vos, sin lengua Filomena.

517   Se refiere Lope a la bellísima leyenda de Psiquis o Psi-
ques y Cupido, que narra Apuleyo en el *Asno de oro*.

Crió Júpiter alto la Fortuna   545
con tan hermosos ojos, que miraba
todas las cosas, sin quejarse alguna
que el merecido premio le quitaba;
al pavimento de la blanca luna
la virtud y la ciencia levantaba,   550
quejándose con bárbara arrogancia
el vicio, la bajeza y la ignorancia.

Atento el dios a tantos sacrificios,
que sus cándidas aras jaspearon,
la Fortuna cegó, cuyos oficios   555
en injustos agravios se trocaron:
ciencias, hazañas, méritos, servicios
nunca desde este día se premiaron,
que la ignorancia, el vicio y la mentira,
como ciega no ve, premia y admira.   560

Tú, Fortuna, tú, Amor, tú, hermosa ciega,
¿qué bien podrá esperar mi confianza?
Pero si la Fortuna el premio niega,
no le niegues, Amor, a la esperanza;
mas si la vida a tal extremo llega,   565
que en la muerte condena la tardanza,
¿qué bien me puede dar que yo le pida,
cuando él está sin vista y yo sin vida?

Ojos, si vi por vos la luz del cielo,
¿qué cosa veré ya sin vuestra vista;   570
o cómo el alma admitirá consuelo,
que la violencia del dolor resista?
Corre la Aurora de la noche el velo,
para que el sol a nuestro polo asista:
mirad si el alma justamente llora,   575
que nunca salga el sol en vuestra aurora.

Las fábulas fingieron que atrevido
al sol hurtó la llama Prometeo,
pero cegar al sol, con ser fingido,
jamás fue empresa de mortal deseo;   580

pero si de tinieblas ofendido,
sol de mis ojos, eclipsar os veo,
fue porque vino a estar en vez de luna
en el dragón de Fabia mi fortuna.

Con los ojos abiertos el león duerme,   585
y a nadie mata, porque a nadie mira:
¡oh milagro de amor matar sin verme!,
¡oh luz elemental que, oculta, admira!
Sólo resulta el bien de no perderme,
cuando de celos el temor suspira;   590
pero corred los amorosos velos,
mirad a todos, y matadme a celos.

Pensaba yo con ésta que no hubiera
desdicha que a la nuestra se igualara,
cuando Fabia cruel intenta fiera
del alma escurecer la lumbre clara.
Es el entendimiento la primera
luz que la entiende, y voz que la declara,
es su vista y sus ojos, ¿pues qué intento
más fiero, que cegar su entendimiento?   600

Cuando a Amarilis vi sin él, pastores,
pues que no le perdí, no os encarezca
mis lágrimas, mis penas, mis dolores,
pues no es razón que crédito merezca.
Ejemplo puede ser mi amor de amores,   605
pues quiere amor que más se aumente y crezca,
que si en amar defectos se merece,
ese es amor que en las desdichas crece.

¿Quién creyera que tanta mansedumbre
en tan súbita furia prorrumpiera?;   610
pero faltando la una y la otra lumbre
de cuerpo y alma, ¿qué otro bien se espera?
Que en no habiendo razón que el alma alumbre,
ni vista al cuerpo en una y otra esfera,
sólo pudo quedar lo que se nombra   615
de viviente mortal cadáver sombra.

Aquella que, gallarda, se prendía
y de tan ricas galas se preciaba,
que a la Aurora de espejo le servía,
y en la luz de sus ojos se tocaba,   620
curiosa, los vestidos deshacía,
y otras veces, estúpida, imitaba,
el cuerpo en hielo, en éxtasis la mente,
un bello mármol de escultor valiente.

Como después de muerta Polixena   625
sobre el sepulcro del vengado Aquiles,
bañando el mármol la purpúrea vena,
indigna hazaña de ánimos gentiles,
Hécuba triste maldiciendo a Helena,
y la venganza de los griegos viles,   630
las selvas asombraba con feroces
ansias, vertiendo el alma entre las voces,

así por nuestros montes discurría,
hiriendo a voces los turbados vientos,
aquella cuya voz, cuya armonía   635
cantando suspendió los elementos.
Furiosa pitonisa parecía
en los mismos furores, cuando atentos
esperaba de Febo las funestas
o alegres siempre equívocas respuestas.   640

Las aves, campos, flores y arboledas,
que primero la oyeron, repitiendo
los ecos de su voz, las altas ruedas,
por donde forma el Tajo dulce estruendo,

637 En el templo de Apolo, en Delfos, existía un antro que
despedía determinados vapores, que los griegos creían que eran
manifestaciones del dios Apolo. La encargada de recibir tales
mensajes, que producían en ella una especie de ataque epilép-
tico, era la Pitia o Pitonisa, y los sacerdotes recogían sus in-
conexas palabras para formar con ellas oráculos.
643 Sobre las "altas ruedas" del Tajo, véase la nota 92 en
la p. 109.

apenas pueden detenerse quedas,   645
como entonces oyendo, ahora huyendo,
sólo la escucho yo, sólo la adoro,
y de lo que padece me enamoro.

Las diligencias finalmente fueron
tantas para curar tan fieros males,   650
que la vista del alma le volvieron,
que penetra los orbes celestiales:
cuando mis ojos a Amarilis vieron,
juzgando yo sus penas inmortales,
con libre entendimiento, gusto y brío   655
roguéle a Amor que me dejase el mío.

Salía el sol del pez Austral, que argenta
las escamas de nieve, al tiempo cuando
cuerda Amarilis a vivir se alienta,
los campos, no los celos, alegrando;   660
a la estampa del pie la selva atenta,
campanillas azules esmaltando,
parece que aun en flores pretendía
tocar a regocijo y alegría.

Trinaban los alegres ruiseñores,   665
y los cristales de las claras fuentes
jugaban por la margen con las flores,
que bordaban esmaltes diferentes;
mirábanse los árboles mayores
de suerte en la inquietud de las corrientes,   670
que el aire, aunque eran sombras, parecía
que debajo del agua los movía.

Por ver el pie, con que las flores pisa,
saltaban los corderos por el llano,
ella les daba sal con dulce risa   675
en el marfil de su graciosa mano;
en la corteza de los olmos lisa,
ingenio singular, compuso Albano
floridos epigramas, no vulgares,
que era poeta de los doce Pares.   680

De mí no digo, porque siempre he sido
humilde profesor de mi ignorancia,
no como algunos, que han introducido
sacar ejecutoria a su arrogancia;
y siendo genio Amor de mi sentido,   685
mirando más la fe que la elegancia,
compuse versos, que con lengua pura
Castilla y la verdad llaman cultura.

Mas como el bien no dura, y en llegando
de su breve partida desengaña,   690
huésped de un día, pájaro volando,
que pasa de la propria a tierra extraña,
no eran pasados bien dos meses, cuando
una noche al salir de mi cabaña
se despidió de mí tan tiernamente,   695
como si fuera para estar ausente.

"Elisio, caro amigo, me decía,
lo que has hecho por mí te pague el cielo,
con tanto amor, lealtad y cortesía,
fe limpia, verdad pura, honesto celo."   700
"¿Qué causa, dije yo, señora mía,
qué accidente, qué intento, qué desvelo
te obliga a despedirme desta suerte,
si tengo de volver tan presto a verte?"

"Siempre con esta pena me desvío   705
de ti", me respondió; ¿mas quién pensara,
que el alba de sus ojos en rocío
tan tierno a media noche me bañara?
"A Dios, dijo llorando, Elisio mío."
"Espera, respondí, mi prenda cara."   710
No pudo responder, que con el llanto
callando habló, mas nunca dijo tanto.

Yo triste aquella noche infortunada,
principio de mi mal, fin de mi vida,
dormí con la memoria fatigada,   715
si hay parte que del alma esté dormida;

mas cuando de diamantes coronada,
en su carroza de temor vestida,
mandaba al sueño que esparciese luego
cuidado al vicio, a la virtud sosiego,   720

   suelto el cabello, desgreñado y yerto,
medio desnuda, Lícida me nombra,
pastora de Amarilis, yo despierto,
y pienso que es de mi cuidado sombra.
Si a pintaros a Lícida no acierto,   725
no os espantéis, porque aún aquí me asombra:
"Tu bien se muere, dijo, Elisio, advierte,
que está tu vida en brazos de la muerte."

   "No puede ser, le dije, pues yo vivo";
y mal vestido parto a su cabaña.   730
Pastores, perdonad, si el excesivo
dolor en tiernas lágrimas me baña.
Apenas el estruendo compasivo,
y el dudoso temor me desengaña,
cuando me puso un miedo en cada pelo   735
el triste horror, y en cada poro un hielo.

   Como entre el humo y poderosa llama
del emprendido fuego discurriendo
sin orden, éste ayuda, aquél derrama
el agua antes del fuego, el fuego huyendo;   740
o como en monte va de rama en rama
con estallidos fieros repitiendo
quejas de los arroyos, que quisieran
que se acercaran, y favor les dieran,

   en no menos rigor turbados miro   745
de Amarilis pastoras y vaqueros,
y ella expirando, ¡ay Dios!, ¿cómo no expiro
osando referir males tan fieros?
Estaban en el último suspiro
aquellos dos clarísimos luceros,   750
mas sin faltar hasta morir hermosa
nieve al jazmín, ni púrpura a la rosa.

Llego a la cama, la color perdida
y en la arteria vocal la voz suspensa,
que apenas pude ver restituida   755
por la grandeza de la pena inmensa;
pensé morir viendo morir mi vida,
pero mientras salir el alma piensa,
vi que las hojas del clavel movía,
y detúvose a ver que me decía.   760

¡Mas ay de mí!, que fue para engañarme,
para morirse, sin que yo muriese,
o para no tener culpa en matarme,
porque aun allí su amor se conociese;
tomé su mano en fin para esforzarme,   765
mas como ya dos veces nieve fuese,
templó en mi boca aquel ardiente fuego,
y en un golfo de lágrimas me anego.

Como suelen morir fogosos tiros,
resplandeciendo por el aire vano   770
de las centellas que en ardientes giros
resultan de la fragua de Vulcano,
así quedaban muertos mis suspiros
entre la nieve de su helada mano;
así me halló la luz, si ser podía   775
que, muerto ya mi sol, me hallase el día.

Salgo de allí con erizado espanto
corriendo el valle, el soto, el prado, el monte,
dando materia de dolor a cuanto
ya madrugaba el sol por su horizonte.   780
"Pastores, aves, fieras, haced llanto,
ninguno de la selva se remonte",
iba diciendo; y a mi voz, turbados,
secábanse las fuentes y los prados.

No quedó sin llorar pájaro en nido,   785
pez en el agua, ni en el monte fiera,
flor que a su pie debiese haber nacido,
cuando fue de sus prados primavera;

lloró cuanto es amor, hasta el olvido
a amar volvió porque llorar pudiera,   790
y es la locura de mi amor tan fuerte,
que pienso que lloró también la muerte.

   Bien sé, pastores, que estaréis diciendo
entre vosotros que es mi amor locura,
tantas veces en vano repitiendo   795
su desdicha fatal y su hermosura;
yo mismo me castigo y reprehendo;
mas es mi fe tan verdadera y pura,
que cuando yo callara mis enojos,
lágrimas fueran voz, lenguas mis ojos.   800

   Como las blancas y encarnadas flores
de anticipado almendro por el suelo
del cierzo esparcen frígidos rigores,
así quedó Amarilis rosa y hielo.
Diez años ha que sucedió, pastores,   805
con su muerte mi eterno desconsuelo,
y estoy tan firme y verdadero amante
como los polos que sustenta Atlante [...]

---

805 Doña Marta de Nevares murió el 7 de abril de 1632.

RIMAS [...] DE TOMÉ DE BURGUILLOS

132

NO SE ATREVE A PINTAR SU DAMA MUY HERMOSA
POR NO MENTIR QUE ES MUCHO PARA POETA

Bien puedo yo pintar una hermosura,
y de otras cinco retratar a Elena,
pues a Filis también, siendo morena,
ángel, Lope llamó, de nieve pura.

Bien puedo yo fingir una escultura,   5
que disculpe mi amor, y en dulce vena
convertir a Filene en Filomena,
brillando claros en la sombra escura.

Mas puede ser que algún letor extrañe
estas musas de Amor hiperboleas,   10
y viéndola después se desengañe.

132 *Rimas humanas y divinas del Licenciado Tomé de Burguillos,
no sacadas de biblioteca ninguna, (que en Castellano se llama
Librería) sino de papeles de amigos y borradores suyos. Al
Excelentíssimo Señor Duque de Sessa, Gran Almirante de Ná-
poles. Por Frei Lope Felix de Vega Carpio del Auito de San
Iuan. Con privilegio. En Madrid en la Imprenta del Reyno.
Año 1634. A costa de Alonso Pérez, Librero de Su Magestad.*
Utilizo mi edición en *Lope de Vega, Obras poéticas,* I (Bar-
celona, Planeta, 1969).

Pues si ha de hallar algunas partes feas,
Juana, no quiera Dios que a nadie engañe:
basta que para mí tan linda seas.

133

DICE EL MES EN QUE SE ENAMORÓ

Érase el mes de más hermosos días,
y por quien más los campos entretienen,
señora, cuando os vi, para que penen
tantas necias de Amor filaterías.

Imposibles esperan mis porfías,   5
que como los favores se detienen,
vos triunfaréis cruel, pues a ser vienen
las glorias vuestras, y las penas mías.

No salió malo este versillo octavo,
ninguna de las musas se alborote   10
si antes del fin el sonetazo alabo.

Ya saco la sentencia del cogote;
pero si, como pienso, no le acabo,
echaréle después un estrambote.

134

TÚRBASE EL POETA DE VERSE FAVORECIDO

Dormido, Manzanares discurría
en blanda cama de menuda arena,
coronado de juncia y de verbena,
que entre las verdes alamedas cría,

---

133 4 *filatería:* "Deste término usamos para dar a entender el tropel de palabras que un hablador embaucador ensarta y enhila
para engañarnos y persuadirnos lo que quiere, por semejanza
de muchos hilos enredados unos con otros." Covarrubias, *Tes.*

cuando la bella pastorcilla mía,   5
tan sirena de Amor, como serena,
sentada y sola en la ribera amena,
tanto cuanto lavaba, nieve hacía.

Pedíle yo que el cuello me lavase,
y ella sacando el rostro del cabello,   10
me dijo que uno de otro me quitase.

Pero turbado de su rostro bello,
al pedirme que el cuello le arrojase,
así del alma, por asir del cuello.

135

SATISFACIONES DE CELOS

Si entré, si vi, si hablé, señora mía,
ni tuve pensamiento de mudarme,
máteme un necio a puro visitarme,
y escuche malos versos todo un día.

Cuando de hacerlos tenga fantasía,   5
dispuesto el genio, para no faltarme
cerca de donde suelo retirarme,
un menestril se enseñe a chirimía.

Cerquen los ojos, que os están mirando,
legiones de poéticos mochuelos,   10
de aquellos que murmuran imitando.

¡Oh si os mudasen de rigor los cielos!
Porque no puede ser (o fue burlando)
que quien no tiene amor pidiese celos.

136

A UN PEINE, QUE NO SABÍA EL POETA
SI ERA DE BOJ U DE MARFIL

Sulca del mar de Amor las rubias ondas
barco de Barcelona y por los bellos
lazos navega altivo, aunque por ellos,
tal vez te muestres y tal vez te escondas.

Ya no flechas, Amor; doradas ondas   5
teje de sus espléndidos cabellos;
tú con los dientes no le quites dellos,
para que a tanta dicha correspondas.

Desenvuelve los rizos con decoro,
los paralelos de mi sol desata,   10
boj o colmillo de elefante moro,

y en tanto que, esparcidos, los dilata,
forma por la madeja sendas de oro,
antes que el tiempo los convierta en plata.

137

PREGÓNASE EL POETA PORQUE NO SE HALLA
EN SÍ MISMO

Quien supiere, señores, de un pasante
que de Juana a esta parte anda perdido,
duro de cama y roto de vestido,
que en lo demás es blando como un guante;

de cejas mal poblado, y de elefante   5
de teta la nariz, de ojos dormido,
despejado de boca y mal ceñido,
Nerón de sí, de su fortuna Atlante;

la que del dicho Bártulo supiere
por las señas extrínsecas que digo,   10
vuélvale al dueño, y el hallazgo espere;

mas ¿qué sirven las señas que prosigo,
si no le quiere el dueño, ni él se quiere?
Tan bien está con él, tan mal consigo.

138

CORTANDO LA PLUMA, HABLAN LOS DOS

—Pluma, las musas, de mi genio autoras,
versos me piden hoy. ¡Alto; a escribillos!
—Yo solo escribiré, señor Burguillos,
estas que me dictó rimas sonoras.

—¿A Góngora me acota a tales horas?   5
Arrojaré tijeras y cuchillos,
pues en queriendo hacer versos sencillos
arrímese dos musas cantimploras.

Dejemos la campaña, el monte, el valle,
y alabemos señores. —No le entiendo.   10
¿Morir quiere de hambre? —Escriba y calle.

—A mi ganso me vuelvo en prosiguiendo,
que es desdicha, despés de no premialle,
nacer volando y acabar mintiendo.

---

4   El famoso verso con que principia el *Polifemo* de Góngora.

139

HIPÉRBOLE A LOS PIES DE SU DAMA
(QUE ESTE POETA DEBIÓ DE NACER EN SÁBADO)

Juanilla, por tus pies andan perdidos
más poetas que bancos, aunque hay tantos,
que tus paños lavando entre unos cantos
escureció su nieve a los tendidos.

Virgilio no los tiene tan medidos,   5
las musas hacen con la envidia espantos:
que no hay picos de rosca en Todos Sa[n]tos
como tus dedos blancos y bruñidos.

Andar en puntos nunca lo recelas,
que no llegan a cuatro tus pies bellos;   10
ni por calzar penado te desvelas.

Que es tanta la belleza que hay en ellos,
que pueden ser zarcillos tus chinelas
con higas de cristal pe[n]dientes dellos.

140

DESGARRO DE UNA PANZA UN DÍA DE TOROS.
HABLA EL ROCÍN

Yo, Bragadoro, valenzuela en raza,
diestro como galán de entrambas sillas,
en la barbada, naguas amarillas,
aciago, un martes, perfumé la plaza.

139 5 Alude a los pies métricos de los versos.
   10 *cuatro,* cuatro puntos, medida de calzado.
   11 *penado:* "Vale también lo mismo que penoso." *Dicc. de Auts.*
140 1 *valenzuela,* caballos de la raza 'valenzuela', andaluces y de gran calidad.
   3 *barbada,* quijada inferior de las caballerías, y también la cadenilla o hierro que se pone a las caballerías debajo de la barba, atravesada de una parte a otra del freno. *Naguas,* enaguas.

Del balcón al toril, con linda traza,   5
daba por los toritos carrerillas,
y andábame después, por las orillas,
como suelen los príncipes, a caza.

Pero mi dueño, la baqueta alzada,
a un hosco acometió con valentía,   10
a pagar de mi panza desdichada.

Porque todos, al tiempo que corría,
dijeron que era nada, y fue cornada.
¡Malhaya el hombre que de cuernos fía!

141

ENCARECE SU AMOR PARA OBLIGAR A SU DAMA
A QUE LO PREMIE

Juana, mi amor me tiene en tal estado,
que no os puedo mirar, cuando no os veo;
ni escribo ni manduco ni paseo,
entretanto que duermo sin cuidado.

Por no tener dineros no he comprado   5
(¡oh Amor cruel!) ni manta, ni manteo;
tan vivo me derrienga mi deseo
en la concha de Venus amarrado.

De Garcilaso es este verso Juana:
todos hurtan, paciencia, yo os le ofrezco.   10
Mas volviendo a mi amor, dulce tirana,

140 9 *baqueta:* "Se llama también aquella varilla de membrillo
de que se sirven los picadores, y los que van a caballo, para
castigar los caballos o avivarlos." *Dicc. de Auts.*
    10 *hosco,* toro. Véase 'hosquillo' en el poema 149.
141 8 Es el conocido verso de la canción V de Garcilaso.

tanto en morir y en esperar merezco,
que siento más el verme sin sotana
que cuanto fiero mal por vos padezco.

142

¿Quién eres, celemín? ¿Quién eres, fiera?
¿Qué pino te bastó de Guadarrama?
¿Qué buey que a Medellín pació la grama
te dio la suela en toda su ribera?

¿Eres, ramplón, de Polifemo cuera,   5
bolsa de arzón, alcoba o media cama?
¡Aquí, de los zapatos de mi dama,
que me suelen servir de bigotera!

¡Oh, zapato cruel!, ¿cuál será el anca
de mula que tiró tal zapateta?   10
¡Y aun me aseguran que el talón le manca!

Pues no te iguala bota de vaqueta,
este verano voy a Salamanca
y te pienso llevar para maleta.

143

A UNA DAMA QUE, LLAMANDO A SU PUERTA, LE DIJO
DESDE LA VENTANA: «DIOS LE PROVEA»

Señora, aunque soy pobre, no venía
a pediros limosna; que buscaba
un cierto licenciado que posaba
en estas casas, cuando Dios quería.

5 *ramplón,* zapato tosco y de suela muy gruesa y basta.

Extraña siempre fue la estrella mía;   5
que a un pobre parecí desde la aldaba,
pues ya que a la ventana os obligaba,
trujiste desde allá la fantasía.

No porque culpa vuestro engaño sea,
que a tal *Dios le provea* no replican   10
mis hábitos, que son de ataracea.

No mis letras, mis penas significan;
pero ¿cómo queréis que me provea,
si tales como vos se lo suplican?

144

CONSUELA A TAMAYO DE QUE TODOS
LE MALDIGAN SIN CULPA

—Aquí del rey, señores. ¿Por ventura
fui yo Caín de mi inocente hermano?
¿Maté yo al rey don Sancho el castellano,
o sin alma signé falsa escritura?

¿Púsome acaso en la tablilla el cura?   5
¿No soy hidalgo y montañés cristiano?
¿Por qué razón, con maldecirme en vano,
no tengo vida ni ocasión segura?

De oír decir a todos me desmayo,
sin que haya lluvia o trueno resonante,   10
"que vaya a dar en casa de Tamayo".

---

143 11 *ataracea,* lo mismo 'etaracea'.
144 5 Lope alude a las listas de los penitenciados o castigados
por la Inquisición que figuraban en muchas iglesias.
11 Se refiere al conocido refrán "Allá darás, rayo, en cas de
Tamayo", que sirvió a Góngora de estribillo para una graciosa letrilla (Millé, p. 321).

—Vuesamerced, rey mío, no se espante,
ni tenga pena que le mate el rayo:
que sólo va a buscar su consonante.

145

A LA MUERTE DE UNA DAMA, REPRESENTANTA ÚNICA

Yacen en este mármol la blandura,
la tierna voz, la enamorada ira,
que vistió de verdades la mentira
en toda acción de personal figura;

la grave del coturno compostura,   5
que ya de celos, ya de amor suspira,
y con donaire, que, imitado, admira
del tosco traje la inocencia pura.

Fingió toda figura de tal suerte,
que, muriéndose, apenas fue creída   10
en los singultos de su trance fuerte.

Porque como tan bien fingió en la vida,
lo mismo imaginaron en la muerte,
porque aun la muerte pareció fingida.

146

A LA SEPULTURA DE MARRAMAQUIZ, GATO FAMOSO EN
LENGUA CULTA, QUE ES EN LA QUE ELLOS SE ENTIENDEN

Este, si bien sarcófago, no duro
pórfido, aquel cadáver bravo observa,
por quien de mures tímida caterva
recóndita cubrió terrestre muro.

La Parca, que ni al joven ni al maturo   5
su destinado límite reserva,
ministrándole pólvora superba,
mentido rayo disparó seguro.

Ploren tu muerte Henares, Tajo, Tormes,
que el patrio Manzanares, que eternizas,   10
lágrimas mestas libará conformes.

Y no le faltarán a tus cenizas;
pues viven tantos gatos multiformes
de lenguas largas y de manos mizas.

147

DESEA AFRATELARSE, Y NO LE ADMITEN

Muérome por llamar Juanilla a Juana,
que son de tierno amor afectos vivos,
y la cruel, con ojos fugitivos,
hace papel de yegua galiciana.

Pues, Juana, agora que eres flor temprana   5
admite los requiebros primitivos;
porque no vienen bien diminutivos
después que una persona se avellana.

Para advertir tu condición extraña,
más de alguna Juanaza de la villa   10
del engaño en que estás te desengaña.

Créeme, Juana, y llámate Juanilla;
mira que la mejor parte de España,
pudiendo Casta, se llamó Castilla.

11 *mestas,* aguas de dos o más corrientes que llegan a jun-
tarse.
146 13 *gato,* ladrón.

148

A BARTOLOMÉ LEONARDO

La nueva juventud gramaticanda
(llena de solecismos y quillotro[s],
que del Parnaso mal impuestos potros
dice que Apolo en sus borrenes anda),

por escribir como la patria manda   5
(elementos los unos de los otros),
de la suerte se burlan de nosotros
que suelen de un católico en Holanda.

Vos, que los escribís limpios y tersos
en vuestra docta y cándida poesía,   10
de toda peregrina voz diversos,

decid (si lo sabéis) ¿qué valentía
puede tener, leyendo ajenos versos,
copiar de noche y murmurar de día?

149

A LA BRAVEZA DE UN TORO QUE ROMPIÓ
LA GUARDA TUDESCA

Sirvan de ramo a sufridora frente
las aspas de la tuya, hosquillo fiero,
no a sepancuantos de civil tintero,
ni en pretina escolástica pendiente.

---

148 2 *quillotro,* voz rústica con que se daba a entender lo que no
se sabía o acertaba a decir. Significó también 'gala' y 'adorno'.
4 *borrenes,* juego de voces con 'borrones'. *Borrén,* en las sillas
de montar, es el encuentro del arzón con las almohadillas
que se ponen delante y detrás.
149 3 *sepancuantos* vale aquí lo mismo que 'escribiente', por las
muchas veces que escribían la fórmula *Sepan cuantos* con
que principiaban numerosos documentos de la época, como
edictos, sentencias, cartas reales, etc. (Recuérdese que los tin-
teros se hacían de cuerno.)

Jamás humano pie la planta asiente   5
sobre la piel del arrugado cuero,
antes al mayo que vendrá primero
corra dos toros el planeta ardiente.

Tú solo el vulgo mísero vengaste
de tanto palo, y con tu media esfera,   10
la tudesca nación atropellaste;

pues desgarrando tanta calza y cuera,
tantas con el temor calzas dejaste
tan amarillas dentro como fuera.

150

AL MISMO SUCESO

Trece son los tudescos que el hosquillo
hirió en la fiesta, aunque en conciencia jura
que no lo hizo adrede, y me asegura
que él iba a sus negocios al Sotillo.

Mas, descortés, el socarrón torillo,   5
sin hacer al balcón de oro mesura,
desbarató la firme arquitectura
del muro colorado y amarillo.

Y como el polvo entre las nubes pardas
no le dejaba ejecutar sus tretas,   10
por tantas partes se metió en las guardas,

que muchos que mostraron las secretas,
en vez de las rompidas alabardas,
llevaban en las manos las bra etc.

---

12 Para *cuera*, véase la nota 42 en la p. 87.
150 8 Por los colores de las prendas de la guarda tudesca.
12 *secreta*, letrina, retrete. "Usase casi siempre en plural."
Dicc. de Auts.

151

A UN SECRETO MUY SECRETO

¡Oh, qué secreto, damas; oh galanes,
qué secreto de amor; oh, qué secreto,
qué ilustre idea, qué sutil conceto!
¡Por Dios que es hoja de me fecit Ioanes!

Hoy cesan los melindres y ademanes,   5
todo interés, todo celoso efeto;
de hoy más Amor será firme y perfeto,
sin ver jardines, ni escalar desvanes.

No es esto filosófica fatiga,
trasmutación sutil o alquimia vana,
sino esencia real, que al tacto obliga.

Va de secreto, pero cosa es llana,
que quiere el buen letor que se le diga:
pues váyase con Dios hasta mañana.

152

QUEJÓSELE UNA DAMA DE UN BOFETÓN
QUE LE HABÍA DADO SU GALÁN

Para que no compréis artificiales
rosas, señora Filis, Fabio os puso
las naturales, si el calor infuso
las puede conservar por naturales.

---

151 4 Alude a la espada, por Juan o Juanes de la Orta, espadero
sevillano muy famoso. Comp.: "Aun no echó el cobarde
mano / a la de Joanes me fecit." *Góngora,* Millé, p. 83.
152 1-4 Parece que es recuerdo de cierto episodio autobiográfico
en relación con Elena Osorio.

Ya que no os da regalos, da señales   5
de que os los ha de dar, galán al uso,
puesto que en la venganza estoy confuso,
viendo perlas en vos sobre corales.

¿Herir al sol en medio de su esfera?
¡Cruel temeridad! ¡Matad a Fabio!   10
Mas, ¡ay!, que vuestros brazos Fabio espera.

Y si amistades son el desagravio,
tantos celos me dais, que más quisiera
vengar las amistades que el agravio.

153

DESCRIBE UN LINDO DESTE TIEMPO

Galán Sansón tenéis, señora Arminda;
toda la fuerza tiene en las guedejas;
bravas salieron hoy las dos madejas;
llore Anaxarte, Dafne se le rinda.

¿Qué manutisa, qué clavel, qué guinda   5
en púrpura con él corrió parejas?
Y más con los bigotes a las cejas,
que en buena fe, que no sois vos tan linda.

¡Qué bravo, qué galán, qué airoso viene!
Pero ya vuestro amor en los luceros   10
de la risa dormida se previene.

Mas es forzoso lástima teneros;
porque sabed que tanto amor se tiene,
que no le ha de sobrar para quereros.

EPÍGRAFE. *Lindo:* "Decir el varón lindo absolutamente es lla-
marle afeminado." *Dicc. de Auts.*

154

QUE EN ESTE TIEMPO MUCHOS SABEN GRIEGO
SIN HABERLO ESTUDIADO

A don Francisco López de Aguilar

Das en decir, Francisco, y yo lo niego,
que nadie sabe griego en toda España,
pues cuantos Helicón poetas baña
todos escriben, en España, en griego.

Para entender al Venusino ciego,   5
querrás decir, por imposible hazaña,
si a las lenguas la ciencia no acompaña,
lo mismo es saber griego que gallego.

Cierto poeta de mayor esfera,
cuyo dicipulado dificulto,   10
de los libros de Italia fama espera.

Mas, porque no conozcan por insulto
los hurtos de Estillani y del Cabrera,
escribe en griego, disfrazado en culto.

---

154 1 Francisco López de Aguilar, madrileño († 1665), gran amigo y panegirista de Lope, que intervino decisivamente en la
lucha del Fénix contra Torres Rámila y su famosa *Spongia.*
Vid. J. de Entrambasaguas, *Estudios,* I, pp. 253 y ss.
13 Tomás Stigliani (1573-1651), célebre poeta barroco, autor
de una fábula, *Polifemo, Rimas* y un *Canzoniere. Cabrera* es
Gabriel Chiabrera, también célebre poeta barroco italiano.
(Sobre esta alusión de Lope, véase Dámaso Alonso, "Los hurtos de Estigliani y de Cabrera", en el *Homenaje al profesor
Alarcos García,* II, Valladolid, 1965-67 pp. 151 y ss.)

155

DA LA RAZÓN EL POETA DE QUE LA BOCA
DE JUANA FUESE ROSA

Tiraba rosas el Amor un día
desde una peña a un líquido arroyuelo,
que de un espino trasladó a su velo,
en la sazón que abril las producía.

Las rosas mansamente conducía   5
de risco en risco el agua al verde suelo,
cuando Juana llegó y, al puro hielo,
puso los labios, de la fuente fría.

Las rosas, entre perlas y cristales,
pegáronse a los labios, tan hermosas,   10
que afrentaban claveles y corales.

¡Oh pinturas del cielo milagrosas!
¿Quién vio jamás transformaciones tales:
beber cristales y volverse rosas?

156

CÁNSASE EL POETA DE LA DILACIÓN
DE SU ESPERANZA

¡Tanto mañana, y nunca ser mañana!
Amor se ha vuelto cuervo, o se me antoja.
¿En qué región el sol su carro aloja
desta imposible aurora tramontana?

156   2   Alude al 'cras', 'cras', grito de los cuervos; pero en latín
'cras' significa 'mañana'.

Sígueme inútil la esperanza vana,   5
como nave zorrera o mula coja;
porque no me tratara Barbarroja
de la manera que me tratas, Juana.

Juntos Amor y yo buscando vamos
esta mañana. ¡Oh dulces desvaríos!   10
Siempre mañana, y nunca mañanamos.

Pues si vencer no puedo tus desvíos,
sáquente cuervos destos verdes ramos
los ojos. Pero no, ¡que son los míos!

157

LO QUE HAN DE HACER LOS INGENIOS GRANDES
CUANDO LOS MURMURAN

Un lebrel irlandés de hermoso talle,
bayo, entre negro, de la frente al anca,
labrada en bronce y ante la carlanca,
pasaba por la margen de una calle.

Salió confuso ejército a ladralle,   5
chusma de gozques, negra, roja y blanca,
como de aldea furibunda arranca
para seguir al lobo en monte o valle.

Y como escriben que la diosa trina,
globo de plata en el celeste raso,   10
los perros de los montes desatina,

este hidalgo lebrel, sin hacer caso,
alzó la pierna, remojó la esquina,
y por medio se fue su paso a paso.

157 9 *Diosa trina,* la luna.

158

DESDENES DE JUANA Y QUEJAS DEL POETA

Si digo a Juana (cuanto hermosa, fiera)
lo que la quiero, ingrata corresponde;
si digo que es mi vida, me responde
que se muriera porque no lo fuera.

Si la busco del soto en la ribera,   5
entre los verdes álamos se esconde;
si va a la plaza, y la pregunto adónde,
con la cesta me rompe la mollera.

Si digo que es la hermosa Policena,
dice que miento, porque no es troyana,   10
ni griega si la igualo con Helena.

Eres hircana tigre, hermosa Juana;
mas, ¡ay!, que aun para tigre no era buena,
pues siendo de Madrid, no fuera hircana.

159

AL CORTO PREMIO DE UN AMIGO SUYO
QUE LE MERECÍA

"Pobre y desnuda vas, Filosofía",
dijo el Petrarca; luego siempre ha sido,
Fabio, la ciencia, en miserable olvido,
desprecio de la humana monarquía.

---

159 1-2 "Povera et nuda vai philosophia", Soneto VII, v. 10, del *Canzionere*.

Llorad la vuestra, que la inútil mía,   5
ni aun el nombre merece que ha tenido;
olio, tiempo y estudio habéis perdido:
tales efectos la esperanza cría.

Dicen, cuando en los males no hay mudanza,
que la paciencia es premio de la ciencia;   10
¿qué hará quien, por ser premio, no la alcanza?

¡Aforismo cruel, cruel sentencia!
Récipe para estítica esperanza,
ayudas de silencio y de paciencia.

160

ENÓJASE CON AMOR CON MUCHA CORTESÍA

Vuesa merced se tiemple en darle penas,
señor Amor, a un hombre de mi fama;
que si quiso Aristóteles su dama,
también le desterraron los de Atenas.

Malas comidas y peores cenas,   5
y, como calle, pasear la cama,
súfralo, Amor, un toro de Jarama:
que ya no es tiempo de templar Jimenas.

Mande vuesa merced, señor Cupido,
que Juana me respete como debe,   10
y valga el montañés sobre raído.

Si los paños me manda que le lleve,
y alguna rosa de sus labios pido,
cuanto fuego le doy me trueca a nieve.

---

13 *récipe,* receta; *estítica,* estreñida, avara.
160 4 Los sacerdotes atenienses parece ser que vieron en el peán
    de Aristóteles a su mujer Hermias ciertas ideas poco orto-
    doxas, y el filósofo prefirió abandonar Atenas.

161

LA PULGA, FALSAMENTE ATRIBUIDA A LOPE

Picó atrevido un átomo viviente
los blancos pechos de Leonor hermosa,
granate en perlas, arador en rosa,
breve lunar del invisible diente.

Ella dos puntas de marfil luciente,   5
con súbita inquietud, bañó quejosa,
y torciendo su vida bulliciosa,
en un castigo dos venganzas siente.

Al expirar la pulga, dijo: "¡Ay , triste,
por tan pequeño mal, dolor tan fuerte!"   10
"¡Oh, pulga! —dije yo—, dichosa fuiste.

"Detén el alma, y a Leonor advierte
que me deje picar donde estuviste,
y trocaré mi vida con tu muerte."

162

A UN POETA RICO, QUE PARECE IMPOSIBLE

La rueda de los orbes circunstantes
pare el veloz primero movimiento;
déjese penetrar el pensamiento;
iguálese la arena a los diamantes.

---

161 EPÍGRAFE. En *La Dorotea*, IV, III, se encuentra el poema a la
pulga, que comienza "Espíritu lascivo". Véase la erudita nota
de E. S. Morby en su edición, p. 352.
3 *arador*, el diminuto arácnido que produce la sarna.

Tengan entendimiento los amantes   5
y falte a la pobreza entendimiento;
no tenga fuerza el oro, y por el viento
corran los africanos elefantes.

Blanco sea el cuervo y negros los jazmines,
rompan ciervos del mar los vidros tersos,   10
y naden por la tierra los delfines;

no sufra la virtud casos adversos,
den los señores, hagan bien los ruines,
pues hay un hombre rico haciendo versos.

163

QUE NO ES HOMBRE EL QUE NO HACE BIEN A NADIE

Dos cosas despertaron mis antojos,
extranjeras, no al alma, a los sentidos:
Marino, gran pintor de los oídos,
y Rubens, gran poeta de los ojos.

Marino, fénix ya de sus despojos,   5
yace en Italia resistiendo olvidos;
Rubens, los héroes del pincel vencidos,
da gloria a Fla[n]des y a la envidia enojos.

Mas ni de aquél la pluma, o la destreza
déste con el pincel pintar pudieran   10
un hombre que, pudiendo, a nadie ayuda.

..

3 Es J. B. Marini, el gran poeta italiano (1569-1625), también
gran admirador y lector de Lope. Véase D. Alonso, "Lope
despojado por Marino", *RFE*, XXXIII (1949), pp. 110-43, 165-
168; del mismo "Otras imitaciones de Lope por Marino",
ibid., pp. 395-408, y "Lope y el 'Adone' de Marino", *RFE*,
XXXV (1951), pp. 349-51. Véase también J. M. Rozas, "Lope
en la 'Galleria' de Marino", *RFE*, XLIX (1966), pp. 91-124.

Porque es tan desigual naturaleza,
que cuando a retratalle se atrevieran,
ser hombre o fiera, les pusiera en duda.

164

DECÍA UNA DAMA QUE NO HALLABA
A QUIEN QUERER

Entre tantas guedejas y copetes,
tantos rizos, jaulillas y bigotes;
entre tantos ilustres Lanzarotes,
reservando gualdrapas y bonetes;

entre tantos sombreros capacetes,   5
ámbares negros, rubios achïotes,
lampazo ligas, cuerpos chamelotes,
peones de armas, de Moclín jinetes;

entre tantos que van el pico al viento,
que a que los ruegue por lindeza espera[n],   10
¿no halláis a quien querer? ¡Extraño cuento!

2 *jaulilla:* "Un adorno para la cabeza hecho a manera de
red." *Dicc. de Auts.*
4 *gualdrapa* significó dos cosas, como indica Covarrubias en
su *Tes.:* "El paramento que se pone sobre la silla y ancas
de la mula, o en el caballo de la brida, para que el lodo no
salpique al que va caballero" y "lo que cuelga de la ropa,
mal compuesto, desaliñado y sucio".
5 *sombrero capacete,* es decir 'sombrero que parece un capacete'. *Capacete* era el "casco de hierro hecho a la medida de
la cabeza, para cubrirla y defenderla de los golpes y cuchi-
lladas". *Dicc. de Auts.*
6 *achiote,* la bija, árbol de ciertas regiones de América, de
cuya semilla se hacía una pasta tintórea parecida al ber-
mellón.
7 *lampazo,* el paño o tapiz que sólo representaba vegetales;
sobre *chamelote,* véase la nota 114, en la p. 168.

¿A tantos vuestros ojos vituperan?
Señora, o no tenéis entendimiento,
o vendréis a querer cuando no os quiera[n].

165

CONJURA UN CULTO, Y HABLAN LOS DOS
DE MEDIO SONETO ABAJO

—Conjúrote, demonio culterano,
que salgas deste mozo miserable,
que apenas sabe hablar, caso notable,
y ya presume de Anfión tebano.

Por la lira de Apolo soberano   5
te conjuro, cultero inexorable,
que le des libertad para que hable
en su nativo idioma castellano.

—"¿Por qué me torques bárbara tan mente?
¿Qué cultiborra y brindalín tabaco   10
caractiquizan toda intonsa frente?

—"Habla cristiano, perro. —Soy polaco.
—Tenelde, que se va. —No me ates, tente.
Suéltame. —Aquí de Apolo. —Aquí de Baco."

---

4 *Anfión,* hijo de Zeus y de Antíope, fue famoso por el canto
y el sonido de su cítara.
9 *torques,* latinismo, 'torturar', 'martirizar'.
10 *brindalín* parece una invención burlesca de Lope, cuyo
significado ignoro.

166

En la Troya interior de mi sentido,
metió un caballo Amor con gran secreto,
parto de más soldados, sólo a efeto
de verme en salamandra convertido.

Salen a media noche, y al rüido   5
despierta el alma al corazón inquieto,
y fugitivo yo, de tanto aprieto,
entre la viva llama, emprendo olvido.

Mi padre al hombro (que es mi ingenio) intento
buscar algún remedio a tanto estrago,   10
embarcado en mi propio pensamiento.

Pero poco mis daños satisfago,
pues con mudar de patria y de elemento,
me vuelvo a Troya porque no hay Cartago.

167

Siete meses, Filena, son cumplidos
que este espíritu malo se defiende;
no vos del mismo a vos, por más que enmiende
el cuidado a los ojos los vestidos.

166 4 Porque, según la leyenda, la salamandra no se quemaba,
ni podía morir abrasada.
9   Alude a cómo Eneas salvó a su padre Anquises.
14 Porque en Cartago encontró Eneas a Dido. (Quizá en-
vuelva una alusión a Elena Osorio.)

Dispútase por hombres entendidos   5
si fue de los caídos este duende
o vos la que cayó, si no se entiende
que sois los dos espíritus caídos.

Entre tantos conjuros he notado
que espíritu sin carne no podía   10
seros tangible a vos, si os ha tocado.

No le conjuren más, Filena mía,
porque aunque éste se vaya, el que ha dejado
podrá sustituir la duendería.

168

PROSIGUE LA MISMA DISCULPA

Señor Lope: este mundo todo es temas;
cuantos en él son fratres son orates;
mis musas andarán con alpargates,
que los coturnos son para supremas.

Gasten espliegos, gasten alhucemas,   5
perfúmenlas con ámbar los magnates;
mi humor escriba siempre disparates,
y buen provecho os hagan los poemas.

Merlín Cocayo vio que no podía
de los latinos ser el siempre Augusto,   10
y escribió macarrónica poesía.

168 EPÍGRAFE. El soneto anterior lleva el siguiente encabezamiento:
"Discúlpase con Lope de Vega de su estilo."
3 *alpargates,* alpargatas.
9 Teófilo Folengo, el célebre poeta del Renacimiento, más
conocido por *Merlín Cocayo* (1496-1544), autor de una serie
de poemas burlescos, como *Baldus, Macaronicea.*

Lo mismo intento, no toméis disgusto:
que Juana no estudió Filosofía,
y no hay Mecenas como el propio gusto.

169

DESCRIBE EL POETA SU JUANA EN FORMA DE SIRENA,
SIN VALERSE DE LA FÁBULA DE ULISES

De dulces seguidillas perseguidos,
lavando Juana en la ribera amena
del río, que entre lazos de verbena,
verdes construye a los gazapos nidos,

de Ulises quise hacer mis dos sentidos,   5
pero estaba tan bella de sirena,
que viendo y escuchando hasta la arena,
los vi anegados y lloré perdidos.

Allí el deseo y el amor iguales,
linces del agua en círculos sutiles,   10
buscaban bienes aumentando males.

Yo, con los ojos como dos candiles,
"Vengad —dije— mi ardor, dulces cristales,
pues que tenéis allá sus dos marfiles."

170

SENTIMIENTOS DE AUSENCIA, A IMITACIÓN
DE GARCILASO

Señora mía, si de vos ausente
en esta vida duro y no me muero,
es porque como y duermo, y nada espero,
ni pleiteante soy ni pretendiente.

---

170 1-2 El soneto IX de Garcilaso comienza, en efecto, con esos
dos primeros versos, con la variante de 'turo' por 'duro'.

Esto se entiende en tanto que accidente   5
no siento de la falta del dinero;
que entonces se me acuerda lo que os quiero,
y estoy perjudicial y impertinente.

Sin ver las armas ni sulcar los mares,
mis pensamientos a las musas fío;   10
sus liras son mis cajas militares.

Rico en invierno y pobre en el estío,
parezco en mi fortuna a Manzanares,
que con agua o sin ella siempre es río.

171

LAMÉNTASE MANZANARES DE TENER TAN GRAN PUENTE

Habla el río

¡Quítenme aquesta puente que me mata,
señores regidores de la villa;
miren que me ha quebrado una costilla;
que aunque me viene grande me maltrata!

De bola en bola tanto se dilata,   5
que no la alcanza a ver mi verde orilla;
mejor es que la lleven a Sevilla,
si cabe en el camino de la Plata.

Pereciendo de sed en el estío,
es falsa la causal y el argumento   10
de que en las tempestades tengo brío.

Pues yo con la mitad estoy contento,
tráiganle sus mercedes otro río
que le sirva de huésped de aposento.

172

PREGUNTÓLE UN CABALLERO SI HARÍA COMEDIAS POR EL PRINCIPIO DE UNA QUE LE ENVIABA

¿Si harás comedias, me preguntas, Cloro;
y un acto de Penélope me envías?
¿Qué fama te engañó que en tales días
de Falaris te metes en el toro?

Después que un autorón cantante, loro,   5
con idiotismos y objeciones frías,
la exponga al vulgo, comeránte arpías
el dulce néctar del castalio coro.

Es el teatro de ámbar un escudo
en un carro de estiércol o en un coche,   10
donde habla el ganso y está el cisne mudo;

y cuando más tu ingenio se trasnoche,
veráste en una esquina con engrudo,
y no te faltará para la noche.

173

DISCÚLPASE EL POETA DEL ESTILO HUMILDE

Sacras luces del cielo, yo he cantado
en otra lira lo que habéis oído;
saltó la prima y el bordón lo ha sido
al nuevo estilo, si le habéis culpado.

---

5 *autorón*, de 'autor', el director de una compañía de teatro.
8 *castalio coro*, el coro de las Musas.
13 Porque las comedias se anunciaban con carteles pegados
con engrudo.

De mí mismo se burla mi cuidado,   5
viéndome a tal estado reducido;
pero, pues no me habéis favorecido,
¿por qué disculpo lo que habéis causado?

Entre tantos estudios os admire,
y entre tantas lisonjas de señores,   10
que de necesidad tal vez suspire;

mas tengo un bien en tantos disfavores,
que no es posible que la envidia mire:
dos libros, tres pinturas, cuatro flores.

FILIS

174

ÉGLOGA

Dormidas sobre cándidas arenas,
entre dos alamedas, que cubrían
las ramas aves y los pies verbenas,

del Tajo a lento paso discurrían
las crespas ondas a un ameno prado,   5
cuyas márgenes lirios guarnecían.

De la sierra de Cuenca despeñado
a la imperial ciudad, honor de España,
bajaba, en pura linfa desatado,

allí donde es palacio la cabaña,   10
que reyes de sí mismos aposenta;
la risa de una fuente le acompaña.

Por maravillas pálidas que argenta
declina a un valle, en cuya verde frente
un monte de esmeraldas alimenta.   15

174 *Filis, égloga a la décima Musa, doña Bernarda Ferreira de la Cerda, señora portuguesa,* Madrid, 1635. La copio de la edición de *Obras sueltas,* t. X, pp. 193-209.

Purpúreo caminaba al occidente,
más que dorado, el rubio Apolo, cuando
Eliso triste suspiraba ausente.

Silvio, su amigo, a la sazón bajando,
que Venus coronaba el horizonte,
las sombras de las cumbres dilatando,   20

temiendo que el ganado se remonte,
que ya, como sin dueño, se esparcía,
parte en el valle y parte por el monte,

las trepadoras cabras recogía;   25
mas cuando ya quedó junto el ganado,
cayó en los brazos de la noche el día.

Un corazón de agravios lastimado,
como fuera de sí, despierto sueña
memorias tristes de su bien pasado.   30

Oh musa, tú me inspira, tú me enseña:
que tanto no podrá rústica lira,
si tu favor divino me desdeña.

Tú sola el alma de mis versos mira;
que si tu viva luz me infunde aliento   35
y del profano vulgo me retira,

las cerdas pasaré del instrumento
por ámbar tan süave, que el herido
lazo con dulce y sonoroso acento

pare las aguas del eterno olvido   40
con más dicha que aquel que en sombra vana
el adquirido bien lloró perdido.

19 *Venus* es el planeta del mismo nombre.
42 Recuerda la fábula de Orfeo.

Tú, pues, décima musa lusitana,
que a la lengua latina y portuguesa
te dignas de juntar la castellana,   45

si alguna vez de tus estudios cesa
en verso heroico o lírico la pluma,
que del Parnaso te aplaudió princesa;

aunque llegar intrépido presuma
tan cerca de tu sol, piadosa admite   50
esta de mis cuidados breve suma.

Debido vasallaje les permite,
que así le deben a tu ingenio claro
como ríos y fuentes a Anfitrite.

Que adonde estás como luciente faro   55
van con el Tajo, que tan lejos quiere
que tengan, si no fin, dulce reparo.

El mar de Lusitania los espere:
que penas que en el Tajo comenzaron,
bien es que mueran donde el Tajo muere.   60

Las quejas que de Filis alternaron
oye, Bernarda ilustre, a dos pastores,
a quien las mudas selvas escucharon.

Debieran consagrarte las mejores
Coridón griego y Títiro latino;   65
yo sólo ofrezco a tus estudios flores,
sombra del sol de tu laurel divino.

43 Bernarda Ferreira de Lacerda, nacida en Oporto (1594-
1644), de esmerada educación, aya de los hijos de Felipe III,
notable poetisa, autora del excelente poema descriptivo *Soledades de Buçaco* (Lisboa, 1634). Lope la elogió en el *Laurel
de Apolo* y le dedicó un primoroso soneto en las *Rimas de
Tomé de Burguillos,* que comienza "Cuando elegante, de los
dos idiomas".
65 *Coridón y Títiro* son los conocidos interlocutores de las
églogas clásicas. Se sobreentiende aquí a Teócrito y Virgilio,
respectivamente.

Silvio, Eliso

SILVIO

Eliso, ¿por qué dejas el ganado
pacer, como sin dueño, a su albedrío,
la adelfa al soto y la cicuta al prado?   70

ELISO

Porque despés de tanto desvarío,
solamente me llamen mis enojos
pastor de mis tristezas, Silvio mío.

Sigan en monte o valle sus antojos: 75
que sólo quiero yo guardar mis penas
a las corrientes de mis tristes ojos.

Los toros, las ovejas, las colmenas,
de que las guarde vivirán seguras,
y yo a mí mismo de mí mismo apenas.

SILVIO

Nunca, Eliso, te faltan desventuras;   80
¿siempre te ha de mirar llorando el cielo
por los diamantes de sus luces puras?

ELISO

Si fueran los zafiros de su velo
capaces de impresiones peregrinas,
manchara su esplendor mi desconsuelo.   85

SILVIO

Estas, floridas ya, rudas encinas
escarchaba de nieve el austro helado,
que bramaba en las selvas convecinas,

cuando te vi bajar con el ganado,
del resonante cáñamo ceñido,   90
por más defensa, tu gabán leonado.

Iba yo al Duero entonces, ofendido
de los celos de Flérida y Albano,
pensando hallar en el ausencia olvido,

y dijísteme tú: "Cabrero hermano,   95
con celos nunca se logró jornada."
¡Oh, cuántas veces me arrepiento en vano!

Pues que volviendo hallé regocijada,
a costa de mis celos, el aldea,
y por mi ausencia a Flérida casada.   100

Mas dime (que mejor tu dicha sea)
¿qué pena te desmaya y descompone?
¿Qué teme tu esperanza? ¿Qué desea?

¿Hate ganado alguno que se opone
a tus versos por dicha permitiendo   105
el vulgo que tu palma le corone?

ELISO

Nunca, Silvio, me he visto compitiendo,
que no me honrase de quedar vencido,
mi siempre humilde musa conociendo.

No hay valle como el nuestro tan florido   110
de ingenios, porque aquí tiene Helicona
su cristal con el Tajo dividido.

90 *resonante cáñamo,* la honda.
91 *gabán:* "Cierto género de capote con capilla y mangas,
hecho de paño grueso y basto, de que usa ordinariamente la
gente del campo para defenderse de las inclemencias del tiempo." *Dicc. de Auts. Leonado,* "lo que es de color rubio obs-
curo, semejante al del pelo del león." *Ibíd.*

Aquí estudiosa juvenil corona
al palio del honor corre anhelante,
cuya virtud el premio perficiona.   115

SILVIO

¿Por ventura en ejército volante
esparció tus palomas por el viento
el rayo de la pólvora tronante;

o cuando en el silencio el hurto atento
con la dormida noche se conforma,   120
codicioso villano atrevimiento,

los corchos derribó donde transforma
la abeja en oro líquido las flores,
y de la luz el alimento forma;

o como suele haber entre pastores   125
envidias, se te mueren macilentos
los toros, más de hechizos que de amores;

o la discordia de contrarios vientos
los pámpanos, con súbito granizo,
no permitió llegar a ser sarmientos,   130

y entre las verdes rúbricas deshizo
los fértiles racimos cuando apenas
mayo los granos de las flores hizo?

ELISO

Silvio esas cosas, aunque causan penas,
no llegan a las túnicas del alma,   135
de la severa condición ajenas.

Lo que un valiente espíritu desalma,
de dos pasiones naturales nace;
¡dichoso aquel que mereció su palma!

122-124 Alude a las colmenas.

¡Con qué furor intrínseco deshace   140
la ira a la razón el santo imperio,
hasta que sus venganzas satisface!

¿Qué agravio, qué desdicha, qué adulterio
no ha celebrado Amor, niño tirano?
¿Qué libertad no ha puesto en cautiverio?   145

Mas para que ni el griego ni el romano
cosa tan trivïal ejemplifiquen
de pasiones, que son principio humano,

su fuerza mis desdichas testifiquen,
si bien por su memoria me acobardo,   150
de que por descansar se multipliquen.

Tú conociste al montañés Rosardo,
rico otro tiempo y de Marbelia esposo,
más fuerte para el campo que gallardo;

perdió su hacienda el año riguroso   155
que se murieron las heladas crías,
y al Duero se partió con Nemoroso.

Ausente de estas verdes praderías,
a Filis me dejó tan tierna infante,
que cuando me la dio cumplió tres días;   160

Filis, materia dulce y elegante
para celeste forma en nieve pura,
alma de cera, que creció diamante.

SILVIO

Primero nuestra humana compostura
labra naturaleza en blanda cera,   165
después la edad y el tiempo en piedra dura.

---

152 Alude a Roque Hernández y a Marta de Nevares, aunque el hecho no es cierto, ya que Antonia Clara, aquí *Filis*,
era hija del propio Lope y de *Amarilis*.

ELISO

Colgada al pecho de una sierpe fiera,
Filis venía cándido cordero;
Filis, que el alma de mis ojos era.

Si del sustento del vivir primero   170
resultan las costumbres, disculpada
para mayor error la considero.

Cómo fue de mis manos regalada
sábelo el monte, el valle, el soto, el río,
y aun la Fénix, si vale imaginada.   175

Era su gusto solamente el mío,
para que más su ingratitud te asombre,
y en tanta obligación, tanto desvío.

Amor de brazos interés se nombre;
pero sin ellos, Silvio, ¿quién ha visto   180
tan extrañas finezas en un hombre?

Cuanto del Sur al polo de Calisto
es plata, es perla, es oro, le ofreciera,
si fuera rico yo como bienquisto.

SILVIO

¿Quién pudiera pensar que Filis fuera   185
contigo, Eliso, tan cruel y ingrata?

ELISO

Quien amante y mujer la considera.

Mas oye atento, porque ya dilata
la sombra el monte, y fugitivo el día,
tiende la luna el pabellón de plata.   190

---

182   Calisto, según la mitología, era hija del rey Licaón de
Arcadia; fue seducida por Júpiter, y Juno, envidiosa, la trans-
formó en osa, pero habiéndola muerto Artemis, la colocó
Júpiter en el cielo, donde formó la constelación de la Osa
mayor.

Crecía Filis y mi amor crecía:
que esto de ser platónico y honesto
más parece que amor filosofía.

¿Qué cosa no aprendió? Si bien, dispuesto
su entendimiento a toda ciencia y arte,   195
de planetas benévolos compuesto,

ninguna supe generosa parte
de cuantas constituyen aquel brío
que con la honestidad términos parte,

que Filis no aprendiese en daño mío,   200
pues tantas gracias fueron el escollo
en cuyas peñas se rompió el navío.

Cual suele de clavel plantar cogollo
el dueño de un jardín, y hasta que mira
brotar entre las hojas el pimpollo,   205

defendelle del cierzo y de la ira
del Capricornio helado hasta que baña
Febo el jacinto, en cuya flor suspira,

mirando atento a la primer pestaña
que el sol levanta para ver el día   210
coronar de rubí la verde caña;

y cuando del botón en que dormía
sale rojo clavel, porque la rosa
no presuma tener la monarquía,

cortarle descortés mano envidiosa,   215
viendo tan viva en círculo pequeño
la rueda de corales luminosa,

207 *Capricornio,* el invierno.

   sin ver que un año le costó a su dueño,
tanto, que aun pienso que al cortar la vara,
huérfana le miró con verde ceño.   220

   Así fue el rapto de mi prenda cara,
¡qué propria dicha de clavel temprano!
Que en quien le cría, pocas veces para.

   ¡Oh si quisiera el cielo soberano
hacer al hombre de cristal los pechos   225
porque se viera el pensamiento humano!

   Pero ¿cómo quedaran satisfechos,
si no ven los espíritus los ojos,
y de ellos son los pensamientos hechos?

   Mas oye la ocasión de mis enojos,   230
y a mi dolor la digresión perdona,
que son de mis cuidados desenojos.

   El mes que con espigas se corona,
cuya imagen, ejemplo a los jüeces,
igualmente castiga y galardona,   235

   había visto diecisiete veces
Filis, y el sol por su inmortal camino
la distancia del Aries a los Peces,

   cuando por mi desdicha y su destino
Tirsi la oyó cantar en una fiesta;   240
Tirsi, zagal del mayoral Felino.

   Y como en tierna edad está dispuesta
la materia al amor, desde aquel día
solicitó su voluntad honesta.

238   Aries y Peces son, respectivamente, el primero y último
signo del Zodíaco que el Sol recorre aparentemente en un año.
240-241   *Tirsi* es don Cristóbal Tenorio y *Felino,* Felipe IV.

Tirsi por experiencia conocía   245
que por la aguda vista a las doncellas
al pie dragón la antigüedad ponía.

Con éste las guardaban, porque en ellas
es tan violento amor, que sin decoro,
rogando feas, no desprecian bellas.   250

Hizo una masa de metal sonoro,
a ejemplo del suceso de Atalanta,
que se rindió por las manzanas de oro.

No fue de Filis, no, la culpa tanta;
toda de Lidia fue: que una tercera   255
el áspid más honesto y sordo encanta.

Esta vendió su honor y el que pudiera
gozar cuando en pacífico himeneo
pastor igual sus prendas mereciera.

No estaba Filis sin dragón lerneo;   260
Lidia lo era en el alma, en pecho y cara;
cegó su vista el codicioso empleo.

SILVIO

¡Oh cuánto puede en una vieja avara
la codicia del oro, que atrevida
ni en el peligro ni en honor repara!   265

Que no fuera pequeño el de su vida
si fuera cierto lo que fue conceto;
mas no es razón que tu discurso impida.

---

252   Atalanta, hija del rey de los Esciros, ofreció su mano al
que la venciese en la carrera, con la condición de que mori-
rían los que no obtuviesen el premio. Hipómenes la venció
arrojando manzanas de oro, que ella se entretuvo en recoger.
260   *dragón lerneo,* la Hidra, monstruo que moraba en el lago
de Lerna, serpiente de siete cabezas, a la cual mató Hércules.

ELISO

Enamorada Filis de secreto,
la sierpe de quien hice confianza   270
determinó los brazos al efeto;

pues como viese yo tanta mudanza
en Filis de la vida que solía
pasar con menos ceño y más templaza,

y que cuando casalla proponía,   275
ningún pastor del Tajo le agradaba,
porque ocupado el corazón tenía,

que cuidadosa del cabello andaba,
y que sin fiesta ni ocasión alguna
de las secretas galas se adornaba,   280

y que con más mudanzas que la luna
por las líneas de plata de los cielos,
ya se mostraba fácil, ya importuna;

abrí los ojos a tener desvelos,
porque fue su traición con tanto engaño,   285
que me pesaba de que fuesen celos;

si bien entre el temor y el desengaño
áspero me mostraba, necio y triste,
viviendo en mí como si fuera extraño.

SILVIO

Luego la cara las colores viste   290
del corazón que vive sospechoso,
y más declara cuanto más resiste.

ELISO

En viéndome las dos vivir celoso
determinaron defender la vida:
que siempre el mal obrar fue temeroso.   295

Yo, triste, que a la sierpe fementida
mi cándida paloma confiaba,
ya de las plumas de mi honor vestida,

seguro el campo de mi hacienda araba:
que a las primeras aguas o segundas   300
en debida sazón la tierra estaba.

Mis penas eran ya menos profundas,
cuando una noche al desuncir los bueyes,
que desataba ya de las coyundas,

pensando que los techos de los reyes   305
no igualaban, con Filis, mi cabaña,
aunque a dos mundos promulgasen leyes,

pregunto por mi Filis, ¡cosa extraña,
que el eco me responde solo y triste,
y con mi propia voz me desengaña!   310

Pálido el rostro, la color se viste
de la turbada sangre, como suele
el que al rigor de la sentencia asiste.

No hay desdicha que el alma no revele;
y así, mi temeroso pensamiento   315
no mira engaño donde el miedo apele.

Cubrióse entonces de un humor sangriento
el corazón; las lágrimas heladas
no me dejaban ver el aposento.

Las luces de los ojos eclipsadas,   320
pedí favor al llanto, porque hay penas
que matan vidas de no ser lloradas.

Tan frío hielo me ocupó las venas,
que como la llamaba, y respondía
el aire en un jardín entre azucenas,   325

fingiendo mi dolor falsa alegría,
dije (¡qué tierno amor!, ya le condeno):
"¿Eres tú quien responde, Filis mía?"

Cual suele en cuadros de jardín ameno
descomponer los lazos y labores   330
súbita tempestad de horrible trueno;

romper las varas y trocar las flores,
desconociendo sus primeras plantas,
y en ramas jaspes confundir colores;

así de las reliquias, y no santas,   335
confuso estaba el suelo y mi recelo
¡oh cuántas veces me lo dijo!, ¡oh cuántas!

Yo triste, entonces convertido en hielo,
ya los rotos aljófares cogía,
ya los cabellos que dio el peine al suelo,   340

ya la negra sandalia que cubría
el blanco pie de Dafne, más ingrata,
a quien amor, y no interés, seguía;

ya la roseta que los lazos ata,
ya las de su cabeza, cuando hicieron   345
en florido jardín sendas de plata;

ya las cosas que el rostro compusieron,
y ocultan las mujeres con cuidado,
tan grande de partírsele tuvieron;

ya lo que no pudieron por pesado   350
o porque no les dio lugar el miedo,
que corre menos cuando va cargado.

Sólo decirte de la Circe puedo
que el aposento mismo se llevara
si para conducirle hubiera enredo.   355

Ninguna cosa Lidia perdonara
si venciera al temor su atrevimiento.
¡Ay, Dios, si a Filis sola me dejara!

Y siendo el que rabió mi sentimiento,
el mastín del ganado vigilante,   360
también a la crianza desatento,

se fue con ellas, pero no te espante
si pensó que su vida me pagara
callar los pasos del secreto amante.

SILVIO

Lidia, ¿qué soldadesca saqueara   365
casa de labrador? ¿De qué africano
bárbaro incendio a tal rigor llegara?

ELISO

Como suele debajo del manzano
revolverse el erizo en el otoño,
del dulce fruto en cada punta ufano,   370

o salir de las ramas del madroño
armado de coral, o al saco atento
de los despojos vencedor bisoño.

SILVIO

Pintó divinamente el sentimiento,
el gran Virgilio, de la reina Dido,   375
y con mayor dolor el aposento.

A la desierta cama y al vestido
dulces prendas llamó, cuando el troyano
surcaba el mar con tan ingrato olvido.

---

378   Son los versos 651 y ss. del libro IV de la *Eneida*: "Dulces exuviae, dum fata deunque sinebat."

ELISO

Piadoso le llamó, siendo tirano: 380
que si en sacar los dioses fue piadoso,
en ser ingrato a Dido fue villano.

SILVIO

¡Oh victoria del oro poderoso,
que en fin, de Lidia Filis conducida,
la goza en paz, sin la pensión de esposo!   385

ELISO

Siendo de Tirsi Lidia conocida,
no acierta en permitir que esté con ella,
viendo en mi ejemplo su lealtad vencida:

que pues el oro todo lo atropella,
debiera imaginar, como discreto,   390
que quien se la vendió sabrá vendella.

SILVIO

Si a tanta obligación se ve sujeto,
bien puede ser que de las dos cansado,
para dejarlas busque algún defeto:

que habiendo la fortuna levantado   395
de Tirsi el primitivo fundamento,
Filis cruel le llorará casado.

ELISO

Ya me parece que las quejas siento:
que ser su esposa es pensamiento vano,
porque ha mucho que dura el pensamiento.   400

SILVIO

¿Qué hircana tigre, qué león albano
tiene con un ingrato simpatía?

ELISO

Siempre le tuve yo por monstruo humano.

Si un huésped agradece sólo un día,
¿cómo, Filis cruel, tus ojos cierra   405
a tantos años la desdicha mía?

¡Oh cuánto, Silvio, el más discreto yerra
en fiar de mujer: que la más firme
más sabe a la costilla que a la tierra!

El ingenioso engaño lo confirme   410
con que al volver la espalda no hay seguro
honor que a serlo pueda persuadirme.

No hay bronce en puerta ni diamante en muro
de pertrechos y fosos defendido
contra un criado a su señor perjuro.   415

¿Cómo su casa guardará dormido
quien tiene dentro el que ha de abrir la puerta?
¿Cuándo Marte desnudo a Amor vestido?

No hay cosa entre los hombres más incierta
que la familia de interés vencida,   420
ni de mayor peligro descubierta:

que la traición de noche prevenida,
si no se siente, piérdese el decoro,
y si se siente, piérdese la vida.

La torre penetró la lluvia de oro   425
adonde estaba Dánae, y fue de Europa
por el rubio metal fingido el toro.

---

426 *Dánae,* hija de Acrisio, rey de Argos, seducida por Júpiter convertido en lluvia de oro.

SILVIO

Como corre tu agravio viento en popa
por una ingrata, las demás infieres:
que no en su ser, en tu desdicha topa.   430

ELISO

La virtud y el valor de las mujeres
conozco, Silvio, y le celebro y canto,
si Porcias, si Lucrecias me refieres.

SILVIO

¿Cómo de Tirsi no te quejas cuanto
de Filis? Que parece cosa extraña.   435

ELISO

¿Crié yo a Tirsi? No me debe tanto.

¿Trajéronle por dicha a mi cabaña
de tres días no más? Pues ¿qué me debe?

SILVIO

Tu paciencia presumo que me engaña.

ELISO

El mal pagado amor, Silvio, me mueve,   440
y el ver que Filis para mí tenía
alma de mármol, corazón de nieve.

No pienses que la aurora amanecía
hasta que me decía Filis bella:
"Escribe, Eliso, que ya traigo el día".   445

Y muchas veces, ¡ay contraria estrella!,
ella escribía lo que yo dictaba:
que hasta el alma quería hablar por ella.

Otras veces parece que tomaba
de sus ojos la luz de mis concetos,   450
y no era lo que menos acertaba.

Juzgaba yo sus ojos tan discretos,
que pensaba que versos producían,
como suele la causa los efetos.

SILVIO

Algunos por tu sangre la tenían.   455

ELISO

De engendrar a criar no hay diferencia.
Tan engañados como yo vivían.

SILVIO

¡Qué ingrata, qué cruel correspondencia!
¿Por qué no te has quejado del agravio?

ELISO

Porque es la lengua baja diligencia.   460

Dios es un rey eternamente sabio,
y puede más un corazón que llora
que cuanto puede persuadir el labio.

Baja la noche, y cuanto ilustra y dora
Febo descansa en tierra y mar; yo solo   465
ni descanso a la noche ni a la aurora.

Vase otra vez al contrapuesto polo,
y vuelve a hallarme triste y desvelado,
¡oh, nunca para mí naciese Apolo!

SILVIO

¡Dichoso aquel que duerme sin cuidado!   470

ELISO

No seré yo, que un átomo pequeño
no duermo en la cabaña ni en el prado,

¿Sabes algún remedio para el sueño?

SILVIO

Pregunta con qué duerme quien agravia,
y no quieras más frígido beleño. 475

ELISO

Grave aforismo para gente sabia,
que a mi dolor más fácil le parece
preguntar por el fénix en Arabia.

De cuanto daño el corazón padece,
desvelado a la noche y a la aurora 480
(que a quien no ha de dormir nunca anochece),

sólo me pongo a mí la culpa ahora,
que tarde y el ejemplo estoy mirando;
mejor fruto rindió rama traidora.

SILVIO

Mató dos cuervos un pastor, dejando 485
sobre las pajas del caliente nido
un negro pollo huérfano chillando;

y una paloma que aplicó el oído
a las quejas del cuervo, que espiraba 490
sin aliento, sin cebo y sin vestido,

llevóle la piedad donde criaba
sus hijos en el techo de una huerta:
que paloma sin pluma le juzgaba.

El pico al suyo le aplicaba, incierta
de su naturaleza, que tenía 495
de aprendidos arrullos encubierta.

Paloma, finalmente, parecía
de la pluma etiópica desnudo.

ELISO

¡Ay de paloma que de cuervos fía!

Cuando el cuervo que digo volar pudo,   500
sacóle un ojo a la paloma, y fuese
tierno al venir, y al despedirse mudo.

Mas como a ver la enferma concurriese
número de palomas sus amigas,
porque consuelo en tanto mal tuviese,   505

y una de ellas, mirando sus fatigas,
criar hijos ajenos la culpase,
respondió la paloma: "No prosigas:

"que no es mucho que oyendo me engañase,
siendo paloma yo, su voz doliente,   510
y al nido de mis hijos le llevase.

"Criéle como pájaro inocente:
que si supiera que el traidor tenía
por padre un cuervo de su nido ausente,

"no le criara, por desdicha mía,   515
a que así me pagara la crianza."

¡Ay de paloma que de cuervos fía!

Aplicóse tan bien la semejanza,
que de una negra máscara compuesto,
por no la ver, que no para venganza,   520

tengo un retrato en mi cabaña puesto,
para que traiga por su honor el luto,
o porque para mí murió tan presto.

Cual es el árbol, tal produce el fruto;
mas porque Febo ya llegar desea   525
adonde paga el Tajo al mar tributo,

volvamos los ganados a la aldea,
e intenta dividir el pensamiento.

ELISO

Silvio, por una acción tan loca y fea,

    cuanto la amaba, aborrecerla siento;   530
quise engañado y olvidé ofendido,
monstro de ingratitud tu falso intento:

    que a ser gentil y en fábulas nacido,
no fuere al campo Eliso, por no verte
alma desnuda de mortal vestido: 535

    que, como en vida y muerte fue quererte
mi pensamiento, siendo agradecida,
ingrata, será fuerza aborrecerte.

    La vida se perdona al homicida,
y aun el honor, con ser de tanto precio;   540
pero la ingratitud jamás se olvida.

    Cuando enmudece la justicia, es necio
el que la pide, yo a callar me obligo;
¡oh Filis!, si están cerca de un desprecio,
¿para qué quiero yo mayor castigo?   545

SONETOS DE COMEDIAS

175

Tiernos enamorados ruiseñores,
enseñadme a cantar tristes endechas;
cárceles verdes, de esmeraldas hechas,
con dulce parto producid colores.

Pomposos cedros de olorosas flores,   5
ramas de mirra en lágrimas deshechas,
sin reparar en celos y sospechas,
cubridme, pues me veis morir de amores.

Para ver si le busco enamorada,
se fue mi labrador; sin su presencia,   10
ninguna luz, ningún lugar me agrada;

y aunque en todos asiste por potencia,
un alma a sus regalos enseñada
¿cómo podrá sufrir de Dios la ausencia?

175 *La siega*, Acad., II, p. 316.

176

¿Quién es amor? — Infierno de la vida.
¿De quién nace? — Del ciego atrevimiento.
¿De qué vive? — El favor es su alimento.
¿Qué fuerza tiene? — Estar al alma asida.

¿Da muerte amor? — Amor es homicida.   5
¿Da vida amor? — Mezclada con tormento.
¿Dónde asiste? — En el ciego entendimiento.
Pues ¿algo tiene amor? — Gloria fingida.

¿Qué tiene bueno amor? — Algún secreto.
Todo lo vence amor, griegos y godos.   10
Nadie se escapa, el mundo está sujeto.

¿Con qué engaña el amor? — De varios modos.
¡Oh amor, vuelve por ti! Dime ¿a qué efeto
todos te infaman y te buscan todos?

177

Un soneto me manda hacer Violante,
que en mi vida me he visto en tanto aprieto;
catorce versos dicen que es soneto;
burla burlando van los tres delante.

Yo pensé que no hallara consonante,   5
y estoy a la mitad de otro cuarteto;
mas si me veo en el primer terceto,
no hay cosa en los cuartetos que me espante.

176 *La corona merecida*, Acad., VIII, p. 592.
177 *La niña de plata*, Acad., IX, p. 354.

Por el primer terceto voy entrando,
y parece que entré con pie derecho,   10
pues fin con este verso le voy dando.

Ya estoy en el segundo, y aun sospecho
que voy los trece versos acabando;
contad si son catorce, y está hecho.

178

¡Con qué justa razón a la esperanza
dieron nombre de flor, pues que la imita
en que tan brevemente se marchita,
que tiene entre las hojas de mudanza!

Lustrosas perlas a la aurora alcanza,   5
de matizados círculos escrita;
belleza que la noche solicita
para perder su ardor en su templanza.

Sembraba yo, porque la tierra nueva
me prometió de amor ricos favores: 10
¡ay, loco engaño, de mis celos prueba!

¿De qué sirve sembrar locos amores,
si viene un desengaño que se lleva
árboles, ramas, hojas, fruto y flores?

179

Si palabras son viento; si declara
cuanto el humano proceder previene,
que de tan fácil fundamento viene
desde la abarca a la mayor tiara;

178 *Lo cierto por lo dudoso,* Acad., IX, p. 389.
179 *El piadoso aragonés,* Acad., X, p. 266.

si cuanto del poder mortal se ampara   5
es viento que las vidas entretiene;
si cuanto aquí esta máquina contiene
es viento, en viento vive, en viento para;

el viento viene a ser de grande estima,
porque si el oro y el mayor contento,   10
la fama y gloria que la vida anima,

tienen en sólo el viento el fundamento,
y es todo viento cuanto el mundo estima,
lo más precioso viene a ser el viento.

180

¡Qué paz gozara el mundo si no hubiera
nacido amor ni su furor mostrara!
Troya estuviera en pie, Grecia reinara,
ociosa y sin valor la guerra fuera.

Ni tortolilla en álamo gimiera,   5
ni toro en bosque de dolor bramara,
ni su cama el celoso ensangrentara,
ni el mar tranquilo arar su campos viera.

No tuviera las almas el profundo
que le dieron Briseida, Elena y Cava,   10
Cava española y el Sinón segundo.

Pero perdona, amor, que me olvidaba
de que por ti se ha conservado el mundo,
pues más engendras que la muerte acaba.

180 *La locura por la honra,* Acad. N., VII, p. 290.

181

Sueño que fuiste como dulce empeño,
de los cuidados que tu sombra asiste,
¿cómo para cuidados, sueño triste,
si nunca diste a los cuidados sueño?

Tú, que de cuanto vive, fácil dueño,   5
las mayores tristezas suspendiste,
¿por qué me dejas desvelar al triste
sin ver mis ojos tu sabroso ceño?

¡Oh, muerte mentirosa en perezosos
y muerte verdadera en desvelados!;   10
bien podemos llamarte los quejosos

amigo falso que huye en los cuidados,
pues te vas a dormir con los dichosos
y dejas desvelar los desdichados.

181 *La noche de San Juan,* Acad. N., VIII, p. 158.

LETRAS PARA CANTAR

182

A la gala de la madrina
que nadie la iguala en toda la villa.

Esta graciosa zagala
vence a todas en la gala,
y ella a sí misma se iguala,   5
porque es de suerte divina,
que nadie la iguala en toda la villa.

Fue tal su valor divino,
que en algún modo convino
que la igualase el padrino,   10
porque era tan bella y linda,
que nadie la iguala en toda la villa.

183

¡Hola!, que me lleva la ola;
¡hola!, que me lleva la mar.

182 *Amores de Albanio e Ismenia*, Acad., I, p. 5.
183 *El viaje del alma*, Acad., II, p. 12.

¡Hola!, que llevarme dejo
sin orden y sin consejo,
y que del cielo me alejo,   5
donde no puedo llegar.
¡Hola!, que me lleva la ola;
¡hola!, que me lleva la mar.

184

Dad para la Maya,
gentil caballero:
más vale la honra
que todo el dinero.

185

Echad mano a la bolsa,
cara de rosa.
Echad mano al esquero,
caballero.

---

184 *La Maya,* Acad., II, p. 48.
1 *Maya:* "Una niña, que en los días de fiesta del mes de
mayo, por juego y divertimiento visten bizarramente como
novia, y la ponen en un asiento en la calle y otras muchachas
están pidiendo a los que pasan den dinero para ella, lo que
les sirve para merendar todas." *Dicc. de Auts.*
185 *Ibíd.,* p. 51.
3 *esquero:* "Bolsa de cuero, que ordinariamente se trae asida
al cinto y sirve para llevar la yesca y pedernal, para guardar el
dinero u para otros fines." *Dicc. de Auts.*

186

A la dana dina,
a la dina dana,
a la dana dina,
señora divina,
a la dina dana,   5
reina soberana.

Quienquiera que sea
la que hoy ha nacido,
que el suelo ha vestido
de verde librea,   10
Egipto la vea
su bella gitana,
a la dina dana,
reina soberana,
a la dana dina,   15
señora divina.

Quienquiera que tiene
tan alto valor,
que a sembrar amor
a la tierra viene,   20
pues Dios la previene
y el Sol la encamina.
A la dana dina,
señora divina,
a la dina dana,   25
reina soberana.

186 *La madre de lo mejor,* Acad., III, p. 369.
12 *gitana,* aquí natural de Egipto.

187

Canten.   ¿Quién tendrá alegría
             sin la blanca niña?

Una voz.   ¿Quién podrá alegrarse
             si tan lejos deja
             aquella alba clara   5
             que la tierra alegra,
             en casa desierta
             del bien que tenía?
             ¿Quién tendrá alegría
             sin la blanca niña?   10

188

    No ser, Lucinda, tus bellas
niñas formalmente estrellas,
bien puede ser;
pero que en su claridad
no tengan cierta deidad,   5
no puede ser.

    Que su boca celestial
no sea el mismo coral,
bien puede ser;
mas que no exceda la rosa   10
en ser roja y olorosa,
no puede ser.

---

187 *Ibid.*, p. 382.
188 *Lo fingido verdadero*, Acad., IV, pp. 61-62. (Góngora hizo
    famoso el esquema "bien puede ser", "no puede ser", con la
    letrilla que comienza "Que pida a un galán Menguilla". En
    Millé, p. 286.)

Que no sea el blanco pecho
de nieve o cristales hecho,
bien puede ser;   15
mas que no exceda en blancura
cristales y nieve pura,
no puede ser.

Que no sea sol ni Apolo
ángel puro y fénix solo,   20
bien puede ser;
pero que de ángel no tenga
lo que con ángel convenga,
no puede ser.

Que no sean lirios sus venas   25
ni sus manos azucenas,
bien puede ser;
mas que en ellas no se vean
cuantas gracias se desean,
no puede ser.   30

189

Mañanicas floridas
del frío invierno,
recordad a mi Niño,
que duerme al hielo.

Mañanas dichosas   5
del frío deciembre,
aunque el cielo os siembre
de flores y rosas,
pues sois rigurosas,
y Dios es tierno...   10
Recordad a mi Niño,
que duerme al hielo.

189 *El cardenal de Belén,* Acad., IV, p. 181.
   3 *recordad,* despertad.

190

Bien venga el Alcaide,
norabuena venga,
Don García Ramírez,
venga norabuena,
de vencer los moros,
norabuena venga;
banderas azules,
venga norabuena,
entolden la ermita,
norabuena venga,
de la hermosa Virgen,
venga norabuena,
que le dio victoria,
norabuena venga.
No hay dama en Madrid
que esclavo no tenga:
norabuena venga.

191

Molinito que mueles amores,
pues que mis ojos agua te dan,
no coja desdenes quien siembra favores,
que dándome vida, matarme podrán.

Molinico que mueles mis celos,
pues agua te dieron mis ojos cansados,
muele favores, no muelas cuidados,
pues que te hicieron tan bello los cielos.

190 *La juventud de San Isidro,* Acad., IV, p. 533.
191 *Ibid.,* p. 564. (Puede verse la música en *Treinta cancion*
Lope de Vega, de Jesús Bal, p. 89.)

Si mis esperanzas te han dado las flores,
y ahora mis ojos el agua te dan,   10
no coja desdenes quien siembra favores,
que dándome vida, matarme podrán.

192

Bien vengáis, el Conde,
bien vengáis triunfando.
Conde lediadore,
bien vengáis, el Conde.

193

Por aquí daréis la vuelta,
el caballero,
por aquí daréis la vuelta,
si no me muero.

Una voz.   Aunque os pese, volveréis,   5
porque libre y preso vais,
pues en mis redes estáis;
cuando más volar penséis,
volveréis, y moriréis
del mal que muero.   10
Por aquí daréis la vuelta,
el caballero,
por aquí daréis la vuelta,
si no me muero.

192 *El conde Fernán González,* Acad., VII, p. 425.
193 *Ibid.,* pp. 430-431.

194

¡Oh, cuán bien segado habéis,
la segaderuela!
Segad paso, no os cortéis,
que la hoz es nueva.

Mira cómo va segando   5
de vuestros años el trigo;
tras vos, el tiempo enemigo
va los manojos atando.
Y ya que segar queréis,
la segaderuela,   10
segad paso, no os cortéis,
que la hoz es nueva.

195

Ésta sí que es siega de vida;
ésta sí que es siega de flor.

Hoy, segadores de España,
vení a ver a la Moraña
trigo blanco y sin argaña   5
que de verlo es bendición.
Ésta sí que es siega de vida,
ésta sí que es siega de flor.

Labradores de Castilla,
vení a ver a maravilla   10
trigo blanco y sin neguilla,
que de verlo es bendición.
Ésta sí que es siega de vida,
ésta sí que es siega de flor.

---

194 *Los Benavides,* Acad., VII, p. 533.
195 *El vaquero de Moraña,* Acad., VII, p. 566.

196

—Velador que el castillo velas,
vélale bien, y mira por ti,
que velando en él me perdí.

—Mira las campañas llenas
de tanto enemigo armado.   5
—Ya estoy, amor, desvelado
de velar en las almenas.
Ya que las campanas suenan,
toma ejemplo y mira en mí,
que velando en él me perdí.   10

197

Caminito toledano,
¡quién te tuviera ya andado!

198

Río de Sevilla,
¡cuán bien pareces
con galeras blancas
y remos verdes!

196 *Las almenas de Toro,* Acad., VIII, p. 97. (El estribillo se encuentra también en *El Nacimiento de Cristo,* Acad., III, página 399, y en *El sol parado,* Acad., IX, p. 50. Fue muy popular y a Lope le sirve en *La Dorotea* para jugar con el nombre de don Bela, quien pregunta a Gerarda: —¿Qué cantaba Dorotea? *Gerarda.*—Velador que el castillo velas... ¿Qué te parece cómo alude a tu nombre? Acto V, esc. II.)
197 *Las dos bandoleras,* Acad., IX, p. 32.
198 *Lo cierto por lo dudoso,* Acad., IX, p. 369.

199

Trébole, ¡ay Jesús, cómo huele!
Trébole, ¡ay Jesús, qué olor!

Trébole de la casada
que a su esposo quiere bien;
de la doncella también,   5
entre paredes guardada,
que fácilmente engañada,
sigue su primero amor.
  Trébole, ¡ay Jesús, cómo huele!
  Trébole, ¡ay Jesús, qué olor!   10

Trébole de la soltera,
que tantos amores muda;
trébole de la vïuda
que otra vez casarse espera,
tocas blancas por defuera   15
y el faldellín de color.
  Trébole, ¡ay Jesús, cómo huele!
  Trébole, ¡ay Jesús, qué olor!

200

Que de noche le mataron
al caballero,
la gala de Medina,
la flor de Olmedo.

199 *Peribáñez y el Comendador de Ocaña,* Acad., X, p. 126.
200 *El caballero de Olmedo,* Acad., X, p. 181.

          Sombras le avisaron   5
que no saliese,
y le aconsejaron
que no se fuese
el caballero,
la gala de Medina,   10
la flor de Olmedo.

201

Una voz.   Este niño se lleva la flor
                que los otros no.

                Este niño atán garrido,
Todos.   se lleva la flor,
Voz.   que es hermoso y bien nacido,   5
Todos.   se lleva la flor.
Voz.   La dama que le ha parido,
Todos.   se lleva la flor.
Voz.   Cuando llegue a estar crecido,
                ha de ser un gran señor.   10
                Este niño se lleva la flor,
                que los otros no.

202

          Por aquí, por aquí, por allí,
anda la niña en el toronjil;
por aquí, por allí, por acá,
anda la niña en el azahar.

201 *El piadoso aragonés,* Acad., X, p. 262.
202 *La carbonera,* Acad., X, p. 731.

203

—Por el montecico sola,
¿cómo iré?
¡Ay Dios, si me perderé!

¿Cómo iré, triste, cuitada,
de aquel ingrato dejada?   5
Sola, triste, enamorada,
¿dónde iré?
¡Ay Dios, si me perderé!

204

Deja las avellanicas, moro,
que yo me las vareé.
Tres y cuatro en un pimpollo,
que yo me las vareé.

Al agua de Dinadámar,   5
que yo me las vareé,
allí estaba una cristiana;
que yo me las vareé,
cogiendo estaba avellanas;
que yo me las vareé.   10
El moro llegó a ayudarla,
que yo me las vareé,
y respondióle enojada:
que yo me las vareé;
deja las avellanicas, moro,   15
que yo me las vareé.

203 *El villano en su rincón*, Acad., XV, p. 290.
204 *Ibid.*, p. 300.

Tres y cuatro en un pimpollo,
que yo me las vareará.
Era el árbol tan famoso,
que yo me las vareará,   20
que las ramas eran de oro,
que yo me las vareará,
de plata tenía el tronco,
que yo me las vareará;
hojas que le cubren todo   25
que yo me las vareará,
eran de rubíes rojos;
que yo me las vareará.
Puso el moro en él los ojos,
que yo me las vareará,   30
quisiera gozarle solo;
que yo me las vareará.
Mas díjole con enojo:
que yo me las vareará;
deja las avellanicas, moro,   35
que yo me las vareará.
Tres y cuatro en un pimpollo,
que yo me las vareará.

205

Ay, fortuna:
cógeme esta aceituna.

Aceituna lisonjera,
verde y tierna por defuera
y por de dentro madera: 5
fruta dura e importuna.
Ay, fortuna:
cógeme esta aceituna.

205 *Ibíd.*, p. 300.

Fruta en madurar tan larga
que sin aderezo amarga,   10
y aunque se coja una carga
se ha de comer sólo una.
Ay, fortuna:
cógeme esta aceituna.

206

Vienen de San Lúcar,
rompiendo el agua,
a la Torre del Oro,
barcos de plata.

¿Dónde te has criado,   5
la niña bella,
que, sin ir a las Indias,
toda eres perla?

En estas galeras
viene aquel ángel.   10
¡Quién remara a su lado
para libralle!

Sevilla y Triana
y el río en medio:
así es tan de mis gustos   15
tu ingrato dueño.

207

Galericas de España,
sonad los remos,
que os espera en San Lúcar
Guzmán el Bueno.

206 *El amante agradecido*, Acad. N., III, p. 136.
207 *Amar, servir y esperar*, Acad. N., III, p. 227.

Barcos enramados   5
van a Triana,
el primero de todos
me lleva el alma.

A San Juan de Alfarache
va la morena,   10
a trocar con la flota
plata por perlas.

208

Río de Sevilla,
¡quién te pasase
sin que la mi servilla
se me mojase!

Salí de Sevilla   5
a buscar mi dueño,
puse al pie pequeño
dorada servilla.
Como estoy a la orilla
mi amor mirando,   10
digo suspirando:
¡quién te pasase
sin que la mi servilla
se me mojase!

209

Ya no cogeré verbena
la mañana de San Juan,
pues mis amores se van.

208 *Ibid.*, p. 236. (Véase la música de la seguidilla en las *Treinta canciones de Lope de Vega,* de Jesús Bal, p. 74.)
    4   *servilla,* especie de zapatilla.
209 *La burgalesa de Lerma,* Acad. N., IV, p. 67.

Ya no cogeré verbena,
que era la hierba amorosa, 5
ni con la encarnada rosa
pondré la blanca azucena.
Prados de tristeza y pena
sus espinos me darán,
pues mis amores se van. 10
Ya no cogeré verbena
la mañana de San Juan,
pues mis amores se van.

210

Uno.	Niña, guárdate del toro.
Todos.	Que a mí mal ferido me ha.
Uno.	Guárdate del toro, niña.
Todos.	Que a mí mal ferido me ha.
Uno.	Es amor que desatina.
Todos.	Que a mí mal ferido me ha.
Uno.	Arma la frente de lira.
Todos.	Que a mí mal ferido me ha.
Uno.	Al que coge sin guarida.
Todos.	Que a mí mal ferido me ha.
Uno.	Mata de celos y envidia.
Todos.	Que a mí mal ferido me ha.
Uno.	Niña, guárdate del toro.
Todos.	Que a mí mal ferido me ha.
Uno.	Guárdate, niña, del toro.
Todos.	Que a mí mal ferido me ha.
Uno.	Da engaños y pide oro.
Todos.	Que a mí mal ferido me ha.
Uno.	Da vueltas al más dichoso.
Todos.	Que a mí mal ferido me ha.
Uno.	Al más cuerdo vuelve loco.

Line numbers: 5 (Es amor que desatina), 10 (Que a mí mal ferido me ha / Mata de celos), 15 (Guárdate, niña, del toro), 20 (Que a mí mal ferido me ha / Da vueltas)

210 *Ibid.*, p. 68.

Todos.	Y a mí mal ferido me ha.
Uno.	Igualarlos quiere a todos.
Todos.	Que a mí mal ferido me ha.
	Guárdate del toro, niña, 25
	que a mí mal ferido me ha.

211

¿Cuándo saliredes, alba,
alba galana,
cuándo saliredes, alba?

Una voz.	Alba más bella que el sol.
Todos	Alba galana. 5
Voz.	Alba de las dos estrellas.
Todos.	Linda serrana.
Voz.	¿Cuándo verán mis ojos
	luces tan claras?
Todos.	¿Cuándo saliredes, alba, 10
	alba galana,
	cuándo saliredes, alba?

Una voz.	¿Cuándo saldréis a dar vida?
Todos.	Alba galana.
Voz.	La que en el cielo se afeita. 15
Todos.	De nieve y grana.
Voz.	Despertad, alba divina.
Todos.	Que el sol aguarda.
	¿Cuándo saliredes, alba,
	alba galana, 20
	cuándo saliredes, alba?

211 *La locura por la honra,* Acad. N., VII, p. 300.

212

Al cabo de los años mil
vuelven las aguas por do suelen ir.

Humildes se hacen,
altos se reprueban,
unos se renuevan
y otros se deshacen;   5
como mueren nacen.
Porque con vivir,
al cabo de los años mil
vuelven las aguas por do suelen ir.

Otra vez se ve   10
lo que no se espera;
lo que ya no era
vuelve a lo que fue.
Nadie triste esté;
que si da en sufrir,   15
al cabo de los años mil
vuelven las aguas por do suelen ir.

213

Íbase la niña,
noche de San Juan,
a coger los aires
al fresco del mar;
miraba los barcos   5
que remando van,
cubiertos de flores,
flores de azahar.

212 *Los Ponces de Barcelona*, Acad. N., VIII, p. 592.
213 *El valor de las mujeres*, Acad. N., X, p. 146.

Salió un caballero
por el arenal; 10
dijérale amores,
cortés y galán.
Respondióle esquiva;
quísola abrazar;
con temor que tiene 15
huyendo se va.
Salióle al camino
otro, por burlar;
las hermosas manos
le quiere tomar. 20
Entre estos desvíos
perdido se han
sus ricos zarcillos;
vanlos a buscar.
Dejadme llorar 25
orillas del mar.
Por aquí, por allí los vi;
por aquí deben de estar.
Lloraba la niña;
no los puede hallar. 30
Danle para ellos;
quiérenla engañar.
Dejadme llorar
orillas del mar.
por aquí, por allí los vi; 35
por aquí deben de estar.
Tomad, niña, el oro,
y no lloréis más;
que todas las niñas
nacen en tomar; 40
que las que no toman,
después llorarán
el no haber tomado
en su verde edad.
La que se quisiere holgar 45
dos hombres ha menester:
el uno para querer

y el otro para pelar.
Tomó la niña el dinero,
y rogáronle que baile,   50
y como era nueva en él,
así dijo que cantasen:
Yo no sé cómo bailan aquí,
que en mi tierra no bailan así;
en mi tierra bailan de otra manera   55
porque los dineros hacen dar vueltas,
porque no me suenan, ni sus armas vi.
Yo no sé cómo bailan aquí;
que en mi tierra no bailan así.

214

Cantan:	Aquisá que no saperiro,
	aquisá,
	aquisá señol Cupilo,
	aquisá, aquisá;
	aquisá como entre flore. 5
Todos.	Aquisá.
Negra.	Aquisá dormido amore.
Todos.	Aquisá.
Negra.	Aquisá dentro en Siviya.
Todos.	Aquisá. 10
Negra.	Aquisá quien mata y mira.
Todos.	Aquisá.
Negra.	En la porta de Triana.
Todos.	Aquisá.
Negra.	Aquisá quien mata y sana. 15
Todos.	Aquisá.
Negra.	La nengla como una flore.
Todos.	Aquisá.
Negra.	Que non si pone colore.

214 *La vitoria de la honra,* Acad. N., X, p. 422.

Todos.	Aquisá.	20
Negra.	La cara tiene di plata.	
Todos.	Aquisá.	
Negra.	Aunque calza paragata.	
Todos.	Aquisá.	
Negra.	Dama pone solimane.	25
Todos.	Aquisá.	
Negra.	No la quiere lo galane.	
Todos.	Aquisá.	
Negra.	Negla tiene fresicura.	
Todos.	Aquisá	30
Negra.	No así male que aunque cura.	
Todos.	Aquisá.	
Negra.	Aquisá que no saperiro.	
Todos.	Aquisá.	
Negra.	Aquisá señol Cupilo	35
	aquisá, aquisá.	

215

¿De dó viene, de dó viene?
Viene de Panamá.

¿De dó viene el caballero?
Viene de Panamá.
Tranzelín en el sombrero.   5
Viene de Panamá.
Cadenita de oro al cuello.
Viene de Panamá.
En los brazos el grigiesco.
Viene de Panamá.   10
Las ligas con rapacejos.
Viene de Panamá.

215 *La dama boba,* Acad. N., XI, pp. 620-621.
   9 *grigiesco,* lo mismo que 'greguesco', calzones.
  11 *rapacejo:* "El flueco y sin labor particular." *Dicc. de Auts.*

Zapatos al uso nuevo.
Viene de Panamá.
Sotanilla a lo turquesco.   15
Viene de Panamá.
¿De dó viene, de dó viene?
Viene de Panamá.
¿De dó viene el hijodalgo?
Viene de Panamá.   20
Corto cuello y puños largos.
Viene de Panamá.
La daga, en banda, colgando.
Viene de Panamá.
Guante de ámbar adobado.   25
Viene de Panamá.
Gran jugador de vocablo.
Viene de Panamá.
No da dinero y da manos.
Viene de Panamá.   30
Enfadoso y mal criado.
Viene de Panamá.
Es Amor: llámase indiano.
Viene de Panamá.
Es chapetón castellano.   35
Viene de Panamá.
Es criollo disfrazado.
Viene de Panamá.
¿De dó viene, de dó viene?
Viene de Panamá.   40

25 Los guantes y otras prendas de cuero se perfumaban con
ámbar.
35 *chapetón:* "El europeo o el castellano recién llegado y
pobre, a quien en el reino de México dan este nombre."
Dicc. de Auts.

ÍNDICE DE PRIMEROS VERSOS

ÍNDICE DE LÁMINAS

ESTE LIBRO
SE TERMINÓ DE IMPRIMIR
EL DÍA 13 DE SEPTIEMBRE DE 1999